本书获武汉理工大学研究生教材建设基金资

船舶动力定位系统原理

The Principle of Ship Dynamic Positioning System

徐海祥　冯辉等　著

国防工业出版社

·北京·

内容简介

本书系统全面地论述了船舶动力定位系统的原理及其关键技术。全书一共分为6章，第1章概述了船舶动力定位系统的定义、发展历程及工作原理。第2章详细介绍了船舶动力定位系统的数学模型，包括船舶动力学和运动学模型，以及包括风、浪、流在内的环境力计算模型。第3章介绍了传感器系统，并侧重介绍了包括卡尔曼滤波、非线性无源滤波、H_∞滤波和渐消记忆滤波在内的状态估计方法，在此基础上对各种滤波算法的参数设置及性能进行了实验仿真研究。第4章介绍了船舶动力定位控制系统，包括传统PID控制、LQ控制、智能模糊控制等，并对其控制性能进行了实验仿真与结果分析。第5章从推进器模型出发，介绍了推力分配系统中的推力损失机理及计算方法、推力分配原理及方法，并对推力分配方法进行了实验仿真。第6章介绍了船舶动力定位能力分析相关的知识，并进行了具体的案例分析。

本书是在总结船舶动力定位领域国内外最新的著作和科研成果的基础上，结合作者及所在科研团队多年积累的丰富教学、科研及项目开发经验，倾心撰写的具有较高参考意义和价值的著作。本书可以作为船舶与海洋工程专业在校本科生或研究生的教学参考书，也可供从事船舶与海洋工程领域的科研人员、工程技术人员使用，同样适用于对船舶动力定位技术感兴趣的其他专业技术人员。

图书在版编目(CIP)数据

船舶动力定位系统原理/徐海祥等著.—北京：国防工业出版社，2016.12
ISBN 978-7-118-11221-4

Ⅰ.①船… Ⅱ.①徐… Ⅲ.①船舶定位—动力定位 Ⅳ.①U675.6

中国版本图书馆CIP数据核字(2016)第326266号

※

国防工业出版社出版发行
(北京市海淀区紫竹院南路23号 邮政编码100048)
三河市众誉天成印务有限公司印刷
新华书店经售

*

开本 710×1000 1/16 **印张** 12¾ **字数** 224千字
2016年12月第1版第1次印刷 **印数** 1—2000册 **定价** 56.00元

国防书店：(010)88540777 发行邮购：(010)88540776
发行传真：(010)88540755 发行业务：(010)88540717

前 言

当今世界面临着严重的资源短缺问题,而海洋中蕴藏着丰富的自然资源,因此世界各大国都竞相将战略重心转移到海洋领域,投入了大量的人力和物力进行海洋工程领域的科学研究与技术开发。我国在党的十八大报告中明确提出“提高海洋资源开发能力,发展海洋经济,保护海洋生态环境,坚决维护国家海洋权益,建设海洋强国”的国家海洋发展战略。因此,大力发展先进的海洋工程装备技术,对提高我国海洋开发能力,维护国家海洋权益,保卫国家海洋安全都具有十分重要的战略意义。船舶动力定位系统是深海工程的关键支持系统,已广泛应用于钻井平台、供应船、铺管船、挖泥船、消防船、科研考察船、潜艇、布雷艇、扫雷艇等。

国外高校、研究所和企业从20世纪60年代开始进行船舶动力定位系统的研究与开发,目前欧美海洋强国引领着世界深海船舶动力定位系统核心技术的发展,垄断了国际动力定位产品市场。国内船舶动力定位系统的研究起步较晚,自主研发的动力定位系统在定位精度和可靠性等方面与国外相比还有很大差距。

目前国内外出版的有关船舶动力定位方面的书籍较少。最早由美国M. J. Morgan教授撰写,并被译成中文出版发行的《近海船舶的动力定位》(1984),为我国学者学习与研究动力定位提供了有益的入门参考,但是由于出版年代久远,书中涉及到的技术和方法现已存在一定的时滞性;随后,挪威科技大学的Thor I. Fossen教授分别出版了《Guidance and Control of Ocean Vehicles》(1994)、《Marine Control Systems》(2002)、《Handbook of Marine Craft Hydrodynamics and Motion Control》(2011),船舶动力定位被作为船舶控制的组成部分穿插其中,因此关于船舶动力定位的理论比较零散、不成系统,难以让读者对动力定位系统有全面的认识和理解。国内相关的著作仅有哈尔滨工程大学边信黔教授等人撰写的《船舶动力定位》(2011)一书。

本书系统全面地论述了船舶动力定位系统的原理及其关键技术,是作者及研究团队多年来在船舶动力定位系统方面的教学与科研工作的积累和总结,同时汲取了国内外相关领域的重要研究成果,并将该领域最新的理论、方法、技术以及作者的实践经验融入到该书的每一个章节，力求为读者提供一本具有较高参考价值的书籍。

全书一共分为6章。第1章概述了船舶动力定位系统的定义、发展历程及工作原理。第2章介绍了船舶动力定位系统的数学模型，包括船舶动力学和运动学模型，以及风、浪、流等环境力计算模型。第3章介绍了传感器系统，并重点介绍了包括卡尔曼滤波、非线性无源滤波、H_∞滤波和渐消记忆滤波在内的状态估计方法，在此基础上对各种滤波算法的参数设置及性能进行了实验仿真研究。第4章介绍了船舶动力定位控制系统，包括传统PID控制、LQ控制、智能模糊控制等，并对多种方法的控制性能进行了实验仿真研究。第5章从推进器模型出发，介绍了推力分配系统中的推力损失机理及计算方法、推力分配原理及方法，并对多种推力分配方法的性能进行了实验仿真研究。第6章介绍了船舶动力定位能力分析的原理，并对具体的案例进行了分析研究。

本书的撰写得到了研究团队成员的大力支持，冯辉博士参与了第3章和第5章的撰写，余文曌博士参与了第4章的撰写，赵小仨老师参与了第2章和第5章的撰写，李芬老师参与了第6章的撰写以及全书的审改，江苏科技大学李文娟博士参与了第3章的撰写。同时，本书的撰写也得到了卜德华、许林凯、柯枭冰、祝晨、梁梦瑶、周兴、瞿洋、文武等研究生的大力协助。本书的出版得到了武汉理工大学和国防工业出版社的大力支持。在此一并表示感谢！

本书撰写过程中参考了许多资料，作者已尽可能详细地在参考文献中列出，在此向这些专家学者们深表敬意。同时，若有本书中已引用但是由于疏忽而没有指出资料出处的情况，对此表示诚挚的歉意。

限于作者的经验和水平，书中难免出现不妥之处，诚请广大读者批评指正，及时提出修改意见和建议，以便修订再版，共同为提高本书的质量而努力，为此我们将不胜感激！

徐海祥

2016年10月于武汉理工大学

目 录

第1章 绪 论

1.1 船舶动力定位系统的定义

海洋中蕴藏着丰富的人类赖以生存的宝贵资源。随着世界人口和经济的快速增长，人类对海洋资源的需求在不断加大，海洋开发也逐渐从沿岸、近海，扩展到了更深的远海。随着海洋资源开发的深入，传统的锚泊定位方式已经不能满足深远海域定位作业的要求，而动力定位系统（Dynamic Positioning System，DPS）能够很好地应对这一新的挑战。相比于传统的定位方式，动力定位方式具有定位准确、机动性高、不受水深限制等独特的优点。如今，船舶动力定位系统已广泛应用于钻井船、铺缆船、铺管船、供应船、科研考察船、挖泥船、消防船、海洋平台等定位作业中，已经成为深海资源开发不可或缺的关键支持系统。

国际海事组织（International Maritime Organization，IMO）有关动力定位的定义[1]：

（1）动力定位船舶（Dynamic Positioning Vessel）：指仅通过推进器的推力保持其固定的位置或沿着预先设定的轨迹移动的船舶或装置。

（2）动力定位系统（Dynamic Positioning System）：指使动力定位船舶实现动力定位所必需的一整套装置的总称，包括动力系统、推进器系统、控制系统和测量系统。

（3）动力定位控制系统（Dynamic Positioning Control System）：指船舶实现动力定位所必需的所有集中控制的硬件和软件。

1.2 船舶动力定位系统的发展历程

1.2.1 船舶动力定位系统的由来

随着能源问题变得越来越突出，人们把寻找能源的目光不约而同地转移到了蕴藏着丰富石油资源的海洋上。最初开采海洋石油的作业活动大多集中在水深小于20m的近岸海域，出现了桩腿穿过导管打入海底进行定位的固定式平台，如图1-1所示。随着开采活动越来越频繁，为了节约成本，人们希望平台能够重复使用，于是发展了锚泊定位方式，也即钻井船或钻井平台通过抛锚并利用锚爪抓住海底，以此抵抗外界环境的作业干扰，如图1－2所示。相比于固定式桩腿定位，锚泊定位便于平台的移航。但是该定位方式也存在固有的缺点：首先，其定位精度受到水深和海床地质的限制，其有效定位水深一般小于200m；其次，锚泊定位的机动性能较差，当作业地点更改时，必须重新进行收锚和抛锚，整个过程繁琐耗时，严重影响作业效率。

图1－1　固定式定位平台

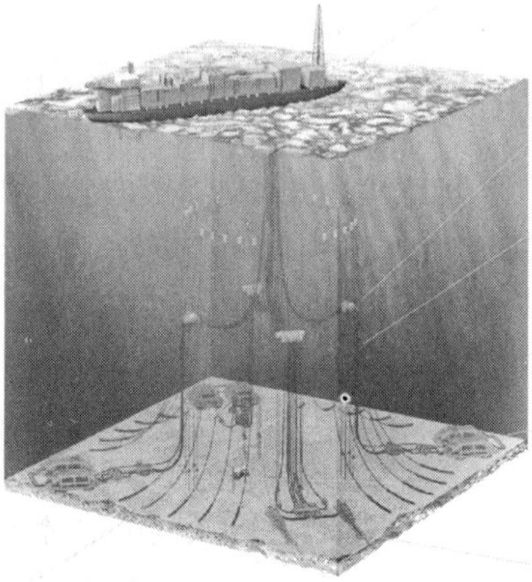

图1－2　锚泊定位

随着海洋资源的开采由浅水海域向深水海域发展，传统锚泊定位技术已无法满足定位深度和精度的需求，于是动力定位技术应运而生。动力定位系统仅依靠自身装备的推进装置克服外界环境力的干扰以达到定位的目标，因此其机动性能好且不受水深的限制。与此同时，新的状态估计方法和控制技术的发展大幅度提高了动力定位系统的定位精度。随着动力定位系统的广泛应用，与之相关的诸如深海钻井、海底管线调查和检测、水下机器人作业、水下工程施工、油井增产措施和维修、平台供应、浮式采油等作业场合越来越离不开带有动力定位系统的海上钻井平台或船舶。另外，动力定位技术还被用于海上火箭发射平台的定位、军用船舶的维护与支持等。图1－3所示为一艘装备动力定位系统的半潜式钻井平台[2]。

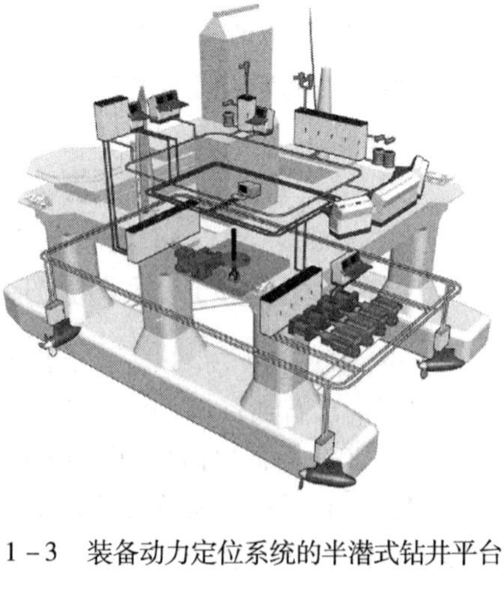

图1－3　装备动力定位系统的半潜式钻井平台

1.2.2 船舶动力定位系统的发展

船舶动力定位系统是涉及导航技术、自动控制技术、船舶水动力学、计算机技术、通信技术等多学科交叉的复杂系统。由于其应用范围广、经济效益高，世界多家高科技公司和船舶科研单位对其开展了深入的研究，并取得了大量研究和应用成果。据不完全统计，20 世纪 70 年代全球仅有 30 余艘装有 DPS 的工程船舶，2000 年底突破了 1000 艘，2012 年全球动力定位船舶和海洋平台总数已超过了 2000 艘。2010 年以来，仅挪威的 Kongsberg 公司每年就向全球交付了 150 ~ 200 套 DP 系统。

动力定位技术发源于美国，其最早的应用是手动操作，操作人员通过目测或根据位置传感器提供的相对位置信息操纵船舶保持其期望的作业位置。1961 年 3 月，装配有 4 个 147kW 全回转推进器的"CUSS1"号钻井船在美国的加利福尼亚海岸进行钻探作业，如图 1-4 所示。为了确定船的相对位置，在船周围半径 180m 的水面上布置了 4 个浮标作为参照物，水下布置了一套水声定位器。它由两名操作人员根据目测水面浮标的相对位置和水声显示器提供的位置信息对动力定位系统进行手动操作，从而保持船舶的位置。同年，美国壳牌公司一艘钻井船"Eureka"号下水，它的设计总吨位比"CUSS1"号小，但工作水深要求比"CUSS1"号深，计划采用与"CUSS1"号相同的定位方式，如图 1-5 所示。负责配备该船设备的工程师是 Howard Shatto，他出生于美国明尼苏达州，1946 年毕业于耶鲁大学的电子工程专业。为了降低工作人员的操作难度和劳动强度，提高船舶的定位精度，发展一套自动控制单元以实现船舶的自主动力定位的想法逐渐在 Howard Shatto 脑海中产生，并在"Eureka"号进行了成功应用。"Eureka"号成为了世界上第一艘具有全自动动力定位能力的船舶，Howard Shatto 也被尊称为"动力定位之父"[3]。

图 1-4　美国的"CUSS1"号钻井船

图 1-5　美国的"Eureka"号钻井船

其后，动力定位技术逐步转移到挪威，在此过程中起关键作用的人是 Jens Glad Balchen 教授。他 1949 年毕业于挪威理工学院（Norwegian Insititute of Technology，NTH），1951 年获得耶鲁大学工程科学专业的硕士学位，1959 年在美国参与船舶自动控制技术研究，对“CUSS1”号钻井船和“Eureka”号钻井船的定位技术产生了浓厚的兴趣，1971 年回到挪威理工学院从事动力定位技术研究与开发工作，并与 Steinar Sælid、Nils Albert Jenssen 等人提出了一种以现代控制理论和卡尔曼（Kalman）滤波理论相结合的动力定位控制方法，直接推动了第二代动力定位产品的出现，成为了当时挪威控制理论研究领域无可争辩的领导者。动力定位技术在挪威发展的初期，NTH、The Foundation for Scientific and Industrial Research（SINTEF）、Kongsberg Våpenfabrikk（KV）、Christian Michelsen's Institute（CMI）以及 Simrad 发挥了重要作用，其中 NTH 和 SINTEF 主要在自动控制方面具有优势，KV 主要负责计算机和控制技术的研究与开发，CMI 主要在船舶模型实验、海洋环境影响以及推进器设计等方面积累了丰富的经验，Simrad 主要在位置参考系统和传感器技术方面实力雄厚，他们之间的通力合作为挪威动力定位系统的发展奠定了基础[3]。1996 年由挪威理工学院与挪威特隆赫姆大学合并成立的挪威科技大学（Norwegian University of Science and Technology，NTNU）与 Kongsberg 公司在动力定位技术开发与应用方面开展了紧密合作，为挪威在动力定位技术领域处于世界领先水平作出了重要贡献[4-6]。

荷兰的 Marin 公司在 20 世纪 80 年代初期制定了推进器和动力定位技术的研究计划，并开展了动力定位模型试验，内容包括推进器和推进器之间的相互干扰、推进器和船体之间的相互干扰以及环境力对船舶运动的影响，研究了风力、流力、二阶波浪漂移力以及推进器推力的计算方法。另外，Marin 公司还开展了动力定位系统和锚泊系统的联合使用以及动力定位性能评估、功率估算等方面的研究。一般认为，Marin 公司在动力定位系统实验研究方面走在了世界前列[7]。几乎同一时期，美国的 L-3 Communications、法国的 Alstom（后来被美国 GE 公司收购）、总部位于瑞士苏黎世的 Asea Brown Boveri（ABB）等公司都各自开发了自己的动力定位产品。美国的麻省理工学院和加州大学、日本的九州大学等在动力定位相关理论方法与实验技术方面做了大量的研究工作。

与美欧近 60 年的研究历史相比，国内动力定位系统的研究起步较晚。据报道，1998 年哈尔滨工程大学研制出国内首套船舶动力定位系统 DP-1，而现在广泛应用的 DP-2、DP-3 都没有产品推出[7-11]。另外，武汉理工大学[12-28]、上海交通大学[29-32]、中国船舶重工集团公司第 712 研究所、中国船舶工业集团公司第 708 研究所、武汉船用机械有限公司等高等院校和研究机构相继开展了动力定位系统相关理论研究与技术开发工作，并取得了可喜的进展，但与国外先进水平相比还有较大差距,还缺乏工程应用经验。2009 年,随着我国成为世界第一造船大国,国内船舶与海洋工程产业对动力定位系统的需求量呈高速增长态势。2011 年,我国首座第六代深水半潜式钻井平台“海洋石油 981”顺利完成了试航和故障模式与影响分析(FMEA)试验,其配备了 Kongsberg DP-3 动力定位系统,如图 1-6 所示。

图 1-6　中国“海洋石油 981”深水半潜式钻井平台

随着传感器技术、自适应滤波方法、控制理论、优化算法和计算机技术的飞速发展,动力定位系统也由早期的独立系统发展为更为复杂的集成系统,其定位精度、可靠性、灵活性和可扩展性得到了大幅度提高,极大地满足了工业界的需求。为了适应业界对环境保护的高度关注,2001 年挪威 Kongsberg Simrad 公司发布了一款绿色动力定位(Green DP)系统。该系统采用非线性模型预测控制替代了对船舶运动的实时测量,可以忽略小的和短时的环境干扰,使推进器维持在平均转速,从而避免了主机功率大幅度波动。这意味着与常规动力定位系统相比,Green DP 可以大大降低峰值负载,从而节约能源(仿真表明可降低能量消耗达 20%),降低主机和推进器的磨损,减少 CO_2 的排放[3]。2006 年,挪威 Kongsberg Maritime 公司又发布了其第六代动力定位系统 K-Pos。

从技术的角度,一般将动力定位系统近 60 年的发展历程概括为以下三个主要阶段:

第一代动力定位产品出现于 20 世纪 60 年代,其技术特点主要是采用经典的控制理论设计控制器,通常采用常规的比例积分微分(Proportional - Integral - Derivative,PID)控制方法,同时为了避免一阶波浪力及高频噪声对定位精度的影响,采用低通滤波器滤除测量信号中的高频分量和环境噪声。第一代动力定位系统存在一些固有的技术缺陷:①PID 控制方法是基于偏差的控制,属于事后控制,控制精度和响应速度存在一定的局限性;②PID 参数整定困难且适应性较差;③采用低通滤波技术,使得定位误差信号产生了相位滞后[33]。

第二代动力定位产品出现于 20 世纪 70 年代,其技术特点主要是通过将卡尔曼滤波理论和现代控制理论相结合以提高其定位性能,位置传感器则由单一型发展为综合型,提出了风前馈控制(wind - feed forward control)策略,控制系统、测量系统、推进系统均采用了冗余设计，显著提高了系统的定位精度和可靠性。1971年，壳牌公司下水的"SEDCO445"号钻井船是第二阶段动力定位技术发展的第一个受益者，该船长145m，最大排水量17500t，装配有2个主推和11个侧推，如图1－7所示。1973年进行的海试报告显示，该船在49kn风、3kn流、4m波高、300m水深的海洋环境中作业时能保持15m以内的定位精度。

图1－7　美国的"SEDCO445"号钻井船

第三代动力定位系统的技术特点主要是使用非线性模型预测控制、自适应模糊控制、鲁棒控制等智能控制方法来提高对船舶在运动非线性、传感器误差、海况多变等条件下定位控制的精度，但依赖于更精确的船舶数学模型。尽管近年来智能控制技术在船舶动力定位领域的仿真研究工作取得了很大的进展，但大多数系统离工程应用还有一定距离。

目前，国际上动力定位系统制造商主要有挪威的Kongsberg，美国的L－3 Communications、General Electric和Marine Technologies，英国的Rolls－Royce以及俄罗斯的Navis Engineering等[3]。2005年，Kongsberg收购了ABB的动力定位业务，Kongsberg的动力定位市场占有率达80%以上，成为了DP解决方案全球供应商中名副其实的领导者，目前它能提供从DP－1到DP－3所有动力定位产品。2014年，Rolls－Royce签订了两套DP－3的供货合同。

1.3　船舶动力定位系统的介绍

1.3.1　船舶动力定位系统的组成

船舶动力定位系统主要由测量系统、控制系统、推进系统和动力系统四个部分组成。

1. 测量系统

测量系统可以比喻成动力定位系统的五官，它用于感知船舶相对于某参考点的位置、姿态和海洋环境状态信息，并实时将数据传输给控制系统。船舶动力定位中的测量系统主要包括：

（1）位置参考系统：主要采用全球卫星定位系统、水声位置参考系统、张紧索系统、微波定位系统、激光定位系统等。通常动力定位系统无需对船舶的横摇、纵摇和垂荡三个自由度的运动加以补偿，但需要利用包括垂直参考系统和运动参考单元（MRU）测量得到的船舶运动状态参数对船舶的位置信息进行修正。

（2）艏向参考系统：主要采用电罗经、陀螺罗经等。

（3）环境测量系统：主要有风速风向仪、海流计、浪高仪等。

2. 控制系统

控制系统可以比喻成动力定位系统的大脑，它通过接收测量系统发送的位置、艏向和环境参数，利用状态估计滤波器滤除测量信号中的高频运动分量与噪声，计算出船舶在纵荡、横荡和艏向三个方向的控制力，由推力分配模块计算推进系统各执行机构所需要产生的推力和力矩，并转化为转速、螺距、转向角等控制指令下发给推进系统。控制系统的发展代表着整个动力定位系统的发展水平，其核心是寻找高效实用的控制策略，以保证船舶在本身动态性能改变和外界环境干扰条件下仍能满足船舶与海洋工程领域中不断提高的定位性能要求。

3. 推进系统

推进系统可以比喻成动力定位系统的四肢，它根据控制系统发送的指令产生使船舶保持其固定的位置或沿着预先设定的轨迹移动所需要的推力和力矩。动力定位船舶常用的推进器类型包括主推进器（带舵）、全回转推进器、槽道推进器等。推进系统是能量消耗的主体，为降低推进系统的能量消耗，需要在推力分配算法中考虑相关因素，力求不影响船舶正常作业的情况下减少不必要的能量消耗和机械磨损。

4. 动力系统

动力系统可以比喻成动力定位系统的心脏，它主要给推进器和其他辅助系统分配功率，实现船舶根据周围环境条件的变化对电站功率的综合优化管理。动力定位船舶在进行定位工作时，其推进系统消耗功率较大，但在未进行定位时，只需提供功率消耗较少的生活用电。为了满足船舶在各种海况与工况下的综合供电要求，动力定位船舶需要配备独立的电力监控系统，并与船舶自身的电站管理系统协同工作，保证电站运行的经济性与安全性。动力定位船舶通常采用柴油—电力推进相结合的方式，相比传统的推进方式，其配置更灵活，推进性能更好。典型的动力定位船舶操作要求有大的功率变化，在级别为 DP－2 和 DP－3 的动力定位船舶中，计算机、控制台、显示器、警报器和测量系统要求由无间断电源（UPS）供电。当船舶的主交流电供应发生中断时，不间断电源应能为用电系统提供不少于 30min 的电力。

1.3.2 船舶动力定位系统的功能

(1) 艏向控制:艏向的当前值和设定值存在偏差时,动力定位系统自动改变船舶的当前艏向,将船舶的艏向调整到设定值。

(2) 定点控制:船舶的期望位置为固定坐标系上的某一点。当船舶偏离设定位置时,动力定位系统能自动移动船舶到其设定位置附近并保持位置。

(3) 航迹控制:船舶在作业或航行过程中,根据操作员或控制器给定的轨迹指令和速度指令,由动力定位系统控制船舶以一定的航速沿预定的轨迹移动,直至终点。在此过程中,船舶的艏向允许控制系统根据航行过程中海洋环境的变化自行调整。

(4) 循线控制:功能与航迹控制相似,其主要差别在于当动力定位系统控制船舶沿预定的轨迹移动时,必须保持船舶的艏向沿着预定轨迹,不允许自行调整船舶的艏向。此项功能主要应用于石油管线的铺设与检修。

(5) 跟踪控制:主要用于机动目标的跟踪,始终让动力定位船舶与目标保持固定的空间位置关系。

1.3.3 船舶动力定位系统的工作原理

船舶动力定位系统是一个复杂的闭环控制系统。为了便于理解动力定位系统的工作原理,本节将根据其各模块之间的数据流程对动力定位系统的工作原理进行介绍。船舶动力定位系统的工作原理如图 1-8 所示。

动力定位系统首先利用测量系统感知船舶相对于某参考点的位置、艏向和海洋环境信息。由于动力定位船舶一般配备有多种类型的位置参考系统和传感器,且测量值包含因测量噪声和船舶运动所引入的干扰信号,因此测量值需经野值剔除、滤波、数据融合、时间空间对准等预处理后发送给状态估计模块处理。相关内容详见本书第三章。

船舶数学模型和状态估计模块在定位过程中紧密联系在一起。状态估计模块以经过预处理后的传感器数据作为输入,通过建立的船舶数学模型,估计因风、二阶波浪力、流、推进器推力对船舶的作用而产生的低频运动信息,包括船舶的位置、艏向、速度、未建模环境力等,滤除因一阶波浪力干扰产生的高频运动分量。船舶数学模型相关内容详见本书第二章,状态估计原理详见本书第三章。

控制算法是动力定位系统的核心,它以状态估计模块得到的船舶当前位置、艏向和速度等估计值作为输入,根据位置估计值与位置设定值之间的偏差

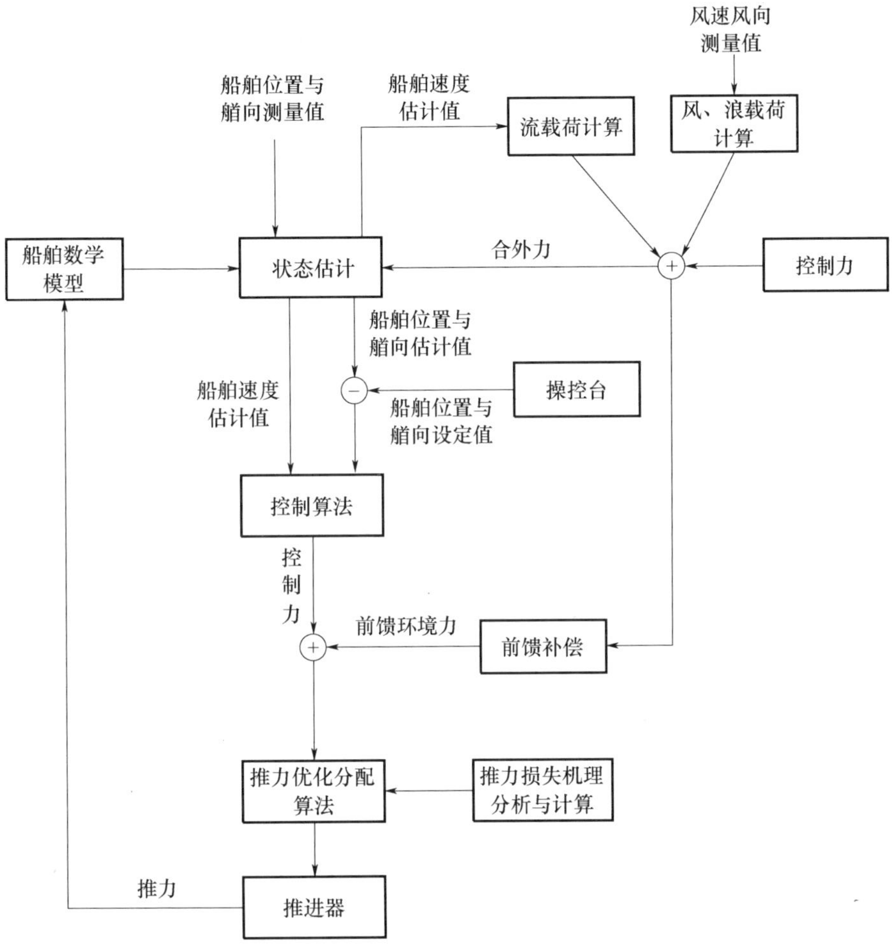

图 1－8　船舶动力定位系统工作原理框图

计算使船舶到达设定位置、艏向和速度所需要的控制力。同时，因为风速风向便于测量且风载荷易于计算，为了补偿风力对船舶位置的影响，需要设计相应的风前馈控制策略。相关内容详见本书第四章。

推力分配模块以控制力和前馈环境力的合力为输入，以满足操纵性能、能量消耗最低、避免模型奇异等为目标函数，充分考虑在推进器的推力极限、推力变化率、角度变化率等客观物理约束条件下，在所要求的控制周期内找到一个最优的推进器推力和角度组合以满足控制所需的力和力矩。有关推力分配原理详见本书第五章。

1.4 船舶动力定位系统的分级

1.4.1 船级符号

随着人们对海上作业安全和环境保护的要求越来越高，国际海事组织和国际各著名船级社根据船舶任务种类的不同对动力定位系统的安全水平提出了不同的分级标准。

世界第一个动力定位分级标准 DYNPOS 由挪威船级社(DNV)在 1977 年建立，并首次对"Tender Contest"号授予了船级附加标志。随后，英国劳氏船级社(LR)、美国船级社(ABS)、法国船级社(BV)也制定了自己的分级标准。同时，动力定位船东组织(DPVOA)和国际海事承包商协会(IMCA)等都参与了分级标准的制定。1994 年，国际海事组织批准了《Guidelines for Vessels with Dynamic Positioning Systems》，起初指南根据事故后果的严重程度将 DP 划分为四个等级，接着变为三个等级，最后将基于事故后果分级发展为今天普遍使用的基于"最严重故障模式"的设备分级，将动力定位分为 Class 1、Class 2 和 Class 3 三个等级[3]。现在，世界各船级社均根据动定位系统的功能及设备冗余度的情况授予不同的船级附加标志[34]，见表 1-1。船级符号是船级社授予船舶的一个等级标志，是保险公司对船舶及货物、工程作业等进行保险的重要依据。

表 1-1　世界各船级社动力定位附加标志对比

船级社		附加标志				
IMO	符号	—	—	Class 1	Class 2	Class 3
	说明	—	—	发生单个故障，造成位置丢失	单一故障(不包括一个舱室或几个舱室的破损)后，自动保持船位和艏向	单一故障(包括一个舱室或几个舱室的完全破损)后，自动保持船位和艏向
DNV	符号	DYNPOST	DYNPOS AUTS	DYNPOS AUT	DYNPOS AUTR	DYNPOS AUTRO
	说明	设备无冗余，半自动保持船位	设备无冗余，自动保持船位	具有推力遥控备用和位置参考备用，自动保持船位	在技术设计中具有冗余度，自动保持船位	在技术和实际使用中具有冗余度，自动保持船位

（续）

船级社		附加标志				
BV	符号	—	DYNPOS SAM	DYNPOS AM/AT	DYNPOS AM/AT R	DYNPOS AM/AT RS
	说明	—	半自动模式	自动模式，自动跟踪，要求1级设备	自动模式，自动跟踪，要求2级设备	自动模式，自动跟踪，要求3级设备
ABS	符号	—	DPS-0	DPS-1	DPS-2	DPS-3
	说明	—	集中手动控制船位，自动控制艏向	自动保持船位和艏向，还具有独立集中手控船位和自动艏向控制	单一故障（不包括一个舱室或几个舱室的破损）后，自动保持船位和艏向	单一故障（包括由于失火或进水造成一个舱室或几个舱室的完全破损）后，自动保持船位和艏向
LR	符号	—	DP(CM)	DP(AM)	DP(AA)	DP(AAA)
	说明	—	集中手控	自动控制和一套手动控制	单个故障不能导致失去船位	一般失火或浸水情况下，自动保持船位和艏向
GL	符号	—	—	DP 1	DP 2	DP 3
	说明	—	—	发生单个故障，造成位置丢失	单一故障（不包括一个舱室或几个舱室的破损）后，自动保持船位和艏向	单一故障（包括一个舱室或几个舱室的完全破损）后，自动保持船位和艏向
CCS	符号	—	—	DP-1	DP-2	DP-3
	说明	—	—	自动保持船位和艏向，还具有独立集中手控船位和自动艏向控制	单一故障（不包括一个舱室或几个舱室的破损）后，自动保持船位和艏向	单一故障（包括一个舱室或几个舱室的完全破损）后，自动保持船位和艏向

由于历史原因(在 IMO 指南颁布以前已经授予了动力定位附加标志)和技术发展水平(受限于当时计算机的计算速度和控制能力),DNV、ABS 等船级社均保留了手动或半自动动力定位系统的船级附加标志。就目前动力定位技术发展水平而言,海上平台供应船、电缆或管道敷设/检验船、科学考察船等,其动力定位系统一般采用 2 级设备。而海上钻井船舶,由于操作的安全性极其重要,其动力定位系统一般采用 3 级设备。中国船级社(CCS)在制定动力定位检验指南时,附加标志的分级采用了 IMO 的标准,而半自动或手动定位系统不授予附加标志。

1.4.2 设备的配置

根据不同的附加标志,动力定位系统的设备配置也有所不同,主要区别体现在冗余度上。表 1-2 给出了动力定位系统的设备配置情况。

表 1-2 动力定位系统的设备配置

<table>
<tr><th colspan="2">附加标志
设备</th><th>T</th><th>AUTS
SAM</th><th>AUT
AM/AT
DP1
DP-1</th><th>AUTR
AM/ATR
DP1
DP-2</th><th colspan="2">AUTRS
AM/ATRS
DP3
DP-3</th></tr>
<tr><td rowspan="5">动力系统</td><td>发电机和原动机</td><td>无冗余</td><td>无冗余①</td><td>无冗余①</td><td>冗余</td><td colspan="2">冗余,隔离舱室</td></tr>
<tr><td>主配电板</td><td>1</td><td>1</td><td>1</td><td>2</td><td colspan="2">2,隔离舱室</td></tr>
<tr><td>总线联络断路器</td><td>0</td><td>0</td><td>0</td><td>1</td><td colspan="2">2</td></tr>
<tr><td>分布式系统</td><td>无冗余</td><td>无冗余①</td><td>无冗余①</td><td>冗余</td><td colspan="2">冗余,隔离舱室</td></tr>
<tr><td>功率管理系统②</td><td>无</td><td>无</td><td>无</td><td>有</td><td colspan="2">有</td></tr>
<tr><td>推进系统</td><td>推进器布置</td><td>无冗余</td><td>无冗余③</td><td>无冗余③</td><td>冗余</td><td colspan="2">冗余,隔离舱室</td></tr>
<tr><td rowspan="3">控制系统</td><td>自动控制,控制计算机数量</td><td>0</td><td>1</td><td>1</td><td>2</td><td colspan="2">2+1,其中之一位于另一控制站</td></tr>
<tr><td>手动控制:joystick</td><td>有</td><td>无④</td><td>有</td><td>有</td><td colspan="2">有,带自动艏向控制</td></tr>
<tr><td>各推进器的单独手柄</td><td>有</td><td>有</td><td>有</td><td>有</td><td colspan="2">有</td></tr>
<tr><td rowspan="4">测量系统</td><td>位置参考系统</td><td>0</td><td>1</td><td>2</td><td>3</td><td>3</td><td rowspan="4">其中之一位于另一控制站</td></tr>
<tr><td>垂直参考系统</td><td>0</td><td>1</td><td>1</td><td>2</td><td>3</td></tr>
<tr><td>陀螺罗经</td><td>1</td><td>1</td><td>1⑤</td><td>3</td><td>3</td></tr>
<tr><td>风速风向仪</td><td>0</td><td>1</td><td>1⑤</td><td>2</td><td>2</td></tr>
</table>

（续）

附加标志 / 设备	T	AUTS SAM	AUT AM/AT DP1 DP－1	AUTR AM/ATR DP1 DP－2	AUTRS AM/ATRS DP3 DP－3
UPS 电源	0	0	1⑤	2	2＋1，其中之一位于隔离舱室
备用控制站	无	无	无	无	有

①BV 要求装一台备用发电机

②对所有附加标志，BV 均需要功率管理系统，对 AM/AT R 和 AM/AT RS 附加标志，功率管理系统需要冗余

③对于 SAM、AM/AT 附加标志，BV 要求至少设一台电力驱动的推进器和一台柴油机驱动的推进器。对于 AM/AT R 和 AM/AT RS 附加标志，电力驱动的推力器和柴油机驱动的推力器均需要冗余

④BV 要求设置

⑤BV 要求设置两套

参 考 文 献

[1] International Maritime Organization. Guidelines for vessels with dynamic positioning systems[R], MSC/Circ, 1994.

[2] Sørensen A J. Marine control systems propulsion and motion control of ships and ocean structures lecture notes[M]. Department of Marine Technology, 2012.

[3] Trondheim. The jewel in the crown: Kongsberg dynamic positioning systems[M]. Pax forlag, 2015.

[4] Fossen T I. Handbook of marine craft hydrodynamics and motion control[M]. John Wiley & Sons, 2011.

[5] Fossen T I. Parametric resonance in dynamical systems[M]. Springer, 2012.

[6] Perez T, T. I. Fossen. Motion control of marine craft[M]. Crc Press, 2011.

[7] 边信黔，付明玉，王元慧. 船舶动力定位[M]. 北京：科学出版社，2011.

[8] 王元慧. 模型预测控制在动力定位系统中的应用[D]. 哈尔滨：哈尔滨工程大学，2006.

[9] 宁继鹏. 船舶动力定位容错控制方法研究[D]. 哈尔滨：哈尔滨工程大学，2013.

[10] 徐树生. 船舶动力定位系统多传感器信息融合方法研究[D]. 哈尔滨：哈尔滨工程大学，2013.

[11] 付明玉，刘佳，吴宝奇. 基于扰动观测器的动力定位船终端滑模航迹跟踪控制[J]. 中国造船，2015(04)：33－45.

[12] 岳晓瑞. 船式平台动力定位系统环境载荷数值预报[D]. 武汉：武汉理工大学，2011.

[13] 卜德华. 船舶动力定位系统状态估计研究[D]. 武汉：武汉理工大学，2014.

[14] 李文娟. 船舶动力定位系统中的非线性状态估计及推力分配研究[D]. 武汉：武汉理工大学，2014.

[15] 许林凯. 动力定位推力分配混合策略研究[D]. 武汉：武汉理工大学，2015.

[16] 许林凯，徐海祥，李文娟等. 快速转向推进器推力优化分配研究[J]. 海洋工程，2015，33(2)：13－20.

[17] 卜德华,徐海祥,李文娟等. 基于非线性无源滤波器的船舶动力定位仿真[J]. 武汉理工大学学报,2013,35(10):69-73.

[18] Li W J,Xu H X,Feng H. Wave filtering of ship dynamic positioning system using particle filter[J]. Applied Mechanics & Materials,2013,397-400:551-555.

[19] Li W J,Xu H X,Wu W G. Research on thrust allocation of ship dynamic positioning system under extreme sea environment[C]. Twenty-fourth International Ocean and Polar Engineering Conference (ISOPE), Busan,Korea. 2014:558-563.

[20] Zhou X,Xu H X,Xu L K. Optimal constrained thrust allocation for ship dynamic positioning system under changeable environments [C]. Twenty-fifth International Society of Offshore and Polar Engineers (ISOPE),Hawaii,USA. 2015:275-282.

[21] 祝晨. 船舶动力定位自适应非线性观测器研究[D]. 武汉:武汉理工大学,2015.

[22] 梁梦瑶. 变海况下船舶动力定位系统混合控制器设计[D]. 武汉:武汉理工大学,2015.

[23] 瞿洋,徐海祥,余文曌. 船舶动力定位反步逆最优控制[J]. 大连理工大学学报,2016.

[24] 瞿洋,徐海祥,余文曌. 船舶动力定位环境最优控制[J]. 大连海事大学学报,2016.

[25] 徐海祥,瞿洋,余文曌等. 基于动态执行机构的欠驱船舶循迹控制[J]. 武汉理工大学学报(交通科学与工程版),2016,40(01):6-10.

[26] 徐海祥,付海军,殷进军等. 基于级联广义逆法的动力定位推力分配[J]. 武汉理工大学学报(交通科学与工程版),2016,40(02):206-209.

[27] 丁浩晗,冯辉,徐海祥. 基于自适应无迹卡尔曼滤波的动力定位状态估计[J]. 大连海事大学学报,2016.

[28] 丁浩晗,冯辉,徐海祥等. 基于改进加权融合算法的动力定位数据融合[J]. 武汉理工大学学报(交通科学与工程版),2016,40(4):663-669.

[29] 闫芳. 深水半潜式钻井平台动力定位系统控制精度研究[D]. 上海:上海交通大学,2012.

[30] 李博. 动力定位系统的环境力前馈研究[D]. 上海:上海交通大学,2013.

[31] 邹刚. 基于PID控制的锚泊辅助动力定位系统研究[D]. 上海:上海交通大学,2014.

[32] Bo L,Lei W. Thrust allocation with dynamic forbidden sectors in dynamic positioning system[J]. Journal of Ship Mechanics,2014,18(9):1024-1034.

[33] 黄燕. 水面船绕定点回转艏向和位置控制方法研究[D]. 哈尔滨:哈尔滨工程大学,2012.

[34] 孙武. 动力定位系统规范介绍[J]. 上海造船,2003(1):55-57.

第2章　数学模型

船舶在海上定位或航行时,会受到各种随机环境干扰力的作用,如风、浪、流的作用力等,使船舶偏离原来的位置或航线。此时,可以通过船舶自身安装的推进器或舵等装置向船体施加反作用力以达到保持船舶位置或航线的目的。对于船舶动力定位控制系统而言,首要的工作就是建立起环境力、船舶自身以及推进系统的数学模型。

本章首先根据机理建模法建立了六自由度船舶运动数学模型,并进一步推导适用于船舶动力定位系统的三自由度数学模型,然后总结了求取船舶数学模型中主要参数的几种典型方法,最后分别介绍了三种典型的环境力估算模型,即风载荷模型、流载荷模型和波浪载荷模型。

2.1　船舶运动数学模型

2.1.1　坐标系及其转换关系

为了描述船舶的运动,采用如图2-1所示的固定坐标系 $O_0-x_0y_0z_0$ 和运动坐标系 $O-xyz$。表2-1给出了船舶运动参数和符号的定义。

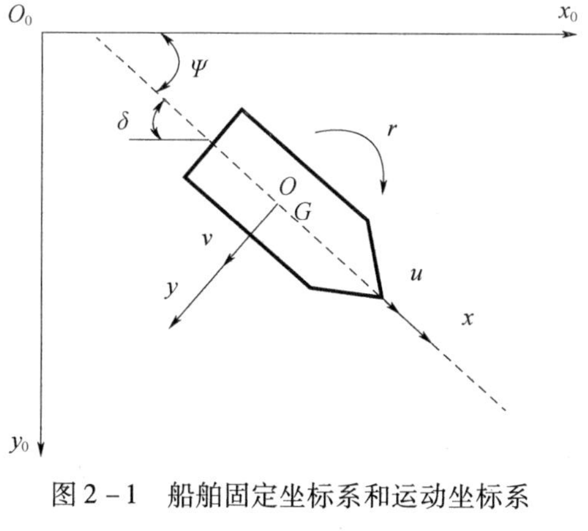

图2-1　船舶固定坐标系和运动坐标系

表 2-1 船舶运动参数及符号定义

自由度	船舶运动形式	力和力矩	线速度和角速度	位置和欧拉角
1	surge,沿 x 方向的移动(纵荡)	X	u	x
2	sway,沿 y 方向的移动(横荡)	Y	v	y
3	heave,沿 z 方向的移动(垂荡)	Z	w	z
4	roll,绕 x 轴的转动(横摇)	K	p	ϕ
5	pitch,绕 y 轴的转动(纵摇)	M	q	θ
6	yaw,绕 z 轴的转动(艏摇)	N	r	ψ

1. 固定坐标系 $O_0-x_0y_0z_0$

它是固定在地球表面的右手坐标系,一般用符号 $O_0-x_0y_0z_0$ 表示,其原点可以选取海上或者陆地上的任意一点,但通常与 $t=0$ 时刻船舶重心 G 的位置相一致。固定坐标系的坐标轴分别为 N 轴指向正北,E 轴指向正东,D 轴指向地心,所以也称为北东坐标系。

船舶运动是船舶受到外界的力和力矩与船舶自身安装的推进器或舵提供的力和力矩共同作用的结果。根据牛顿力学的原理,任何一个动力学问题都需要在惯性参考系下考察。因此,研究和描述船舶的运动和受力情况,必须也要在一个惯性坐标系下进行。在一定的时间内,船舶航行经过的经度和纬度可以近似认为是固定的,对于这种在地球表面小范围、短时间内发生的力学过程来说,可以假定固定坐标系为惯性参考系,这样牛顿定律仍可以适用。

2. 运动坐标系 $O-xyz$

在某些情况下,固定坐标系的使用不够方便。例如,船舶与周围海水之间相互作用时,由于船体所受水动力取决于船体与海水的相对运动,而且船体的转动惯量等运用固定坐标系参数表示非常麻烦。因此,有必要引入运动坐标系。

船体坐标系是最常用的一种运动坐标系,它是随船体一起运动的右手坐标系,一般用符号 $O-xyz$ 表示。坐标系的原点 O 固定在船上,取水线面、中纵剖面与中横剖面的交点为原点,x、y 和 z 轴分别是经过 O 点的水线面、中纵剖面和中横剖面的交线,x 轴指向船艏为正,y 轴指向右舷为正,z 轴指向基线为正。固定坐标系的 x_0 轴与运动坐标系 x 轴的夹角称为艏向角,用符号 ψ 表示,规定由 x_0 轴到 x 轴顺时针为正。

在使用上述两个坐标系时,船舶的位置和姿态通常在固定坐标系中描述,而船舶的线速度和角速度则在运动坐标系中描述。

3. 固定坐标系和运动坐标系之间的转换关系

为了表达的方便,根据表 2-1 中定义的不同变量,可以将各运动参数与动力参数表达成以下矢量形式:

固定坐标系下的位置:$\boldsymbol{P}^n=[x,y,z]^{\mathrm{T}}\in\boldsymbol{R}^3$;姿态角:$\boldsymbol{\Theta}^n=[\phi,\theta,\psi]^{\mathrm{T}}\in\boldsymbol{S}^3$;

运动坐标系下的线速度:$\boldsymbol{U}_o^b=[u,v,w]^{\mathrm{T}}\in\boldsymbol{R}^3$;角速度:$\boldsymbol{\Omega}_o^b=[p,q,r]^{\mathrm{T}}\in\boldsymbol{R}^3$;

运动坐标系下的力:$\boldsymbol{F}_o^b=[X,Y,Z]^{\mathrm{T}}\in\boldsymbol{R}^3$;力矩:$\boldsymbol{M}_o^b=[K,M,N]^{\mathrm{T}}\in\boldsymbol{R}^3$;

式中:$\boldsymbol{R}^3$ 表示三维欧几里得空间;$\boldsymbol{S}^3$ 表示三维环面,即存在三个范围为$[0,2\pi]$的角。

根据坐标转换原理,可以得到固定坐标系 $O_0-x_0y_0z_0$ 与运动坐标系 $O-xyz$ 之间线速度的转换关系:

$$\begin{aligned}\dot{x}=&u\cos\psi\cos\theta+v(\cos\psi\sin\theta\sin\phi-\sin\psi\cos\phi)+\\&w(\sin\psi\sin\phi+\cos\psi\cos\phi\sin\theta)\end{aligned}\tag{2-1}$$

$$\begin{aligned}\dot{y}=&u\sin\psi\cos\theta+v(\cos\psi\cos\phi+\sin\phi\sin\theta\sin\psi)+\\&w(\sin\theta\sin\psi\cos\phi-\cos\psi\sin\phi)\end{aligned}\tag{2-2}$$

$$\dot{z}=-u\sin\theta+v\cos\theta\sin\phi+w\cos\theta\cos\phi\tag{2-3}$$

同理,可以得到固定坐标系 $O_0-x_0y_0z_0$ 与运动坐标系 $O-xyz$ 之间角速度的转换关系:

$$\dot{\theta}=p+q\sin\theta\tan\theta+r\cos\phi\tan\theta\tag{2-4}$$

$$\dot{\phi}=q\cos\phi-r\sin\phi\tag{2-5}$$

$$\dot{\psi}=q\frac{\sin\phi}{\cos\theta}+r\frac{\cos\phi}{\cos\theta},\theta\neq\pm90^{\circ}\tag{2-6}$$

对于水面运动船舶,可以简化成三自由度(纵荡、横荡、艏摇)的表达式,前提是适用于 ϕ 和 θ 很小的情况,这对大多数常规船舶和钻井平台是一种较好的近似表达方法。因此,忽略垂荡、横摇、纵摇对水平面运动的影响,可得:

$$\dot{\boldsymbol{\eta}}=\boldsymbol{R}(\psi)\boldsymbol{\nu}\tag{2-7}$$

式中:$\boldsymbol{\eta}=[x,y,\psi]^{\mathrm{T}}$;$\boldsymbol{R}(\psi)=\begin{bmatrix}\cos\psi&-\sin\psi&0\\\sin\psi&\cos\psi&0\\0&0&1\end{bmatrix}$;$\boldsymbol{\nu}=[u,v,r]^{\mathrm{T}}$。

2.1.2 船舶六自由度数学模型

建立船舶空间六自由度运动数学模型的基本思想是:将船舶所受的各个部分力分别进行建模,再将同一方向上的力和力矩进行求和,应用刚体的动量定

理或动量矩定理建立六自由度的运动方程。为了推导并建立船舶空间运动的动力学方程,首先给出以下三点假设:

(1) 以一般水面船舶和潜器为研究对象;

(2) 假设船舶为刚体;

(3) 假设船舶所在水域流速为零,即在静水中。

在刚体动力学方程推导过程中,应用如下动量与动量矩微分方程可得:

$$\frac{\mathrm{d}\boldsymbol{H}}{\mathrm{d}t} = \dot{\boldsymbol{H}} + \boldsymbol{\Omega} \times \boldsymbol{H} \tag{2-8}$$

$$\frac{\mathrm{d}\boldsymbol{L}}{\mathrm{d}t} = \dot{\boldsymbol{L}} + \boldsymbol{\Omega} \times \boldsymbol{L} + \boldsymbol{U} \times \boldsymbol{H} \tag{2-9}$$

式中:$\boldsymbol{H}$ 为刚体的动量;$\boldsymbol{L}$ 为刚体对原点的动量矩;$\boldsymbol{U}$ 为船体坐标系下原点的线速度,即有 $\boldsymbol{U} = \boldsymbol{U}_o^b$;$\boldsymbol{\Omega}$ 为船体坐标系下的角速度,即有 $\boldsymbol{\Omega} = \boldsymbol{\Omega}_o^b$。

设 $\boldsymbol{x}$、$\boldsymbol{y}$、$\boldsymbol{z}$ 为坐标系基底向量,则相对变化率:

$$\dot{\boldsymbol{H}} = \frac{\mathrm{d}\boldsymbol{H}_x}{\mathrm{d}t}\boldsymbol{x} + \frac{\mathrm{d}\boldsymbol{H}_y}{\mathrm{d}t}\boldsymbol{y} + \frac{\mathrm{d}\boldsymbol{H}_z}{\mathrm{d}t}\boldsymbol{z} \tag{2-10}$$

$$\dot{\boldsymbol{L}} = \frac{\mathrm{d}\boldsymbol{L}_x}{\mathrm{d}t}\boldsymbol{x} + \frac{\mathrm{d}\boldsymbol{L}_y}{\mathrm{d}t}\boldsymbol{y} + \frac{\mathrm{d}\boldsymbol{L}_z}{\mathrm{d}t}\boldsymbol{z} \tag{2-11}$$

1. 由动量定理推导船舶平移运动的三个方程

视船舶为刚体,刚体的动量可以用质量和质心速度的乘积来表示。由理论力学动量定理可知:刚体动量的绝对变化率(即在惯性坐标系下的变化率)等于该瞬时其所受外力的合力,则运动坐标系下的表达式为:

$$\frac{\mathrm{d}\boldsymbol{H}}{\mathrm{d}t} = m\frac{\mathrm{d}\boldsymbol{U}_G}{\mathrm{d}t} = \boldsymbol{F}_{\Sigma} \tag{2-12}$$

式中:$\boldsymbol{F}_{\Sigma} = \boldsymbol{F}_o^b = [X, Y, Z]^{\mathrm{T}}$ 为船舶所受的合外力;$\boldsymbol{U}_G$ 为重心处的速度。

$$\boldsymbol{U}_G = \boldsymbol{U} + \boldsymbol{\Omega} \times \boldsymbol{R}_G \tag{2-13}$$

式中:$\boldsymbol{R}_G = \boldsymbol{R}_G^b = (x_G, y_G, z_G)$ 为重心 G 在运动坐标系下的位置向量,则有:

$$m\frac{\mathrm{d}\boldsymbol{U}_G}{\mathrm{d}t} = m\frac{d}{\mathrm{d}t}(\boldsymbol{U} + \boldsymbol{\Omega} \times \boldsymbol{R}_G) = m\frac{\mathrm{d}\boldsymbol{U}}{\mathrm{d}t} + m\frac{\mathrm{d}\boldsymbol{\Omega}}{\mathrm{d}t} \times \boldsymbol{R}_G = \boldsymbol{F}_{\Sigma} \tag{2-14}$$

进而有:

$$\boldsymbol{U} = u\boldsymbol{x} + v\boldsymbol{y} + w\boldsymbol{z} \tag{2-15}$$

由式(2-15)可得:

$$\frac{\mathrm{d}\boldsymbol{U}}{\mathrm{d}t} = \frac{\mathrm{d}u}{\mathrm{d}t}\boldsymbol{x} + \frac{\mathrm{d}v}{\mathrm{d}t}\boldsymbol{y} + \frac{\mathrm{d}w}{\mathrm{d}t}\boldsymbol{z} + u\frac{\mathrm{d}\boldsymbol{x}}{\mathrm{d}t} + v\frac{\mathrm{d}\boldsymbol{y}}{\mathrm{d}t} + w\frac{\mathrm{d}\boldsymbol{z}}{\mathrm{d}t} \tag{2-16}$$

由向量指向关系可得到基底向量求导公式:

$$\frac{d\boldsymbol{x}}{dt}=\boldsymbol{\Omega}\times\boldsymbol{x},\quad \frac{d\boldsymbol{y}}{dt}=\boldsymbol{\Omega}\times\boldsymbol{y},\quad \frac{d\boldsymbol{z}}{dt}=\boldsymbol{\Omega}\times\boldsymbol{z} \tag{2-17}$$

则有：

$$\dot{\boldsymbol{U}}=\dot{u}\boldsymbol{x}+\dot{v}\boldsymbol{y}+\dot{w}\boldsymbol{z} \tag{2-18}$$

将式(2－17)和式(2－18)代入式(2－16)得

$$\frac{d\boldsymbol{U}}{dt}=\dot{\boldsymbol{U}}+\boldsymbol{\Omega}\times(u\boldsymbol{x}+v\boldsymbol{y}+w\boldsymbol{z})=\dot{\boldsymbol{U}}+\boldsymbol{\Omega}\times\boldsymbol{U} \tag{2-19}$$

同理：

$$\dot{\boldsymbol{\Omega}}=\dot{p}\boldsymbol{x}+\dot{q}\boldsymbol{y}+\dot{r}\boldsymbol{z} \tag{2-20}$$

可得：

$$\frac{d\boldsymbol{\Omega}}{dt}=\dot{\boldsymbol{\Omega}}+\boldsymbol{\Omega}\times(p\boldsymbol{x}+q\boldsymbol{y}+r\boldsymbol{z})=\dot{\boldsymbol{\Omega}}+\boldsymbol{\Omega}\times\boldsymbol{\Omega} \tag{2-21}$$

将式(2－19)、式(2－21)代入式(2－14)可得到动量方程：

$$m(\dot{\boldsymbol{U}}+\boldsymbol{\Omega}\times\boldsymbol{U}+\dot{\boldsymbol{\Omega}}\times\boldsymbol{R}_G+\boldsymbol{\Omega}\times(\boldsymbol{\Omega}\times\boldsymbol{R}_G))=\boldsymbol{F}_{\sum} \tag{2-22}$$

又因为：

$$\boldsymbol{U}=u\boldsymbol{x}+v\boldsymbol{y}+w\boldsymbol{z} \tag{2-23}$$

$$\boldsymbol{\Omega}=p\boldsymbol{x}+q\boldsymbol{y}+r\boldsymbol{z} \tag{2-24}$$

则有：

$$\begin{aligned}\boldsymbol{\Omega}\times\boldsymbol{U}&=\begin{vmatrix}x & y & z\\ p & q & r\\ u & v & w\end{vmatrix}=(wq-vr)\boldsymbol{x}+(ur-wp)\boldsymbol{y}+(vp-uq)\boldsymbol{z}\\&=(wq-vr,ur-wp,vp-uq)^{\mathrm{T}}\end{aligned} \tag{2-25}$$

同理可得：

$$\dot{\boldsymbol{\Omega}}\times\boldsymbol{R}_G=(z_G\dot{q}-y_G\dot{r},x_G\dot{r}-z_G\dot{p},y_G\dot{p}-x_G\dot{q})^{\mathrm{T}} \tag{2-26}$$

$$\boldsymbol{\Omega}\times\boldsymbol{R}_G=(z_Gq-y_Gr,x_Gr-z_Gp,y_Gp-x_Gq)^{\mathrm{T}} \tag{2-27}$$

$$\boldsymbol{\Omega}\times(\boldsymbol{\Omega}\times\boldsymbol{R}_G)=\begin{bmatrix}(y_Gp-x_Gq)q-(x_Gr-z_Gp)r\\(z_Gq-y_Gr)r-(y_Gp-x_Gq)p\\(x_Gr-z_Gp)p-(z_Gq-y_Gr)q\end{bmatrix} \tag{2-28}$$

将式(2－26)～式(2－28)代入式(2－22)得：

$$\begin{bmatrix}\dot{u}\\\dot{v}\\\dot{w}\end{bmatrix}+\begin{bmatrix}wq-vr\\ur-wp\\vp-uq\end{bmatrix}+\begin{bmatrix}z_G\dot{q}-y_G\dot{r}\\x_G\dot{r}-z_G\dot{p}\\y_G\dot{p}-x_G\dot{q}\end{bmatrix}+\begin{bmatrix}(y_Gp-x_Gq)q-(x_Gr-z_Gp)r\\(z_Gq-y_Gr)r-(y_Gp-x_Gq)p\\(x_Gr-z_Gp)p-(z_Gq-y_Gr)q\end{bmatrix}=\frac{1}{m}\begin{bmatrix}X\\Y\\Z\end{bmatrix} \tag{2-29}$$

即：

$$\begin{bmatrix} \dot{u} \\ \dot{v} \\ \dot{w} \end{bmatrix} + \begin{bmatrix} wq - vr \\ ur - wp \\ vp - uq \end{bmatrix} + \begin{bmatrix} -x_G(q^2 + r^2) + y_G(pq - \dot{r}) + z_G(pr + \dot{q}) \\ -y_G(r^2 + p^2) + z_G(qr - \dot{p}) + x_G(qp + \dot{r}) \\ -z_G(p^2 + q^2) + x_G(rp - \dot{q}) + y_G(rq + \dot{p}) \end{bmatrix} = \frac{1}{m}\begin{bmatrix} X \\ Y \\ Z \end{bmatrix} \tag{2-30}$$

2. 由动量矩定理推导船舶旋转运动的三个方程

刚体对原点动量矩的变化率等于所受外力合力对原点的矩，即：

$$\frac{\mathrm{d}\boldsymbol{L}}{\mathrm{d}t} = \dot{\boldsymbol{L}} + \boldsymbol{\Omega} \times \boldsymbol{L} + \boldsymbol{U} \times \boldsymbol{H} = \boldsymbol{M}_{\Sigma} \tag{2-31}$$

式中：$\boldsymbol{M}_{\Sigma} = \boldsymbol{M}_o^b = (K, M, N)$ 为运动坐标系下外力合力对原点的外力矩；$\boldsymbol{H} = m(\boldsymbol{U} + \boldsymbol{\Omega} \times \boldsymbol{R}_G)$。

设重心坐标系的三坐标轴与原点坐标系的三坐标轴对应平行。此时，刚体绕通过重心轴做相对转动时，转动角速度也是 $\boldsymbol{\Omega}$，它产生的动量矩记为 $\boldsymbol{J}_G\boldsymbol{\Omega}$；刚体重心轴以速度 $\boldsymbol{U}_G$ 运动，对应的动量对原点产生的动量矩为 $\boldsymbol{R}_G \times m(\boldsymbol{\Omega} \times \boldsymbol{R}_G)$。当原点速度不等于 0 时，重心 G 除绕通过重心轴转动外，G 还和原点一起以速度 $\boldsymbol{U}$ 平移，则作用于重心 G 的刚体动量 $m\boldsymbol{U}$ 对原点的矩为 $\boldsymbol{R}_G \times \mathrm{m}\boldsymbol{U}$，进而可得刚体对原点的总动量矩为：

$$\boldsymbol{L} = \boldsymbol{J}_G\boldsymbol{\Omega} + \boldsymbol{R}_G \times m(\boldsymbol{\Omega} \times \boldsymbol{R}_G) + \boldsymbol{R}_G \times m\boldsymbol{U} = \boldsymbol{J}\boldsymbol{\Omega} + \boldsymbol{R}_G \times m\boldsymbol{U} \tag{2-32}$$

式中：$\boldsymbol{J}_G$ 为刚体对原点在重心的坐标系的惯性矩阵；$\boldsymbol{J}$ 为刚体对原点不在重心的坐标系的惯性矩阵。

$$\boldsymbol{J}_G = \begin{bmatrix} J_{xG} & J_{xyG} & J_{xzG} \\ J_{yxG} & J_{yG} & J_{yzG} \\ J_{zxG} & J_{zyG} & J_{zG} \end{bmatrix}$$

$$\boldsymbol{J} = \begin{bmatrix} J_x & J_{xy} & J_{xz} \\ J_{yx} & J_y & J_{yz} \\ J_{zx} & J_{zy} & J_z \end{bmatrix}$$

$$= \begin{bmatrix} J_{xG} + m({y_G}^2 + {z_G}^2) & J_{xyG} - mx_Gy_G & J_{xzG} - mx_Gz_G \\ J_{yxG} - my_Gx_G & J_{yG} + m({z_G}^2 + {x_G}^2) & J_{yzG} - my_Gz_G \\ J_{zxG} - mz_Gx_G & J_{zyG} - mz_Gy_G & J_{zG} + m({x_G}^2 + {y_G}^2) \end{bmatrix}$$

因此：

$$\dot{\boldsymbol{L}} = \boldsymbol{J}\dot{\boldsymbol{\Omega}} + \boldsymbol{R}_G \times m\dot{\boldsymbol{U}} \tag{2-33}$$

将式(2－32)、式(2－33)代入式(2－31)得：

$$\frac{\mathrm{d}\boldsymbol{L}}{\mathrm{d}t}=\boldsymbol{J}\dot{\boldsymbol{\Omega}}+\boldsymbol{R}_G\times m\dot{\boldsymbol{U}}+\boldsymbol{\Omega}\times(\boldsymbol{J}_G\boldsymbol{\Omega}+\boldsymbol{R}_G\times m\boldsymbol{U})+$$

$$\boldsymbol{U}\times(m\boldsymbol{U}+m\boldsymbol{\Omega}\times\boldsymbol{R}_G)=\boldsymbol{M}_{\Sigma}\tag{2-34}$$

又因为：

$$\boldsymbol{U}\times m\boldsymbol{U}=m(\boldsymbol{U}\times\boldsymbol{U})=\begin{vmatrix}x & y & z\\ u & v & w\\ u & v & w\end{vmatrix}=0\tag{2-35}$$

根据向量变换关系：

$$\boldsymbol{\Omega}\times(\boldsymbol{R}_G\times m\boldsymbol{U})+m\boldsymbol{U}\times(\boldsymbol{\Omega}\times\boldsymbol{R}_G)=\boldsymbol{R}_G\times(\boldsymbol{\Omega}\times m\boldsymbol{U})\tag{2-36}$$

将式(2－35)、式(2－36)代入式(2－34)可得刚体的旋转方程：

$$\boldsymbol{J}\dot{\boldsymbol{\Omega}}+\boldsymbol{R}_G\times m\dot{\boldsymbol{U}}+\boldsymbol{\Omega}\times\boldsymbol{J}\boldsymbol{\Omega}+\boldsymbol{\Omega}\times(\boldsymbol{R}_G\times m\boldsymbol{U})+m\boldsymbol{U}\times(\boldsymbol{\Omega}\times\boldsymbol{R}_G)$$

$$=\boldsymbol{J}\dot{\boldsymbol{\Omega}}+\boldsymbol{R}_G\times m\dot{\boldsymbol{U}}+\boldsymbol{\Omega}\times\boldsymbol{J}\boldsymbol{\Omega}+\boldsymbol{R}_G\times(\boldsymbol{\Omega}\times m\boldsymbol{U})=\boldsymbol{M}_{\Sigma}\tag{2-37}$$

$$\boldsymbol{J}\dot{\boldsymbol{\Omega}}=\begin{bmatrix}J_x & J_{xy} & J_{xz}\\ J_{yx} & J_y & J_{yz}\\ J_{zx} & J_{zy} & J_z\end{bmatrix}\begin{bmatrix}\dot{p}\\ \dot{q}\\ \dot{r}\end{bmatrix}\tag{2-38}$$

$$\boldsymbol{\Omega}\times\boldsymbol{J}\boldsymbol{\Omega}=\begin{bmatrix}(J_{zx}p+J_{zy}q+J_zr)q-(J_{yx}p+J_yq+J_{yz}r)r\\ (J_xp+J_{xy}q+J_{xz}r)r-(J_{zx}p+J_{zy}q+J_zr)p\\ (J_{yx}p+J_yq+J_{yz}r)p-(J_xp+J_{xy}q+J_{xz}r)q\end{bmatrix}\tag{2-39}$$

$$\boldsymbol{R}_G\times m\dot{\boldsymbol{U}}=m\begin{bmatrix}y_G\dot{w}-z_G\dot{v}\\ z_G\dot{u}-x_G\dot{w}\\ x_G\dot{v}-y_G\dot{u}\end{bmatrix}\tag{2-40}$$

$$\boldsymbol{R}_G\times(\boldsymbol{\Omega}\times m\boldsymbol{U})=m\begin{bmatrix}y_G(vp-uq)+z_G(wp-ur)\\ z_G(wq-vr)+x_G(uq-vp)\\ x_G(ur-wp)+y_G(vr-wq)\end{bmatrix}\tag{2-41}$$

将式(2－38)～式(2－41)代入式(2－37)得：

$$\begin{bmatrix}J_x & J_{xy} & J_{xz}\\ J_{yx} & J_y & J_{yz}\\ J_{zx} & J_{zy} & J_z\end{bmatrix}\begin{bmatrix}\dot{p}\\ \dot{q}\\ \dot{r}\end{bmatrix}+\begin{bmatrix}(J_{zx}p+J_{zy}q+J_zr)q-(J_{yx}p+J_yq+J_{yz}r)r\\ (J_xp+J_{xy}q+J_{xz}r)r-(J_{zx}p+J_{zy}q+J_zr)p\\ (J_{yx}p+J_yq+J_{yz}r)p-(J_xp+J_{xy}q+J_{xz}r)q\end{bmatrix}$$

$$+m\begin{bmatrix} y_G(\dot{w}+vp-uq)-z_G(\dot{v}+ur-wp) \\ z_G(\dot{u}+wq-vr)-x_G(\dot{w}+vp-uq) \\ x_G(\dot{v}+ur-wp)-y_G(\dot{u}+wq-vr) \end{bmatrix}=\begin{bmatrix} K \\ M \\ N \end{bmatrix} \tag{2-42}$$

联立式(2-30)和式(2-42)可以得到刚体六自由度空间运动方程[3-5]:

$$\begin{bmatrix} \dot{u} \\ \dot{v} \\ \dot{w} \end{bmatrix}+\begin{bmatrix} wq-vr \\ ur-wp \\ vp-uq \end{bmatrix}+\begin{bmatrix} -x_G(q^2+r^2)+y_G(pq-\dot{r})+z_G(pr+\dot{q}) \\ -y_G(r^2+p^2)+z_G(qr-\dot{p})+x_G(qp+\dot{r}) \\ -z_G(p^2+q^2)+x_G(rp-\dot{q})+y_G(rq+\dot{p}) \end{bmatrix}=\frac{1}{m}\begin{bmatrix} X \\ Y \\ Z \end{bmatrix} \tag{2-43}$$

$$\begin{bmatrix} J_x & J_{xy} & J_{xz} \\ J_{yx} & J_y & J_{yz} \\ J_{zx} & J_{zy} & J_z \end{bmatrix}\begin{bmatrix} \dot{p} \\ \dot{q} \\ \dot{r} \end{bmatrix}+\begin{bmatrix} (J_{zx}p+J_{zy}q+J_zr)q-(J_{yx}p+J_yq+J_{yz}r)r \\ (J_xp+J_{xy}q+J_{xz}r)r-(J_{zx}p+J_{zy}q+J_zr)p \\ (J_{yx}p+J_yq+J_{yz}r)p-(J_xp+J_{xy}q+J_{xz}r)q \end{bmatrix}$$

$$+m\begin{bmatrix} y_G(\dot{w}+vp-uq)-z_G(\dot{v}+ur-wp) \\ z_G(\dot{u}+wq-vr)-x_G(\dot{w}+vp-uq) \\ x_G(\dot{v}+ur-wp)-y_G(\dot{u}+wq-vr) \end{bmatrix}=\begin{bmatrix} K \\ M \\ N \end{bmatrix} \tag{2-44}$$

式(2-44)也可以写成下列方程组的形式:

$$\begin{cases} m[\dot{u}-vr+wq-x_G(q^2+r^2)+y_G(pq-\dot{r})+z_G(pr+\dot{q})]=X \\ m[\dot{v}-wp+ur-y_G(p^2+r^2)+z_G(qr-\dot{p})+x_G(qp+\dot{r})]=Y \\ m[\dot{w}-uq+vp-z_G(p^2+q^2)+x_G(rp-\dot{q})+y_G(rq+\dot{p})]=Z \\ J_x\dot{p}+(J_z-J_y)qr-(\dot{r}+pq)J_{xz}+(r^2-q^2)J_{yz}+(pr-\dot{q})J_{xy}+ \\ \qquad m[y_G(\dot{w}-uq+vp)-z_G(\dot{v}-wp+ur)]=K \\ J_y\dot{q}+(J_x-J_z)rp-(\dot{p}+qr)J_{xy}+(p^2-r^2)J_{zx}+(qp-\dot{r})J_{yz}+ \\ \qquad m[z_G(\dot{u}-vr+wq)-x_G(\dot{w}-uq+vp)]=M \\ J_z\dot{r}+(J_y-J_x)pq-(\dot{q}+rp)J_{yz}+(q^2-p^2)J_{xy}+(rq-\dot{p})J_{zx}+ \\ \qquad m[x_G(\dot{v}-wp+ur)-y_G(\dot{u}-vr+wq)]=N \end{cases} \tag{2-45}$$

前三个方程描述平移运动,后三个方程描述旋转运动。将上述方程式采用矢量形式表示为:

$$\boldsymbol{M}_{\mathrm{RB}}\dot{\boldsymbol{\nu}}+\boldsymbol{C}_{\mathrm{RB}}(\boldsymbol{\nu})\boldsymbol{\nu}=\boldsymbol{\tau}_{\mathrm{RB}} \tag{2-46}$$

式中:$\boldsymbol{\nu}=[u,v,w,p,q,r]^{\mathrm{T}}$ 为在运动坐标系下分解的速度矢量;$\boldsymbol{\tau}_{\mathrm{RB}}=[X,Y,Z,K,M,N]^{\mathrm{T}}$ 为合外力和力矩的矢量形式;M_{RB} 为刚体系统惯性矩阵,可

表述如下：

$$\boldsymbol{M}_{\mathrm{RB}}=\begin{bmatrix} m & 0 & 0 & 0 & mz_G & -my_G \\ 0 & m & 0 & -mz_G & 0 & mx_G \\ 0 & 0 & m & my_G & -mx_G & 0 \\ 0 & -mz_G & my_G & J_x & -J_{xy} & -J_{xz} \\ mz_G & 0 & -mx_G & -J_{yx} & J_y & -J_{yz} \\ -my_G & mx_G & 0 & -J_{zx} & -J_{zy} & J_z \end{bmatrix} \tag{2-47}$$

$\boldsymbol{C}_{\mathrm{RB}}(\boldsymbol{\nu})$为刚体科里奥利向心力矩阵，可表述如下：

$$\boldsymbol{C}_{\mathrm{RB}}(\boldsymbol{\nu})=\begin{bmatrix} 0 & 0 & 0 & m(y_Gq+z_Gr) & -m(x_Gq-w) & -m(x_Gr+v) \\ 0 & 0 & 0 & -m(y_Gp+w) & m(z_Gr+x_Gp) & -m(y_Gr-u) \\ 0 & 0 & 0 & -m(z_Gp-v) & -m(z_Gq+u) & m(x_Gp+y_Gq) \\ -m(y_Gq+z_Gr) & m(y_Gp+w) & m(z_Gp-v) & 0 & -J_{yz}q-J_{xz}p+J_zr & J_{yz}r+J_{xy}p-J_yq \\ m(x_Gq-w) & -m(z_Gr+x_Gp) & m(z_Gq+u) & J_{yz}q+J_{xz}p-J_zr & 0 & -J_{xz}r-J_{xy}q+J_xp \\ m(x_Gr+v) & m(y_Gr-u) & -m(x_Gp+y_Gq) & -J_{yz}r-J_{xy}p+J_yq & J_{xz}r+J_{xy}q-J_xp & 0 \end{bmatrix} \tag{2-48}$$

3. 作用于船舶上的力

作用于船舶上的力可分为三类[2]：主动力（控制力）$\boldsymbol{F}_{\mathrm{C}}$，干扰力（环境作用力）$\boldsymbol{F}_{\mathrm{D}}$及流体动力（流体反作用力）$\boldsymbol{F}_{\mathrm{F}}$。

1）主动力$\boldsymbol{F}_{\mathrm{C}}$

主动力又称操纵力或控制力，用于使船舶进行预期的操纵运动，通常包括螺旋桨推力$\boldsymbol{F}_{\mathrm{P}}$、舵叶上的转船力$\boldsymbol{F}_{\mathrm{R}}$、侧推器上的侧推力$\boldsymbol{F}_{\mathrm{T}}$，还可能包括锚链张力$\boldsymbol{F}_{\mathrm{A}}$、缆绳张力$\boldsymbol{F}_{\mathrm{L}}$及拖轮力$\boldsymbol{F}_{\mathrm{t}}$等，其中$\boldsymbol{F}_{\mathrm{P}}$和$\boldsymbol{F}_{\mathrm{R}}$称为主操纵力，其余称为附属操纵力。总之，主动力是借助于布置在船上或船外的控制装置产生的，可写为：

$$\boldsymbol{F}_{\mathrm{C}}=\boldsymbol{F}_{\mathrm{P}}+\boldsymbol{F}_{\mathrm{R}}+\boldsymbol{F}_{\mathrm{T}} \tag{2-49}$$

在船舶动力定位系统中，桨力和舵力由推力分配模块计算得到，具体计算原理与方法见本书第五章。

2）干扰力$\boldsymbol{F}_{\mathrm{D}}$

船舶航行中的环境干扰力可分为三类：风力$\boldsymbol{F}_{\mathrm{wi}}$、波浪力$\boldsymbol{F}_{\mathrm{wa}}$及流力$F_{\mathrm{cu}}$。风力主要作用于船舶上层建筑，风力大小主要与风强度和风向角有关，风力作用点主要与上层建筑侧投影面积型心有关。波浪力作用于水下船体表面，其强度自水面向下减弱，波浪力大小与波谱的形状有关，而波谱又取决于风的蒲氏风级和遭遇角。波浪力可分为一阶波浪力和二阶波浪力，一阶波浪力是一种高频大幅值的交变作用力，其数值可较推进力大一个数量级，但一般引起船舶位移变化的幅度是有限的；二阶波浪力是一种小幅值、慢时变的作用力，它会引起船舶的漂移运动。流的影响取决于流的物理性质，如果是均匀流，则不产生动力，只引起船舶运动的漂移。环境干扰力可写为：

$$\boldsymbol{F}_{\mathrm{D}} = \boldsymbol{F}_{\mathrm{wi}} + \boldsymbol{F}_{\mathrm{wa}} + \boldsymbol{F}_{\mathrm{cu}} \tag{2-50}$$

对于船舶动力定位系统中这三种环境力的计算方法，详见本章2.2节。

3）流体动力 $\boldsymbol{F}_{\mathrm{F}}$

船舶在主动力 $\boldsymbol{F}_{\mathrm{C}}$ 和干扰力 $\boldsymbol{F}_{\mathrm{D}}$ 的共同作用下，在流体介质中会产生相应的运动，因此流体会在船体表面产生反作用力，称为流体动力。它是按某种分布规律存在的表面正压力和切应力的总和。流体动力按其产生原因可分为流体惯性力 $\boldsymbol{F}_{\mathrm{I}}$ 和流体黏性力 $\boldsymbol{F}_{\mathrm{H}}$。流体动力可写为：

$$\boldsymbol{F}_{\mathrm{F}} = \boldsymbol{F}_{\mathrm{I}} + \boldsymbol{F}_{\mathrm{H}} \tag{2-51}$$

综上所述，作用于船舶上的力的可写为：

$$\boldsymbol{\tau}_{\mathrm{RB}} = \boldsymbol{F}_{\mathrm{C}} + \boldsymbol{F}_{\mathrm{D}} + \boldsymbol{F}_{\mathrm{F}} = \boldsymbol{F}_{\mathrm{P}} + \boldsymbol{F}_{\mathrm{R}} + \boldsymbol{F}_{T} + \boldsymbol{F}_{\mathrm{wi}} + \boldsymbol{F}_{\mathrm{wa}} + \boldsymbol{F}_{\mathrm{cu}} + \boldsymbol{F}_{\mathrm{I}} + \boldsymbol{F}_{\mathrm{H}} \tag{2-52}$$

P表示桨；R表示舵；T表示侧推；wi表示风载荷；wa表示二阶波浪漂移力；cu表示流载荷；$\boldsymbol{F}_{\mathrm{F}}$ 可表达为以下形式：

$$\boldsymbol{F}_{\mathrm{F}} = -\boldsymbol{M}_{\mathrm{A}}\dot{\boldsymbol{\nu}} + \boldsymbol{C}_{\mathrm{A}}(\boldsymbol{\nu})\boldsymbol{\nu} - \boldsymbol{D}(\boldsymbol{\nu})\boldsymbol{\nu} \tag{2-53}$$

将式(2-52)和式(2-53)代入式(2-46)，可将船舶的六自由度非线性动力学模型进一步表达成如下矢量形式：

$$\boldsymbol{M}\dot{\nu} + \boldsymbol{C}(\boldsymbol{\nu})\nu + \boldsymbol{D}(\boldsymbol{\nu})\nu = \boldsymbol{F}_{\mathrm{D}} + \boldsymbol{F}_{\mathrm{C}} \tag{2-54}$$

式中：$\boldsymbol{M}$ 为系统惯性矩阵（包含附加质量），有 $\boldsymbol{M} = \boldsymbol{M}_{\mathrm{RB}} + \boldsymbol{M}_{\mathrm{A}}$；$\boldsymbol{C}(\nu)$ 为科里奥利向心力矩阵（包含附加质量），有 $\boldsymbol{C}(\boldsymbol{\nu}) = \boldsymbol{C}_{\mathrm{RB}}(\boldsymbol{\nu}) + \boldsymbol{C}_{\mathrm{A}}(\boldsymbol{\nu})$；$\boldsymbol{D}(\boldsymbol{\nu})$ 为阻尼系数矩阵。

4. 水动力的函数表示

船在水中受到水的作用力统称为水动力。为了叙述方便，这里定义一个标量 S，它表示船舶的水动力 X、Y、Z、K、M、N 中的任何一个，并称为广义水动力。船舶水动力与多种因素有关，在一般意义上，可以表示为如下函数形式：

$$S = S(\text{流场特性，船体特征，船舶运动状态，船的操纵要素})$$

其中，流场特性又包括流场的物理特性和几何特性两方面：流场的物理特性主要指水的密度和黏度；流场的几何特性主要指水域是否深广宽阔，是否贴近海底、海面、岸边，在水面的状态则还包括吃水和风浪状况。船体特性也包括船体的物理特性和几何特性两方面：船体的物理特性主要指船壳表面和涂覆材料的摩擦系数;船体的几何特性是指船及其附件的尺度和形状,它是各因素中最具有决定性的因素。船运动状态是指船的姿态、速度、加速度、角速度、角加速度等。船操纵要素是指影响水动力大小的操纵控制量,如舵、桨产生的水动力等。

在上述影响船舶水动力的诸多因素中,船体特性是一个确定不变的因素,流场特性是有可能改变的因素,而船运动状态和船操纵要素一般是随时间变化的因素。为了进行分析,假定在一个时段内,流场特性保持相对不变。这样,船舶水动力就仅仅为船舶运动状态的函数,可具体表达为:

$$S = S(u,v,w,p,q,r,\dot{u},\dot{v},\dot{w},\dot{p},\dot{q},\dot{r}) \tag{2-55}$$

水动力函数式(2-55)是一个多元函数,若该函数在某点附近有任意阶偏导数和混合偏导数存在,则可选取该点为展开点或工作点,将该水动力函数进行泰勒级数展开,其一般表达式为:

$$\begin{aligned} S &= S(u,v,w,p,q,r,\dot{u},\dot{v},\dot{w},\dot{p},\dot{q},\dot{r}) \\ &= S_0 + \sum_{k=1}^{\infty}\frac{1}{k!}\Big\{\Delta u\frac{\partial}{\partial u} + \Delta v\frac{\partial}{\partial v} + \Delta w\frac{\partial}{\partial w} + \Delta p\frac{\partial}{\partial p} + \Delta q\frac{\partial}{\partial q} + \\ &\quad \Delta r\frac{\partial}{\partial r} + \Delta\dot{u}\frac{\partial}{\partial\dot{u}} + \Delta\dot{v}\frac{\partial}{\partial\dot{v}} + \Delta\dot{w}\frac{\partial}{\partial\dot{w}} + \Delta\dot{p}\frac{\partial}{\partial\dot{p}} + \Delta\dot{q}\frac{\partial}{\partial\dot{q}} + \Delta\dot{r}\frac{\partial}{\partial\dot{r}}\Big\} \end{aligned} \tag{2-56}$$

$$S_0 = S(u_0,v_0,w_0,p_0,q_0,r_0,\dot{u}_0,\dot{v}_0,\dot{w}_0,\dot{p}_0,\dot{q}_0,\dot{r}_0) \tag{2-57}$$

$$\begin{cases} \Delta u = u-u_0, \Delta v = v-v_0, \Delta w = w-w_0, \Delta p = p-p_0, \Delta q = q-q_0, \Delta r = r-r_0 \\ \Delta\dot{u} = \dot{u}-\dot{u}_0, \Delta\dot{v} = \dot{v}-\dot{v}_0, \Delta\dot{w} = \dot{w}-\dot{w}_0, \Delta\dot{p} = \dot{p}-\dot{p}_0, \Delta\dot{q} = \dot{q}-\dot{q}_0, \Delta\dot{r} = \dot{r}-\dot{r}_0 \end{cases} \tag{2-58}$$

其中,水动力函数的偏导数和混合偏导数在展开点的值称为船舶的水动力系数。简记为:

$$\begin{cases} X_u = \dfrac{\partial X}{\partial u}, X_{\dot{u}} = \dfrac{\partial X}{\partial \dot{u}} \\ Y_v = \dfrac{\partial Y}{\partial v}, Y_{\dot{v}} = \dfrac{\partial Y}{\partial \dot{v}}, Y_r = \dfrac{\partial Y}{\partial r}, Y_{\dot{r}} = \dfrac{\partial Y}{\partial \dot{r}} \\ N_v = \dfrac{\partial N}{\partial v}, N_{\dot{v}} = \dfrac{\partial N}{\partial \dot{v}}, N_r = \dfrac{\partial N}{\partial r}, N_{\dot{r}} = \dfrac{\partial N}{\partial \dot{r}} \end{cases} \tag{2-59}$$

下面给出某船舶六自由度运动水动力和力矩的具体展开形式:

1)纵荡

$$\begin{aligned} & m[\dot{u} - vr + wq - x_G(q^2 + r^2) + y_G(pq - \dot{r}) + z_G(pr + \dot{q})] \\ &= \frac{1}{2}\rho L^4[X'_{qq}q^2 + X'_{rr}r^2 + X'_{rp}rp] + \frac{1}{2}\rho L^3[X'_{\dot{u}}\dot{u} + X'_{vr}vr + X'_{wp}wp] + \end{aligned}$$

$$\frac{1}{2}\rho L^2[X'_{uu}u^2+X'_{vv}v^2+X'_{ww}w^2]+\frac{1}{2}\rho L^2[a_Tu^2+b_Tuu_c+c_Tu_c^2]-(\Delta P-\Delta B)\sin\theta \tag{2-60}$$

2）横荡

$$\begin{aligned}&m[\dot v-wp+ur-y_G(r^2+p^2)+z_G(qr-\dot p)+x_G(pq+\dot r)]\\&=\frac{1}{2}\rho L^4[Y'_{\dot r}\dot r+Y'_{\dot p}\dot p+Y'_{p|p|}p|p|+Y'_{pq}pq+Y'_{qr}qr+Y'_{r|r|}r|r|]+\\&\quad\frac{1}{2}\rho L^3\left[Y'_{\dot v}\dot v+Y'_rur+Y'_pup+Y'_{vq}vq+Y'_{wp}wp+Y'_{wr}wr+Y'_{v|r|}\frac{v}{|v|}|(v^2+w^2)^{\frac{1}{2}}||r|\right]+\\&\quad\frac{1}{2}\rho L^2[Y'_*u^2+Y'_vuv+Y'_{v|v|}v|(v^2+w^2)^{\frac{1}{2}}|+Y'_{vw}vw]+(\Delta P-\Delta B)\cos\theta\sin\phi\end{aligned} \tag{2-61}$$

3）垂荡

$$\begin{aligned}&m[\dot w-uq+vp-z_G(p^2+q^2)+x_G(rp-\dot q)+y_G(rq+\dot p)]\\&=\frac{1}{2}\rho L^4[Z'_{\dot q}\dot q+Z'_{pp}p^2+Z'_{rr}r^2+Z'_{rp}rp+Z'_{q|q|}q|q|]+\\&\quad\frac{1}{2}\rho L^3\left[Z'_{\dot w}\dot w+Z'_quq+Z'_{vr}vr+Z'_{vp}vp+Z'_{w|q|}\frac{w}{|w|}|(v^2+w^2)^{\frac{1}{2}}||q|\right]+\\&\quad\frac{1}{2}\rho L^2\begin{bmatrix}Z'_*u^2+Z'_wuw+Z'_{|w|}u|w|+Z'_{w|w|}w|(v^2+w^2)^{\frac{1}{2}}|\\+Z'_{ww}|w(v^2+w^2)^{\frac{1}{2}}|+Z'_{vv}v^2\end{bmatrix}+\\&\quad(\Delta P-\Delta B)\cos\theta\cos\phi\end{aligned} \tag{2-62}$$

4）横摇

$$\begin{aligned}&J_x\dot p+(J_x-J_y)qr+m[y_G(\dot w-uq+vp)-z_G(\dot v-wp+ur)]\\&=\frac{1}{2}\rho L^5[K'_{\dot p}\dot p+K'_{\dot r}\dot r+K'_{p|p|}p|p|+K'_{qr}qr+K'_{pq}pq+K'_{r|r|}r|r|]+\\&\quad\frac{1}{2}\rho L^4[K'_{\dot v}\dot v+K'_pup+K'_rur+K'_{vq}vq+K'_{wp}wp+K'_{wr}wr]+\\&\quad\frac{1}{2}\rho L^3[K'_*u^2+K'_vuv+K'_{v|v|}v|(v^2+w^2)^{\frac{1}{2}}|+K'_{vw}vw]+\\&\quad(\bar y_G\Delta P-\bar y_C\Delta B)\cos\theta\cos\phi-(\bar z_G\Delta P-\bar z_C\Delta B)\cos\theta\sin\phi\end{aligned} \tag{2-63}$$

5）纵摇

$$\begin{aligned}&J_y\dot q+(J_x-J_z)rp+m[z_G(\dot u-vr+wq)-x_G(\dot w-uq+vp)]\\&=\frac{1}{2}\rho L^5[M'_{\dot q}\dot q+M'_{pp}p^2+M'_{q|q|}q|q|+M'_{rr}r^2+M'_{rp}rp]+\end{aligned}$$

$$\frac{1}{2}\rho L^4[M'_{\dot{w}}\dot{w} + M'_q uq + M'_{vr}vr + M'_{vp}vp + M'_{w|q|}|(v^2 + w^2)^{\frac{1}{2}}|q] +$$

$$\frac{1}{2}\rho L^3[M'_* u^2 + M'_w uw + M'_{|w|}u|w| + M'_{w|w|}w|(v^2 + w^2)^{\frac{1}{2}}| + M'_{ww}|w(v^2 + w^2)^{\frac{1}{2}}| +$$

$$M'_{vv}v^2] - (\bar{x}_G\Delta P - \bar{x}_C\Delta B)\cos\theta\cos\phi - (\bar{z}_G\Delta P - \bar{z}_C\Delta B)\sin\theta \quad (2-64)$$

6）艏摇

$$J_z\dot{r} + (J_y - J_x)pq + m[x_G(\dot{v} - up + ur) - y_G(\dot{u} - vr + wp)]$$

$$= \frac{1}{2}\rho L^5[N'_{\dot{r}}\dot{r} + N'_{\dot{p}}\dot{p} + N'_{p|p|}p|p| + N'_{r|r|}r|r| + N'_{pq}pq + N'_{qr}qr] +$$

$$\frac{1}{2}\rho L^4[N'_{\dot{v}}\dot{v} + N'_p up + N'_r ur + N'_{wr}wr + N'_{wp}wp + N'_{vq}vq + N'_{|v|}|(v^2 + w^2)^{\frac{1}{2}}|r] +$$

$$\frac{1}{2}\rho L^3[N'_* u^2 + N'_v uv + N'_{v|v|}v|(v^2 + w^2)^{\frac{1}{2}}| + N'_{vw}vw] +$$

$$(\bar{x}_G\Delta P - \bar{x}_C\Delta B)\cos\theta\sin\phi + (\bar{y}_G\Delta P - \bar{y}_C\Delta B)\sin\theta \quad (2-65)$$

5. 船舶运动非线性数学模型的两大学派

目前,船舶运动模型可划分为两大学派[1,2]:一派是欧美学派,采用整体型模型结构,由 Abkowitz 提出;另一派是日本学派,采用分离型模型结构,由日本船舶操纵运动数学模型小组（Maneuvering Model Group,MMG)提出。

1）整体型模型结构

整体模型化方法也称为 Abkowitz 模型法,是把船、桨、舵看作一个不可分的整体。船舶所受的流体动力 $\boldsymbol{F}$ 主要与船舶尺度、流体的物理性质(黏度、密度等)、船体与周围介质相对运动的速度、加速度、转速等因素有关。因此,对于一艘船舶,其流体动力可表达为:

$$\boldsymbol{F} = \boldsymbol{F}(\boldsymbol{v}, \dot{\boldsymbol{v}}, \delta, n) \quad (2-66)$$

式中:δ 为舵角;n 为螺旋桨转速。

此法从数学分析角度看比较完整严密,因为模型的流体动力导数取得多,所以有较高的精度;船舶各部分之间的相互影响已在试验中自动考虑在内,不存在干扰问题。这些优点使得此种方法目前仍获得广泛应用,特别是在那些具有精良实验手段的研究机构。但本方法也有一些不足:①一些流体动力导数,特别是高阶导数项的物理意义不明显;②试验耗费巨大;③不便于研究船舶设计过程中某一局部的修改对总的操纵性能所产生的影响。

2）分离型模型结构

分离模型化方法通常称为 MMG 模型法。这种模型结构的研究者以日本学者小川、小濑、井上、平野等人为代表,该方法的建模原则是以船、桨、舵的单独

性能为基础,能简洁地表示船-桨-舵的干涉效应,合理地表达作用于船上的各种流体动力。作用于船舶上的力可表述为:

$$\sum \boldsymbol{F} = \boldsymbol{F}_{\mathrm{I}} + \boldsymbol{F}_{H} + \boldsymbol{F}_{\mathrm{P}} + \boldsymbol{F}_{\mathrm{R}} \tag{2-67}$$

MMG 模型具有以下优点:①各导数具有明确的物理意义;②便于进行设计上的局部修改;③便于做实验求得数学模型中的各项系数;④便于处理模型与实船的相关问题;⑤既能够用于常规操纵模型,又可适应更大范围的运动及浅水中的操纵。MMG 模型建立在深层次理论分析与广泛研究相结合的基础之上,是目前国际上较为流行的一种船舶运动数学模型,并且一直在利用目前已发表的试验数据而加以完善之中,即使对不具备试验手段的研究者,采用这种研究方法也可建立具有相当精度的数学模型,用以预报船舶的动态响应。

综上所述,MMG 模型的适用范围更广。本书将根据 MMG 模型建立船舶运动微分方程。

6. 水动力导数的无量纲化方法

船舶运动数学模型中的水动力导数常见的无量纲化方法有两种。一种是参考面积为 L^2,这是国际拖曳水池(ITTC)推荐的形式。水动力导数的无量化形式如下:

$$\begin{cases} X'_{\dot{u}} = \dfrac{X_{\dot{u}}}{\frac{1}{2}\rho L^3}, X'_u = \dfrac{X_u}{\frac{1}{2}\rho U_{\mathrm{C}} L^2} \\ Y'_{\dot{v}} = \dfrac{Y_{\dot{v}}}{\frac{1}{2}\rho L^3}, Y'_v = \dfrac{Y_v}{\frac{1}{2}\rho U_{\mathrm{C}} L^2}, Y'_{\dot{r}} = \dfrac{Y_{\dot{r}}}{\frac{1}{2}\rho L^4}, Y'_r = \dfrac{Y_r}{\frac{1}{2}\rho U_{\mathrm{C}} L^3} \\ N'_{\dot{v}} = \dfrac{N_{\dot{v}}}{\frac{1}{2}\rho L^4}, N'_v = \dfrac{N_v}{\frac{1}{2}\rho U_{\mathrm{C}} L^3}, N'_{\dot{r}} = \dfrac{N_{\dot{r}}}{\frac{1}{2}\rho L^5}, N'_r = \dfrac{N_r}{\frac{1}{2}\rho U_{\mathrm{C}} L^4} \end{cases} \tag{2-68}$$

另一种是参考面积为 Ld,这是日本 MMG 模型系统采用的形式。水动力导数的无量化形式如下:

$$\begin{cases} X'_{\dot{u}} = \dfrac{X_{\dot{u}}}{\frac{1}{2}\rho L^2 d}, X'_u = \dfrac{X_u}{\frac{1}{2}\rho U_{\mathrm{C}} L d} \\ Y'_{\dot{v}} = \dfrac{Y_{\dot{v}}}{\frac{1}{2}\rho L^2 d}, Y'_v = \dfrac{Y_v}{\frac{1}{2}\rho U_{\mathrm{C}} L d}, Y'_{\dot{r}} = \dfrac{Y_{\dot{r}}}{\frac{1}{2}\rho L^3 d}, Y'_r = \dfrac{Y_r}{\frac{1}{2}\rho U_{\mathrm{C}} L^2 d} \\ N'_{\dot{v}} = \dfrac{N_{\dot{v}}}{\frac{1}{2}\rho L^3 d}, N'_v = \dfrac{N_v}{\frac{1}{2}\rho U_{\mathrm{C}} L^2 d}, N'_{\dot{r}} = \dfrac{N_{\dot{r}}}{\frac{1}{2}\rho L^4 d}, N'_r = \dfrac{N_r}{\frac{1}{2}\rho U_{\mathrm{C}} L^3 d} \end{cases} \tag{2-69}$$

2.1.3 船舶平面运动线性数学模型

船舶处于航向保持、航迹保持或中等强度以下的操纵运动和动力定位中的定点位置保持时，其主要运动变量是水平面上的前进速度、横移速度和转艏角速度，并且各运动变量在较短时间内变化较小；而垂荡、横摇、纵摇运动对平面运动变量的影响较小，可以忽略不计，即认为船舶只作三自由度的平面运动。

由六自由度数学模型可以方便得出船舶平面运动数学模型[2,6]：

$$\begin{cases} m(\dot{u} - ru - x_G r^2) = X_{\mathrm{H}} + X_{\mathrm{P}} + X_{\mathrm{R}} \\ m(\dot{v} + ru + x_G \dot{r}) = Y_{\mathrm{H}} + Y_{\mathrm{P}} + Y_{\mathrm{R}} \\ J_z \dot{r} + m x_G(\dot{v} + ru) = N_{\mathrm{H}} + N_{\mathrm{P}} + N_{\mathrm{R}} \end{cases} \tag{2-70}$$

式中：下标 H 表示船体水动力，包括惯性项与黏性项；下标 P 表示螺旋桨力；下标 R 表示舵力。

从式(2－70)可以看出，船舶平面运动的方程是非线性的。考虑到动力定位船舶在定位过程中属于低速低频运动，这里把船体水动力作线性化处理。

考虑船体左右对称，式(2－70)可简化为：

$$\begin{cases} X_H = X_u \Delta u + X_{\dot{u}} \dot{u} \\ Y_H = Y_v v + Y_{\dot{v}} \dot{v} + Y_r r + Y_{\dot{r}} \dot{r} \\ N_H = N_v v + N_{\dot{v}} \dot{v} + N_r r + N_{\dot{r}} \dot{r} \end{cases} \tag{2-71}$$

其中：X_u、$X_{\dot{u}}$、Y_v、$Y_{\dot{v}}$、Y_r、$Y_{\dot{r}}$、N_v、$N_{\dot{v}}$、N_r、$N_{\dot{r}}$ 为水动力导数。

把式(2－71)代入式(2－70)，略去高阶小量，且不考虑桨舵的影响，整理得静水中裸船体的船舶线性运动微分方程：

$$\begin{cases} -X_u \Delta u + (m - X_{\dot{u}})\dot{u} = 0 \\ -Y_v v - (Y_{\dot{v}} - m)\dot{v} - (Y_r - m u_1) r - (Y_{\dot{r}} - m x_G)\dot{r} = 0 \\ -N_v v - (N_{\dot{v}} - m x_G)\dot{v} - (N_r - m x_G u_1) r + (J_z - N_{\dot{r}})\dot{r} = 0 \end{cases} \tag{2-72}$$

1. 水动力导数的物理意义

1）水动力加速度导数

式(2－72)中，与加速度 $\dot{u}$、$\dot{v}$ 及角加速度 $\dot{r}$ 对应的项表示因船舶偏离等速直线运动状态而造成的流体惯性力和流体惯性力矩。这些力总是阻碍船舶在相关方向上的非惯性运动，因此有 $X_{\dot{u}} < 0$，$Y_{\dot{v}} < 0$，$N_{\dot{r}} < 0$。

2）水动力速度导数

X_u、Y_v、N_r 可以理解成船舶在 x、y、z 方向上具有一个单位速度或一个单位角速度所受到的流体黏性力或力矩，因此有 $X_u < 0$，$Y_v < 0$，$N_r < 0$。至于 Y_r 和 N_v

的符号，需要视船艏与船艉哪一部分的影响占优势而定，一般其绝对值较小。对于 N_v，如果把沿着水线面重叠的船体看成一个特殊的机翼，由 v 引起的流体动力，其作用中心一般在形心之前，即船艏的流体动力占优势，所以 N_v 为一个绝对值较小的负值。

2. 线性水动力导数的求取方法

船舶操纵运动的数学模型中，包含着众多的水动力导数，它们主要与船舶主尺度、船体外形等因素有关。目前，国内外求取水动力导数的方法主要有四种：约束模型试验、半理论半经验估算、船模试验加系统辨识的方法以及数值计算方法。表 2－2 给出了各种方法的优点与不足。

表 2－2　求取水动力导数不同方法的优缺点

方法	优　　点	缺　　点
约束模型试验	目前为止，最有效最可靠的预报方法	需要专门的设备（如平面运动机构装置、悬臂装置、水池等），且费时费钱
半理论半经验估算	充分利用现有资源、方便快捷	适用范围受到限制，预报精度难以保证
船模试验加系统辨识	可对实船进行辨识，减小尺度效应	需要事先得到实船试验数据，适用于实航数据的分析与水动力系数的修正
数值计算	可以方便地得到流场细节，快捷且经济	预报精度难以保证

1）约束模型试验

该方法是指通过特定的装置强迫船模作精确控制下的运动，进而测定船模各流体动力导数的模型试验。常用的约束模型试验有直线拖曳试验、悬臂试验和平面运动机构试验。

（1）直线拖曳试验：可在普通长条形水池中进行，主要是通过不同漂角的斜航运动与不同舵角的直航运动，进而求得船舶的位置导数与控制导数。

（2）悬臂试验：通常需要在圆形水池中进行，由水池中心处的中央岛上伸出一悬臂，船模重心或船模中部固定在沿悬臂的一定位置上，距悬臂转动中心的距离为 R，船模的中纵剖面与半径为 R 的圆周切线方向安装成一定的夹角 β。试验时，使悬臂以一定回转速度运动，并强迫船模做一定回转半径、一定漂角和一定舵角的定常回转运动，进而求得船舶的回转导数。

（3）平面运动机构试验：在普通的长条形拖曳水池的拖车上安装平面运动机构，使船模在沿水池中心线等速运动的同时，做横向和首摇角的简谐振荡运动[23]。测量船模所受到的水动力和力矩，进而求得船舶的加速度导数与速度导数。水平面内的平面运动机构通过机械约束，可以实现的典型运动方式有定漂角斜航、纯横荡、纯首摇以及几种简单运动的组合运动。

2）半理论半经验估算

该方法是根据大量的海上实船试验或船模试验所积累的试验数据来快速估算新建船舶的水动力导数，但当所设计的船舶不在现有数据所限定的船型之内时，其预报精度会大大降低。

加速度导数的常用估算公式有周昭明等人对日本著名的元良图谱进行多元回归所得的估算公式，以及 Clarke 基于 1981 年收集的大量平面运动机构的试验结果进行回归分析处理所得的估算公式。

速度导数的常用估算公式有井上近似计算公式、Wagner Smith 近似估算公式、Norrbin 近似估算公式、贵岛胜郎近似估算公式，以及 Clarke 根据数百艘船模的悬臂试验和平面运动机构试验结果，利用多元回归分析所得的估算公式。

3）模型试验加系统辨识的方法

自 20 世纪 70 年代以来，控制理论中的系统辨识技术已经被成功应用于船舶操纵运动建模研究，随着试验测量技术和系统辨识方法的不断发展，在获取水动力导数方面，船模试验加系统辨识的方法展现了广阔的应用前景。

传统辨识算法的基本原理是通过建立系统依赖于参数的模型，把辨识问题转化成对模型参数的估计问题。这类算法较为成功地应用于线性系统或可线性化系统的辨识，就其基本原理来说，可分为最小二乘法、梯度校正法和极大似然法三种不同的类型。

基于人工智能技术的辨识方法，如人工神经网络、支持向量机等，可以较好地解决非线性系统的辨识问题。

4）数值计算法

随着计算机运算速度以及 CFD 技术的发展，数值计算方法越来越广泛的应用于确定操纵运动船体水动力。其原理是通过 CFD 软件数值模拟约束船模的平面运动机构试验，计算得到船体所受到的水动力，进而求得各水动力导数。目前，国内外学者[7-22]已经发表了大量关于数值计算求取船舶水动力导数的相关文章，并验证了该种方法的可行性。

2.1.4 风浪中的船舶操纵运动数学模型

船舶在波浪中的受力情况与静水之中的有明显的不同[24,25]，主要包括：①力和力矩的加速度导数成为与遭遇频率有关的量；②波浪产生的力有辐射力、Froud - Krilov 力和绕射力；③水平面的操纵运动主要受二阶波浪漂移的影响，横摇、纵摇和垂荡运动主要受一阶波浪力影响。

目前,研究波浪中船舶操纵性常用方法[26]:①模型试验方法,是研究波浪中的操纵性能最可靠的方法;②在静水中的 MMG 操纵运动方程中,叠加波浪力项;③将船舶在波浪中的操纵运动与摇荡运动结合起来,建立六自由度方程。

其中,在静水中的 MMG 操纵运动方程中直接加入波浪力的方法是目前应用最为普遍的方法。该方法虽然没有考虑纵向运动与摇荡运动的耦合,但是,由于该方法可以直接利用操纵性和耐波性的现有研究成果,简单适用,并且 1990 年 Nonaka 采用双时标展开法证明了该方法的合理性。为了研究动力定位船舶在波浪中的操纵运动,本书采用了在静水中 MMG 操纵运动方程的基础上叠加二阶波浪漂移力的方法,以此建立船舶在风浪中的运动模型。

在静水中的操纵运动方程右边加入风、浪、流外载荷,建立海洋中的船舶操纵运动方程:

$$\begin{cases} -X_u\Delta u+(m-X_{\dot{u}})\dot{u}=X_\mathrm{P}+X_\mathrm{R}+X_\mathrm{wi}+X_\mathrm{wa}+X_\mathrm{cu} \\ -Y_v v-(Y_{\dot{v}}-m)\dot{v}-(Y_r-mu_1)r-(Y_{\dot{r}}-mx_G)\dot{r}=Y_\mathrm{P}+Y_\mathrm{R}+Y_\mathrm{wi}+Y_\mathrm{wa}+Y_\mathrm{cu} \\ -N_v v-(N_{\dot{v}}-mx_G)\dot{v}-(N_r-mx_Gu_1)r+(J_z-N_{\dot{r}})\dot{r}=N_\mathrm{P}+N_\mathrm{R}+N_\mathrm{wi}+N_\mathrm{wa}+N_\mathrm{cu} \end{cases} \tag{2-73}$$

对于动力定位船舶这样的低速运动模型,可写成如下矩阵的形式:

$$\boldsymbol{M}\dot{\boldsymbol{v}}+\boldsymbol{D}\boldsymbol{v}=\boldsymbol{\tau}_t \tag{2-74}$$

式中:$\dot{\boldsymbol{v}}$ 为加速度矩阵,$\dot{\boldsymbol{v}}=[\dot{u}\quad \dot{v}\quad \dot{r}]^\mathrm{T}$;$\boldsymbol{v}$ 为速度矩阵,$\boldsymbol{v}=[u\quad v\quad r]^\mathrm{T}$;$\boldsymbol{\tau}_t$ 为合外力矩阵,$\boldsymbol{\tau}_t=[\tau_{tx}\quad \tau_{ty}\quad \tau_{tn}]^\mathrm{T}$;$\boldsymbol{M}$ 为质量矩阵,$\boldsymbol{M}=\begin{bmatrix} m-X_{\dot{u}} & 0 & 0 \\ 0 & m-Y_{\dot{v}} & mx_G-Y_{\dot{r}} \\ 0 & mx_G-N_{\dot{v}} & J_z-N_{\dot{r}} \end{bmatrix}$;

$\boldsymbol{D}$ 为阻尼矩阵,$\boldsymbol{D}=\begin{bmatrix} -X_u & 0 & 0 \\ 0 & -Y_v & -Y_r \\ 0 & -N_v & -N_r \end{bmatrix}$。

若求解上面的船舶运动微分方程,必须知道水动力导数与外载荷。其中,外载荷的计算详见本章 2.2 节;水动力导数近似取静水中水动力导数。

2.2 环境力模型

无论是研究船舶操纵运动的仿真还是船舶运动的闭环控制,都要求能准确描述作用于船体上环境力的模型[2]。

传统的动力定位控制系统主要采用反馈控制,即对海洋结构物的位置和艏向角的偏差值进行反馈，这一控制策略决定了控制效果会有一定的延迟效应。在海洋环境较为平缓的条件下，良好的反馈控制基本上可以满足动力定位系统的工作要求。但是在较为恶劣的海域中，反馈控制难以迅速补偿突然增大的环境载荷所造成的海洋结构物的位置与艏向角的偏移，动力定位系统的定位效果也会因此而受到影响[27]。

动力定位系统的环境力前馈控制正是为了解决这一问题而提出的。本节主要介绍动力定位控制系统中的环境力前馈模型。

2.2.1 环境载荷方向角的定义

作用于船体上的环境载荷如图 2－2 所示。其中，随船坐标系中的原点位于船中，x 轴指向船艏为正，y 轴指向右舷为正，z 轴正向依据右手定则确定。迎浪为 0°，随浪为 180°，规定顺时针旋转为正。

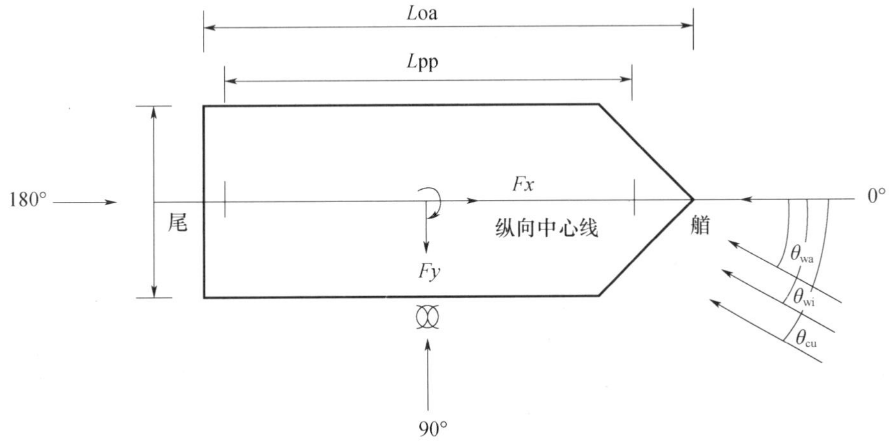

图 2－2　作用于船体上的环境载荷坐标系

2.2.2 风载荷模型

船舶在海上航行时，其上层建筑将受风力的作用，致使船舶偏离航向或引起操船困难。特别是动力定位船舶需要以较低的航速在海洋中特定的位置进行工作，风力对操纵性的影响更为显著。

风载荷前馈是最早应用于动力定位系统，并成为动力定位标准配置的前馈控制手段。风载荷前馈的目的在于通过风传感器得到实时作用在海洋结构物上的风载荷信息，并使动力定位系统可以直接对其进行补偿。目前，风载荷的计算方法主要有经验公式法和模块法。

1. 经验公式法

风力在 x、y 上的分力以及转矩采用如下计算公式：

$$\begin{cases} F_x = \dfrac{1}{2}\rho V_{\mathrm{wi}}{}^2 C_x A_f \\ F_y = \dfrac{1}{2}\rho V_{\mathrm{wi}}{}^2 C_y A_l \\ F_n = \dfrac{1}{2}\rho V_{\mathrm{wi}}{}^2 C_n A_l L_{\mathrm{oa}} \end{cases} \tag{2-75}$$

式中：F_x、F_y、F_n 分别为 x、y 方向上的分力以及转矩；ρ 为空气密度；V_{wi}为风速；C_x、C_y、C_n 分别为 x、y 方向上的载荷系数以及转矩系数；A_f、A_l 分别为船舶水上部分正投影面积和侧投影面积；L_{oa}为船舶总长。

1）Blendermann 方法

Blendermann[28]通过风洞试验搜集了大量的关于风载荷的数据，并在此基础上得出了横向和纵向风载荷系数计算公式。风载荷系数计算公式：

$$\begin{cases} C_x = -C_{l,\mathrm{AF}} \dfrac{\cos\alpha}{1 - \dfrac{\varepsilon}{2}\left(1 - \dfrac{C_l}{C_t}\right)\sin^2 2\alpha} \\ C_y = C_t \dfrac{\sin\alpha}{1 - \dfrac{\varepsilon}{2}\left(1 - \dfrac{C_l}{C_t}\right)\sin^2 2\alpha} \\ C_n = \left[\dfrac{S_l}{L_{\mathrm{oa}}} - 0.18\left(\alpha - \dfrac{\pi}{2}\right)\right] C_y \end{cases} \tag{2-76}$$

式中：系数 $C_{l,\mathrm{AF}}$、C_t、ε 的取值参见文献[28]；α 为风与 x 轴的夹角；S_l 为侧投影的形心距船中的距离；$C_l = C_{l,\mathrm{AF}}\dfrac{A_f}{A_l}$。

2）Isherwood 方法

Isherwood[33]根据各类商船有关压力的大量船模风洞试验结果，按商船上层建筑各特征参数进行回归分析，得出了计算风压力系数和风压力矩系数的回归公式，即 Isherwood 公式：

$$C_x = a_0 + a_1\frac{2A_l}{L_{\mathrm{oa}}^2} + a_2\frac{2A_f}{B^2} + a_3\frac{L_{\mathrm{oa}}}{B} + a_4\frac{c}{L_{\mathrm{oa}}} + a_5\frac{d}{L_{\mathrm{oa}}} + a_6 m \tag{2-77}$$

$$C_y = b_0 + b_1\frac{2A_l}{L_{\mathrm{oa}}^2} + b_2\frac{2A_f}{B^2} + b_3\frac{L_{\mathrm{oa}}}{B} + b_4\frac{c}{L_{\mathrm{oa}}} + b_5\frac{d}{L_{\mathrm{oa}}} + b_6\frac{A_{ss}}{A_l} \tag{2-78}$$

$$C_n = c_0 + c_1\frac{2A_l}{L_{\mathrm{oa}}^2} + c_2\frac{2A_f}{B^2} + c_3\frac{L_{\mathrm{oa}}}{B} + c_4\frac{c}{L_{\mathrm{oa}}} + c_5\frac{d}{L_{\mathrm{oa}}} \tag{2-79}$$

式中：A_{ss}为船舶上层建筑的侧投影面积；B 为船宽；c 为船舶水线以上部分侧投影面积的周长（除去桅杆和通风筒等细长物体以及水线长度）；d 为船舶水线以上部分侧投影面积形心到船艏的距离；m 为船舶侧投影面积中桅杆或中线面支柱的数目；$a_0, a_1, \cdots, a_6$、$b_0, b_1, \cdots, b_6$、$c_0, c_1, \cdots, c_5$ 的值参见文献[28]。

3）Haddara 方法

Haddara[34]采用神经网络技术对所搜集的关于船舶所受风载荷实验数据进行了回归分析，得出以下公式：

$$C_k = \sum_{i=1}^{5} \gamma_{ki}\zeta_{ki} \tag{2-80}$$

$$\zeta_{ki} = \frac{1 - e^{-\xi_{ki}}}{1 + e^{-\xi_{ki}}} \tag{2-81}$$

$$\xi_{ki} = \sum_{i=1}^{5} \zeta_{kij}x_j \tag{2-82}$$

$$x_1 = \frac{A_l}{L_{oa}{}^2}, x_2 = \frac{A_f}{B^2}, x_3 = \frac{L_{oa}}{B}, x_4 = \frac{S_l}{L_{oa}}, x_5 = \alpha, x_6 = 1 \tag{2-83}$$

式中：k 为横向或纵向；γ_{ki}、ζ_{kij}为权重值。

2. 模块法

模块法[35]是计算海洋工程结构物所受风载荷常用的方法之一，也是美国船级社（ABS）和挪威船级社（DNV）建议的方法。模块法是将整个水线以上结构离散成不同的标准构件模块，叠加各组成构件的风载荷获得结构物所受的总风载荷。因此在使用模块法计算之前要求已知各组成构件的载荷特性，其准确性依赖于对构件载荷特性、构件之间影响特性以及模块的划分。具体计算方法如下：

由于风在垂直方向是有梯度的，那么海平面高度 Z 处的风速为：

$$V_Z = V_{Z_r}\left(\frac{z}{z_r}\right)^p \tag{2-84}$$

式中：Z_r 为参考高度，一般取 10m；V_{Z_r}为参考高度的风速；p 一般取 0.1 ~0.15。

构件风载荷计算时采取平均风速：

$$V_e^2 = \frac{1}{A}\iint V^2(y,z)\,\mathrm{d}y\mathrm{d}z \tag{2-85}$$

式中：A 为受风面积；$V(y,z)$为构件受风面上点(y,z)处的风速。

第 i 个模块所受风载荷：

$$F_i = \frac{1}{2}\rho C_{si}C_{hi}V_{ie}^2A_i \tag{2-86}$$

式中：V_{ie}为第 i 个模块的平均风速；ρ 为空气密度；C_{si}、C_{hi}分别为第 i 个模块的形状系数和高度系数；A_i 为第 i 个模块在正横或正纵方向上的投影面积。

受风构件的总风载荷为：

$$F_{\text{wind}} = \sum_{i=1}^{Ne} F_i \tag{2-87}$$

式中：Ne 为划分模块的数量。

风载荷系数 C_i 表达为：

$$C_i = \frac{F_{\text{wind}}}{0.5\rho V_r^2 A_r} \tag{2-88}$$

式中：i 为横向或纵向；V_r 为参考风速；A_r 为参考面积。

2.2.3 流载荷模型

海流，即海水的大规模流动，是海洋环境中重要的物理环境，它可以引起海洋运动体的偏航，引起动力定位海洋运动体位置的变化等。通常来说，流从时间上分为定常流和非定常流，从地理位置上分为均匀流和非均匀流。目前，大多数的船舶运动数学模型对于流的处理都采用定常和均匀的假设，即流速 V_c 的数值和方向不随时间和空间点的位置而变化。这种定常均匀流的假设一般只适用于海洋上的操纵模拟，在港湾、航道等处的流会因时因地发生变化[2,32]。

针对流作用下的船舶操纵性计算，目前有两种解决方法：一种是在静水运动数学模型基础上，将流的作用力和力矩加在合外力项中，然后求解运动方程，但是该种方法需要通过实验或经验公式确定流载荷系数；另一种方法是采用速度向量合成的方法，这种方法是在轨迹计算时，进行绝对速度与计及流速后的相对速度之间的转换。

1. 模型试验法

模型试验法是计算流载荷最可靠的方法。流载荷的作用力及力矩可表达为：

$$\begin{cases} X_{\text{cu}} = \dfrac{1}{2}\rho A_f V_c^2 C_x(\alpha) \\ Y_{\text{cu}} = \dfrac{1}{2}\rho A_l V_c^2 C_y(\alpha) \\ N_{\text{cu}} = \dfrac{1}{2}\rho A_f V_c^2 C_n(\alpha) \end{cases} \tag{2-89}$$

式中：α 为流向角；X_{cu}、Y_{cu}、N_{cu} 分别为 x、y 方向上的分力以及转矩；ρ 为流体密度；V_c 为流速；A_f、A_l 分别为船体水下部分正投影面积和侧投影面积；C_x、C_y、C_n 为表示 x、y 方向上的流载荷系数以及转矩系数，可由模型试验或经验公式得到。

2. 切片理论计算法

根据 Faltinsen[31] 提出的切片理论对流载荷的估算方法，分别计算纵向流载荷与横向流载荷及转矩，具体计算方法如下。

1）纵向流载荷的计算

纵向力 F_{cux} 主要是由摩擦力引起的，所以采用在静水中估算船舶阻力的方法，具体计算公式为：

$$F_{\text{cux}} = \frac{1}{2}\rho V_c^2 C_{\text{cux}} S\cos\psi \left|\cos(\alpha)\right| \tag{2-90}$$

式中：α 为流向角；C_{cux} 为阻力系数，$C_{\text{cux}} = k_1 \cdot (1+k) \cdot C_f$，其中 k_1 为船模转换系数，通常取 $k_1 = \dfrac{5.0}{\left|\cos(\alpha)\right|}$，$k$ 为形状因子；C_f 为平板摩擦阻力系数，由 ITTC 公式 $C_f = \dfrac{0.075}{(\lg Re - 2)^2}$；$Re$ 为雷诺数，$Re = \dfrac{V_c L_{\text{pp}}}{\upsilon}$；$S$ 为船舶湿表面积。

2）横向流载荷及转矩的计算

计算作用在船上的横向流力和流艏摇力矩，可使用横流原理来进行估算。船舶上的横向流力 F_{cuy} 表示为：

$$F_{\text{cuy}} = \frac{1}{2}\rho\left[\int_L \mathrm{d}x C_{\text{D}}(x) D(x)\right] V_c^2 \sin(\alpha)\left|\sin(\alpha)\right| \tag{2-91}$$

式中：$C_{\text{D}}(x)$ 为在纵坐标 x 处船舶横截面阻力系数取自具有与船相等横截面面积的无限长柱体的阻力系数；$D(x)$ 为截面的吃水。

海流引起的艏摇力矩是由 Munk 力矩和由横流引起的黏性艏摇力矩之和，表示为：

$$F_{\text{cu}N} = \frac{1}{2}\rho\left[\int_L \mathrm{d}x C_D(x) D(x) x\right] V_c^2 \sin\alpha \left|\sin\alpha\right| + \frac{1}{2} V_c^2 (A_{22} - A_{11}) \sin 2\alpha \tag{2-92}$$

式中：A_{11}、A_{22} 分别为纵荡和横荡的附加质量。

3. 速度向量合成法

设绝对坐标系中船舶艏向角为 ψ，流速为 V_c，流向角为 θ_c，则流速在船体坐标系下的分量为：

$$\begin{cases} u_c = V_c \cos(\theta_c - \psi) \\ v_c = V_c \sin(\theta_c - \psi) \end{cases} \tag{2-93}$$

在船体坐标系中，船舶速度分量为 u、v，设船舶相对水流的速度为 u_r、v_r，则有：

$$\begin{cases} u = u_r + u_c \\ v = v_r + v_c \end{cases} \tag{2-94}$$

将上式对时间求导，得到加速度分量的关系为：

$$\begin{cases} \dot{u} = \dot{u}_r + \dot{u}_c = \dot{u}_r + V_c r\sin(\theta_c - \psi) \\ \dot{v} = \dot{v}_r + \dot{v}_c = \dot{v}_r - V_c r\cos(\theta_c - \psi) \end{cases} \tag{2-95}$$

则船舶对水流的相对速度与相对加速度分别为：

$$\begin{cases} u_r = u - u_c \\ v_r = v - v_c \\ \dot{u}_r = \dot{u} - v_c r \\ \dot{v}_r = \dot{v} + u_c r \end{cases} \tag{2-96}$$

将静水中的船舶运动方程中的船体速度参数转换为船体与水流的相对运动参数，即得到考虑海流影响的船舶运动方程。

2.2.4 波浪载荷模型

流载荷和风载荷通常较为稳定或变化缓慢，可被处理为准静态的海洋外载荷，而波浪的作用频率较高。波浪力一般包括一阶和二阶两个部分。一阶波浪力使海洋结构物在其平衡位置产生明显的波频运动；而二阶波浪力的能量则主要集中在低频部分，并且平均力不为零，因而会将海洋结构物推离其平衡位置。二阶波浪力是动力定位系统所要抵抗的重要环境力之一。

二阶波浪力可以分为平均波浪力、缓变波浪力（差频波浪力）和急变波浪力（合频波浪力）三个部分，动力定位系统主要关注其中的平均波浪力和缓变波浪力。其中，二阶波浪力的缓变波浪力也称为波浪慢漂力。

波浪力一般是根据势流理论进行求解，包括近场积分理论、远场积分理论和中场积分理论。但这些理论比较复杂，本小节将介绍一种基于响应函数估算二阶波浪力的方法。

1. 浪与流之间的相互影响

在动力定位系统中，浪与流同时存在且相互影响[29]，从而使二阶波浪力的大小发生变化。两者作用后的频率公式如下：

$$\omega_e = \omega_0 + \frac{\omega_0^2}{g} V_c \cos\beta_{cw} \tag{2-97}$$

式中：ω_e 为浪与流作用后的频率；ω_0 为自然频率；V_c 为流速；β_{cw} 为浪与流之间的夹角。

2. 海浪谱的选取

对于船舶与海洋工程设计者来说，最好是直接利用实际营运海域中各种海情的实测海浪谱来估算其载荷响应，但这往往难以实现。因此，通常是采用已归纳出来的、具有一定波浪特征参数的各种海浪谱表达式来进行分析[6,29]。表2-3给出了常用海浪谱的适用地区。

表2-3 海浪谱适用地区

谱的名称	适用地区
Pierson - Moskowitz wave spectrum	适用于充分发展的海浪
Bretschneider Doubly peaked wave spectrum	以北大西洋充分发展的海浪为背景导出的
JONSWAP wave spectrum	北海(风程被限定的海域)

(1) Pierson - Moskowitz 单参数谱(简称 P-M 谱)，该海浪谱适合于充分发展的海浪。

$$S_\zeta(\omega) = 0.0081\frac{g^2}{\omega^5}\exp\left(-0.032\left(\frac{g}{\omega^2 H_s}\right)^2\right) \tag{2-98}$$

式中：$S_\zeta(\omega)$为海浪谱密度；g为重力加速度；H_s为有义波高；ω为波浪频率。

(2) Bretschneider 双参数谱，该海浪谱不仅适用于充分发展的海浪，也适用于成长中的海浪或由涌组成的海浪。

$$S_\zeta(\omega) = \frac{1.25}{4}\frac{\omega_p^4}{\omega^5}H_s^2\exp\left(-1.25\left(\frac{\omega_p}{\omega}\right)^4\right) \tag{2-99}$$

式中：ω_p为谱峰频率，$\omega_p=0.4\sqrt{\frac{g}{H_s}}$。

此海浪谱的公式还可以写成

$$S_\zeta(\omega) = \frac{124H_s^2}{T_z^4}\omega^{-5}\exp\left(\frac{-496}{T_z^4}\omega^{-4}\right) \tag{2-100}$$

式中：T_z为平均跨零周期，$T_z=\frac{2\pi}{\sqrt{m_0/m_2}}$，其中$m_0$、$m_2$分别为频率谱的零阶和二阶矩。

它是国际船舶结构会议(International Ship and Offshore Structural Congress，ISSC)在1964年所建议的双参数谱。

(3) JONSWAP 谱，该海浪谱适用于有限风区的情况。

$$S_\zeta(\omega) = \alpha g^2\omega^{-5}\exp\left\{-\frac{5}{4}\left(\frac{\omega}{\omega_p}\right)-4\right\}\gamma^{\exp\left[-0.5\left(\frac{\omega-\omega_p}{\sigma\omega_p}\right)^2\right]} \tag{2-101}$$

式中：g为重力加速度；α为广义菲利普常数，$\alpha=(5/16)(H_s^2\omega_p^4/g^2)$

$[1-0.287\ln(\gamma)]$；σ 为谱宽函数，当 $\omega \leqslant \omega_p$ 时，$\sigma = 0.07$，当 $\omega > \omega_p$ 时，$\sigma = 0.09$；γ 为谱峰值参数，平均值为 3.3。

3. 二阶波浪力的计算

根据无因次系数得到波浪载荷力和力矩的响应函数公式，采用 Newman 方法进行无因次化[30,31]：

$$\begin{cases} \dfrac{F_x(\omega,\alpha)}{\zeta_a^{\ 2}} = C_x \times (\rho g k^2 B^2 L_{\mathrm{pp}}) \\ \dfrac{F_y(\omega,\alpha)}{\zeta_a^2} = C_y \times (\rho g k^2 B^2 L_{\mathrm{pp}}) \\ \dfrac{F_n(\omega,\alpha)}{\zeta_a^2} = C_n \times (\rho g B L_{\mathrm{pp}}) \end{cases} \tag{2-102}$$

式中：C_x、C_y、C_n 为无因次波浪载荷系数；ζ_a 为波幅；ρ 为水的密度；k 为波数，$k = \dfrac{\omega^2}{g}$；g 为重力加速度；L_{pp}为垂线间长；B 为船宽。

参 考 文 献

[1] 李同山. 全回转式拖轮非线性建模与仿真[D]. 大连:大连海事大学,2007.

[2] 贾欣乐,杨盐生. 船舶运动数学模型——机理建模与辨识建模[M]. 大连:大连海事大学出版社,1999.

[3] 范余明,盛子寅,陶尧森等. 船舶在波浪中的操纵运动预报[J]. 中国造船,2001,42(2):26-33.

[4] 林超友,高俊吉,朱军. 舰船操纵运动时高频波浪力的算例[J]. 海军工程大学学报,2002,14(4):100-105.

[5] 陈俊峰,朱军,葛义军. 规则波浪中舰船操纵与横摇耦合运动模拟及特性分析[J]. 舰船科学技术,2009,31(3):46-50.

[6] 盛振邦,刘应中. 船舶原理(下)[M]. 上海:上海交通大学出版社,2004.

[7] Tahara Y,Longo J,Stern F. Comparison of CFD and EFD for the Series 60 CB = 0.6 in steady drift motion[J]. Marine Science and Technology,2002,7(1):17-30.

[8] Toxopeus S L. Deriving mathematical manoeuvring models for bare hull ships using viscous-flow calculations[C]. MARINE International Conference on Computational Methods in Marine Engineering. 2007,141-144.

[9] FAN S B,LIAN L. Obligue towing test and maneuver simulation at low speed and Large drift angle for deep sea open-framed remotely operated vehicle[J],Journal of Hydrodynamics,2012,24(2):280-286.

[10] Antonio P H,Tao X,Frederick S. URANS and DES analysis for a wigley hull at extreme drift angles[J]. Marine Science and Technology,2010,15(4):295-315.

[11] Toxopeus S L. Viscous-Flow calculations for Kvlcc2 in deep and shallow water[C],MARINE International Conference on Computational Methods in Marine Engineering,2011,1-18.

[12] Toxopeus S L. Using CFD calculations to improve predictions of ship manoeuvres[J]. RINA Developments in Marine CFD,2011,13 –25.
[13] 杨勇. 非定常操纵运动船体水动力数值计算[D]. 上海:上海交通大学,2011.
[14] 李冬荔,杨亮,张洪雨等. 基于CFD方法的船舶操纵性能预报[J]. 武汉理工大学学报,2009,31(24):120 –123.
[15] 张赫,庞永杰,李晔. 基于FLUENT软件模拟平面运动机构试验[J]. 系统仿真学报,2010,22(3):566 –569.
[16] 李冬荔. 粘性流场中船舶操纵水动力导数计算[J]. 哈尔滨工程大学学报,2010,31(4):421 –427.
[17] 邹早建,杨勇,张晨曦. 深浅水中KVLCC船体横荡运动水动力数值计算[J]. 水动力学研究与进展,2011,26(1):85 –92.
[18] 赵小仨,罗薇,柯枭冰等. 呆木对供应船线性水动力导数影响[J]. 船舶工程,2104,36(3):33 –36.
[19] 柯枭冰,罗薇,赵小仨等. 基于CFD方法求取供应船位置水动力导数回归公式[J]. 中国舰船研究,2014,9(4):50 –54.
[20] 赵小仨,罗薇,柯枭冰等. 供应船加速度导数的估算方法[J]. 中国航海,2014,37(4):88 –91.
[21] 柯枭冰. 动力定位供应船水动力导数估算方法与系统辨识研究[D]. 武汉:武汉理工大学,2014.
[22] 赵小仨. 动力定位供应船水动力导数的数值计算及研究[D]. 武汉:武汉理工大学,2014.
[23] 梁霄,李巍. 船舶操纵性与耐波性[M]. 大连:大连海事大学出版社,2012.
[24] Min –Guk S, Yonghwan K. Numerical analysis on ship maneuvering coupled with ship motion in waves [J],Ocean Engineering,2011:1934 –1945.
[25] 杨亚东. 船舶在波浪中航行的操纵性探讨[C]. 中国航海学会内河船舶驾驶委员会论文集,2001:7 –9.
[26] 吴宝山. 第七届船舶力学学术委员会操纵性学组工作总结报告[C]. 第七届船舶力学学术委员会全体会议论文集,2010:51 –61.
[27] 李博. 动力定位系统的环境力前馈研究[D]. 上海:上海交通大学,2013.
[28] Blendermann W. Parameter identification of wind loads on ship's[J]. Journal of Wind Engineering and Industrial Aerodynamics,1994,51(3):339 –351.
[29] 戴仰山,沈进威,宋竞正. 船舶波浪载荷[M]. 北京:国防工业出版社,2005.
[30] Newman J N. The drift force and moment on ships in waves[J],Journal of Ship Research,1967,11(1):51 –60.
[31] Faltinsen O M. Sea loads on ship and offshore structures[M]. United Kingdom:Cambridge University Press,1990.
[32] 边信黔,付明玉,王元慧. 船舶动力定位[M]. 北京:科学出版社,2011.
[33] Isherwood R M. Wind resistance of merchant ship[R]. RINA Supplementary Papers,1973:327 –338.
[34] Haddara M R. Wind loads on marine structures[J],Marine Structures,1999,12(3):199 –209.
[35] 陈恒. 深海半潜式平台动力定位推力系统设计研究[D]. 上海:上海交通大学,2008.

第3章　传感器系统及状态估计

3.1　传感器系统

船舶动力定位系统中的传感器系统主要用于测量船舶的运动状态信息及各种环境信息,状态估计滤波器通过这些信息估计出船舶的实际运动状态,然后控制器依据船舶当前时刻的运动状态计算使其到达设定运动状态所需的控制力并转化为控制指令,最后由推进系统执行控制指令完成船舶的定位任务。这些信息的获得需要借助一系列传感器来实现,因此传感器的精确性、稳定性是动力定位系统正常运行的前提,也是整个系统可靠性和安全性的有力保证。动力定位船舶一般配备多种不同类型的传感器组成其传感器系统,同一种测量信息的获得可能来自于多种传感器的联合作用。多传感器测得的数据采用适当的方法进行融合,不仅可以提高数据的精度和可信度,还能够对传感器进行误差评判和故障诊断,从而增强整个系统的容错能力。

3.1.1　常用传感器介绍

依据船舶动力定位系统中所需要测量的信息,动力定位船舶中的传感器主要分为三类:位置传感器、姿态传感器和环境传感器。其中,位置传感器用来测量船舶的位置和艏向信息;姿态传感器能实时测量船舶姿态,如横摇、纵摇和垂荡;而环境传感器则用来测量风、浪、流等环境信息。本节将对几种主要的传感器进行简要介绍。

1. 位置传感器

1）卫星定位系统

卫星定位系统用于提供全球覆盖的、全天候的位置服务,其不受地球上任何地域的限制,摆脱了无线电定位岸台设置和控制范围的问题;也不受天气、风浪等条件的影响,在一天24h内能提供精确的位置信息。但是,它必须根据卫星出现的时间来定位。现今世界上知名的卫星定位系统包括美国的全球定位系统(GPS)、俄罗斯的全球导航卫星系统(GLONASS)、欧盟的伽利略定位系统(Galileo)和我国自行研制的北斗卫星导航系统(BDS)。

GPS 是美国第二代卫星导航系统，是在子午仪卫星导航系统的基础上发展起来的，由美国军方控制。GPS 由 24 颗卫星组成，分布在 6 个轨道面上，可以保证无论在世界任何地方，都可以捕获到其中的 4 颗卫星。每颗 GPS 卫星都发送两个频率的载波信号，一种信号是民码，抗干扰能力比较差，供民用用户使用，用户可自由接收；另一种信号是军码，抗干扰能力比较强，供军用接收机使用，采取加密手段，不能随意接收。该系统因其高精度（单机定位精度优于 10m，如果采用差分定位，精度可达米级）、全天候、高效率、多功能、操作简便，得到了广泛的应用。

GLONASS 最早开发于苏联时期，后由俄罗斯继续实施。GLONASS 的功能与组成和 GPS 相似，由 24 颗卫星组成，分布在 3 个轨道平面上，每个轨道面有 8 颗卫星。该系统主要服务内容包括确定陆地、海上及空中目标的坐标及运动速度信息等。由于 GLONASS 卫星寿命短，组网后又因种种原因不能及时替代，从 1999 年起处于瘫痪状态，不能单独提供全球导航卫星服务，其适用度远不及 GPS。

1999 年 2 月，欧盟执行机构欧洲委员会（EC）公布了欧洲导航卫星系统“Galileo（伽利略）计划”，该系统是与美国 GPS 和俄罗斯的 GLONASS 兼容的民用全球定位卫星系统。2002 年 3 月，欧盟首脑会议批准了 Galileo 卫星导航定位系统的实施计划。这标志着欧洲将拥有自己的卫星导航定位系统，并结束美国的 GPS 独霸天下的局面。欧洲建设 Galileo 系统的目的主要有两个：一是军事安全，尽管伽利略计划是民用卫星导航服务，但该项计划完成后，将使欧洲赢得建立欧洲共同安全防务体系的条件；二是经济利益，欧盟一项研究预测表明，发展 Galileo 计划每年创造的经济收益将会高达 90 亿欧元，到 2020 年，Galileo 系统的收益将达到 740 亿欧元。Galileo 系统由 30 颗中高度圆轨道卫星组成，其中 27 颗为工作卫星，3 颗为候补，轨道高度为 24126km，位于 3 个倾角为 56° 的轨道平面内，可达到最高 1m 的精度。

北斗卫星导航系统（BDS）是我国自主研发并正在实施的、独立运行的全球卫星导航系统，与美国 GPS、俄罗斯 GLONASS、欧盟 Galileo 系统并称全球四大卫星导航系统。该系统可在全球范围内全天候、全天时为各类用户提供高精度、高可靠性的定位、导航和授时服务，并兼具短报文通信能力。截止 2016 年 3 月，中国已成功发射了 22 颗北斗导航卫星，完成了对中国本土和东南亚地区的覆盖。目前，该系统已具备为所覆盖区域提供定位、授时、报文等功能，并已在测绘、电信、水利、交通运输、渔业、勘探、森林防火和国家安全等诸多领域逐步发挥着重要作用。正在建设的北斗卫星导航系统空间段由 5 颗静止轨道卫星和 30 颗非静止轨道卫星组成，提供两种服务方式，即开放服务和授权服务（第二代系统)。开放服务是在服务区免费提供定位、测速和授时服务。授权服务是向授权用户提供更安全的定位、测速、授时和通信服务以及系统完好性信息。随着北斗卫星导航系统的不断完善和发展,可将其与动力定位系统有机结合。

四大卫星定位系统的具体参数及性能可参见表3-1。

表3-1 四大卫星定位系统参数和性能比较

比较类目	GPS	GLONASS	Galileo	BDS
卫星数目	24	24	30	5+30
轨道倾角/(°)	55	64.8	56	60
普通用户定位精度/m	10	50	10	10
特殊用户定位精度/m	1	16	1	1
通信	否	否	是	是
所用频段数目	2	2	≥3	3
信号	CDMA	FDMA	CDMA	CDMA
覆盖范围	全球覆盖、全天候定位导航系统。能够确保地球上任何地点、任何时间能同时至少观测到4颗卫星	实现全球定位服务,可提供高精度的三维空间和速度信息,也提供授时服务	“欧洲版GPS”之称,可提供全球定位服务。基本服务包括导航、定位、授时;特殊服务有搜索与救援	北斗导航系统是覆盖我国本土的区域导航系统。覆盖范围东经约70°~140°,北纬5°~55°,最终形成全球定位系统
定位原理	被动式伪码单向测距三维导航。由用户设备独立解算自身三维位置数据	定位原理与GPS相似。其在定位、测速及定时精度上则优于施加选择可用性(SA)之后的GPS	采用中高度圆轨道卫星定位方案	主动式双向测距二维导航。地面中心控制系统解算,提供用户三维位置数据
坐标体系	世界大地坐标系WGS-84	苏联军事测绘部建立的大地坐标框架PZ90	GTRF	中国2000大地坐标系(CGS2000)
时间系统	1980年1月6日0时美国海军天文台华盛顿的协调世界时UTC(USNO)	SCT(System Common Time)基于莫斯科的协调世界时UTC(SU),并具有同步跳秒的系统	GST(Galileo Time),与国际原子时(TAI)保持一致	北斗时(BDT)溯源到协调世界时UTC(NTSC),与UTC的时间偏差小于100ns
用户范围	军民两用,军用为主	军民两用,军用为主	军民两用,民用为主	军民两用,民用为主

2）水声位置参考系统

水声位置参考（Hydroacoustic Positioning Reference）系统又称水声定位系统，是可用于局部区域精确定位导航的系统。目前应用较为广泛的水声定位系统有长基线系统、短基线系统及超短基线系统三种。

长基线系统如图3-1所示，需要在海底布设三个以上的基点，以一定的几何图形组成海底定位基线阵列，工作船舶一般位于基线阵列范围之内，通过测量应答器和接收机之间的距离来确定船舶的坐标位置。长基线定位系统的优点是定位精度与水深无关，在较大的工作范围内可以达到较高的相对定位精度，定位数据更新率也可以达到要求；缺点是定位系统构成相对比较复杂，基线阵布设的费用高，并且使用前还需要做大量的校正工作，耗费大量的时间。再者，虽然长基线定位系统的定位精度与水深无关，但却受到工作频率的限制。

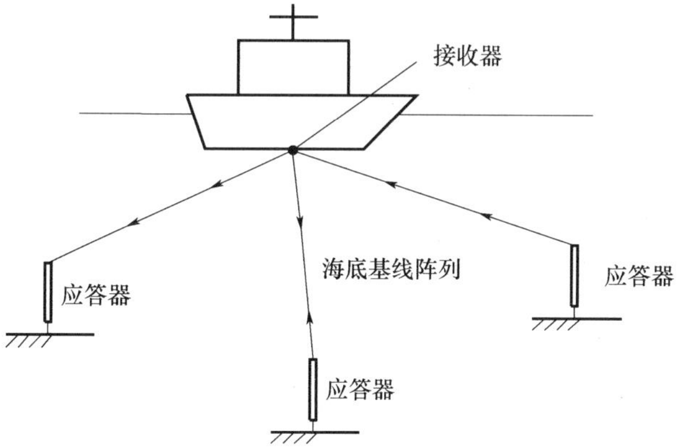

图3-1　长基线系统

短基线系统如图3-2所示，与长基线系统除定位基线长度不同外，最大的特点是定位基点布置在船底，三个或者以上的基点在船底构成基线阵，通过测量声波在发射器（信标）与基点（接收器）之间的传播时间来确定它们之间的斜距，同时可以通过测相技术来确定其方位，进而推算出船舶的坐标位置。由于基线阵布置在船底，所以短基线定位系统还需要配有电罗经、垂直参考单元和卫星定位系统等外围传感器。短基线系统最大的优点是系统组成比长基线系统简单，便于操作，不需要在水下组建基线阵，测距精度高；缺点是需要将至少三个以上的接收器布置在作业船船底，且各个接收器的布置要求具有良好的几何形状，所以对船舶的要求更高。随着水深的增加，短基线系统需要通过增加基线的长度才能使系统的定位精度达到要求，在系统工作前，整个系统还需要做大量的校准工作，短基线系统绝对定位精度还依赖于电罗经、垂直参考单元和卫星定位系统等外围传感器的精度。

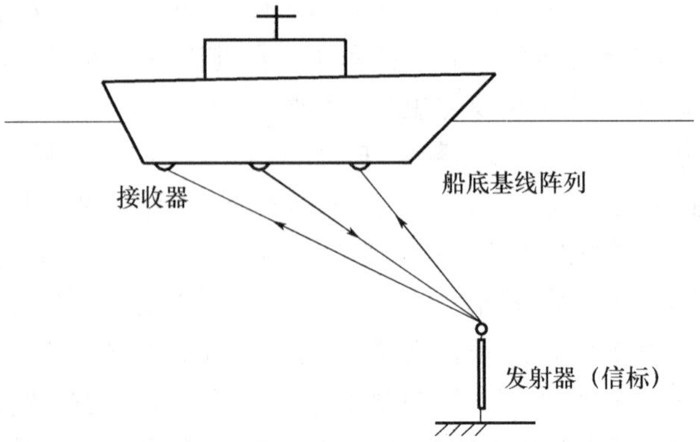

图 3－2　短基线系统

超短基线系统与短基线系统一样需要把定位基线布置在船舶的底部，只是它的基线长度比短基线更短，基点集中布置在范围很小的一个阵列上，同样是通过测相和测时技术来确定接收器的空间位置坐标。与短基线系统类似，该系统也需配有电罗经、垂直参考单元和卫星定位系统等外围传感器。整个系统不需要在水下组建基线阵，因此构成简单，操作方便，同时测距精度也比较高；系统的主要缺点同样是布置船底基线阵需要做大量的校准工作，绝对定位精度也依赖外围传感器的精度。

3）张紧索系统

张紧索系统是一个用于短距离位置定位的机械系统。船舶在小范围运动或者固定停留的情况下，测量精度可以得到保证。一般而言，张紧索可安装在船舶的任何位置，但如果是钻探船，为了减小船舶运动对恒张力的影响，需安装在船舶中部。

张紧索系统主要由索位跟踪器、张紧索、角度传感器以及传感器万向机构等部分组成，如图 3－3 所示。其工作原理为：通过测量张紧索在恒张力下的倾斜度和绳索长度，将测量值变换成电信号并传送到船舶控制系统，再通过一系列坐标变换推算得到船舶位置。此系统不受船舶艏摇、横摇与纵摇的干扰，具有安装快捷方便、精度与可靠性好等优点。但也存在着一些不足，如张紧索的精度易受海流的影响，使得船舶系点和重锤之间的张紧索原本应该保持的直线变得有一定弯曲，这样传感器万象机构就不能得出张紧索与垂线之间的精确夹角。

4）微波定位系统

微波定位系统的主要用途是对移动物体进行准确的测距和定位，如在参考

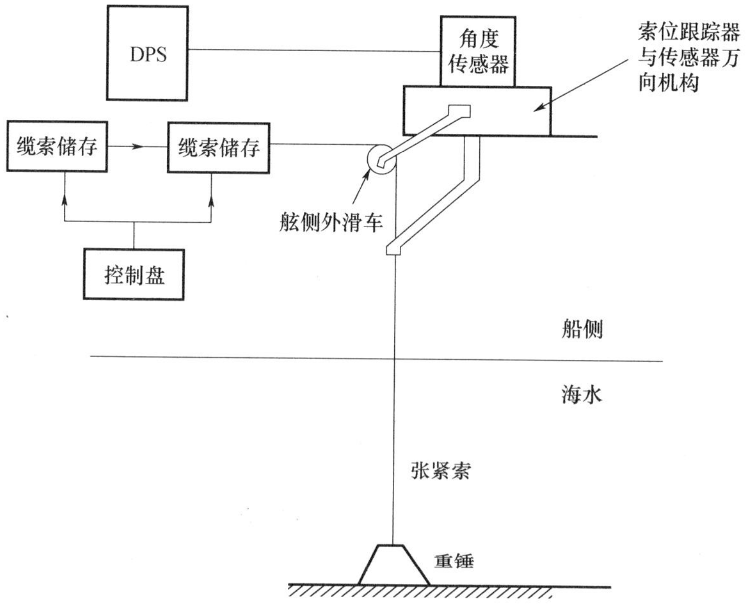

图 3-3　张紧索系统

一个已知固定点的情况下对一艘船舶进行定位。该系统由两个站组成,一个是位于移动物体上的移动站,另一个是位于已知固定点上的固定站,如图 3-4 所示。

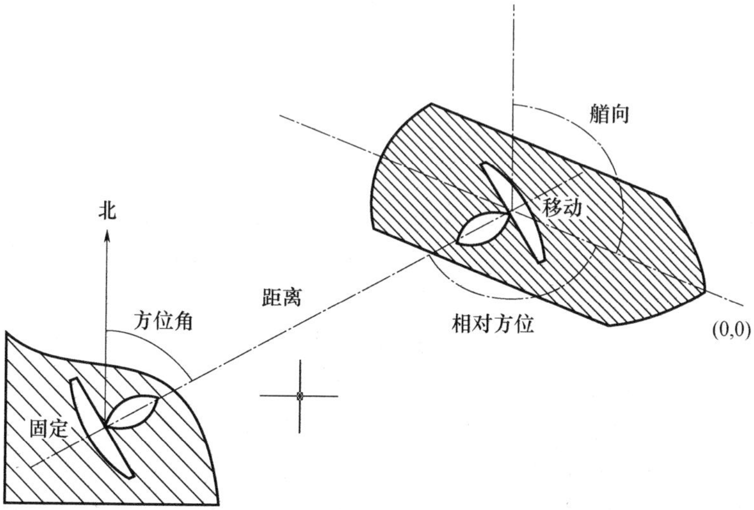

图 3-4　微波定位系统

系统的两根方位跟踪天线校准成一平行线，通过微波把距离和方位数据发送出去，根据这些数据最终计算出船位。固定站和移动站之间的距离，取决于信号从移动站发射到固定站再由固定站返回到移动站的过程所花费的时间。固定站天线从正北或设定方向开始转动，最终指向移动站天线的中心，使两根天线平行，固定站天线转动轴上的轴编码器测量到的转动角度，即为两站之间的相对方位。

为了避免两个微波站在系统工作的区域内相互干扰，可以使用四组固定/移动站频率对。工作时通过操作面板来进行频率对的选择，移动站的自动频率控制器可以精确地将两站之间的频率差保持在30MHz。

微波定位系统便于携带和安装，因此是一种理想的定位传感器。其性能不受雨、雾、尘埃的影响，但是相互之间不能有障碍物遮挡。该系统的测量范围为10m～30km，与动力定位系统配合使用时的最大测量距离为10km。

5）激光定位系统

激光定位系统适用于近距离、高精度的定位与跟踪。目前，市场上基于激光定位的位置参考系统主要的有两种：一种是Renishaw公司的Fanbeam系统，另一种是Guidance Control Systems（GCS）公司的CyScan系统。

Fanbeam系统由激光扫描仪和通用显示单元两部分组成。该系统采用一种特制的激光器，这种激光器能够在20°垂直扇形区域内产生激光束，水平扫描该扇形区域就可以从船上追踪到目标反射物体，从而推断出距离和方位角。所以，Fanbeam系统只需要在固定目标上设置一个反射器，即可直接测量距离与方位角，且激光发射光源不需要稳定平台。系统最大扫描距离为2km，受到能见度的影响，其距离测量精度约为0.2m，方位角测量精度则能达到0.02°。该系统应用于动力定位中，其扫描距离一般限定在500m～1000m。

CyScan系统采用旋转扫描仪，该扫描仪包含一个先进的光学激光仪，它能在垂直方向上广阔地产生发散光束和良好的水平剖面，可以对船舶周围和潜在目标的位置进行360°扫描。转动的扫描仪可以用来追踪一个或者多个有反射能力的定位目标，并给出正确的距离和方位角。利用陀螺仪可以对其进行自动校准，从而确保在高海况时进行连续的目标追踪。CyScan系统的最大作用距离能达到400m，但要取决于目标的品质、清晰度、海况以及天气状况。其距离分辨率为0.25m，方位角分辨率能达到0.006°。扁平目标在250m和400m距离以外的可见长度分别是1～2m，发射角的范围要求小于45°；圆柱形目标方位角的测量方法较为灵活，但是仅在200m以内才可见。

2. 姿态传感器

1）电罗经

电罗经(陀螺罗经)是提供真北基准的测量仪器,其原理是利用陀螺仪的定轴性和进动性,并结合地球自转矢量和重力矢量。定轴性和进动性是陀螺罗经最重要的两个特性。定轴性,即高速旋转的自由陀螺仪在不受外力矩作用的情况下,具有保持其主轴在空间的初始方向不变的特性。进动性,即陀螺在外力的作用下,会按一定的规律不断改变自身轴向在空间的指向特性。电罗经正是根据这两个特性利用控制设备和阻尼设备制成的,它的旋转轴线能够精确跟踪地球的子午面,其方向始终指向地理北极,如此一来就能够为航行的船舶提供精确的航向。它不受地磁和船体磁场的影响,定位准确,是船舶必不可少的精密导航设备。电罗经种类繁多,选用合适的电罗经是在设计动力定位系统时所需要考虑的问题。

目前,动力定位船舶大都采用美国 Speery Marine 公司生产的 NAVIGAT X MK 1 型电罗经。该型号电罗经外壳前端装有液晶显示屏和操作按钮,可以方便地进行相关参数的设置。

2）运动参考单元

动力定位系统不控制船舶横摇、纵摇和升沉运动,但是必须测量船舶的横摇和纵摇来校正某些位置测量传感器,如前文提及的卫星定位系统、水声位置参考系统等。运用运动参考单元(Motion Reference Unit,MRU)可得出对地和对参考平面垂直距离之间的差值,从而完成校正工作。由 Kongsberg 公司研制出的 MRU 5 是一款专门设计的高精度摇摆、颠簸和涌浪测量器。MRU 5 既适用于小型的水下运载器,也可用于大型船舶的动态控制,输出高质量的动态数据。MRU 5 由于使用了固态传感器,没有活动部件,而且它的电子和机械结构良好,因此具有高可靠性。因其理想的性能,现已广泛应用于动力定位船舶、石油钻井平台、水声定位、船舶运动检测及海浪测量等领域。在 MRU 5 的软件中包括 20 多个常用单频和多波束测深仪的数据协议,因而它向各种传感器系统输出数据十分方便。该传感器可以通过另外的串口接收外部的速度和航向信息,以提高当船舶转向和加速时摇摆、颠簸和涌浪数据的精度。

3. 环境传感器

1）风速风向仪

风速风向是动力定位系统工作中所需要的重要环境参数,因此风速风向仪是动力定位船舶不可或缺的传感器装置。风速风向仪也称为风传感器,主要用于测量风速和风向。风传感器种类繁多,最常用的是皮托管式风传感器、超声波涡旋式风传感器、螺旋桨风传感器、霍尔效应电磁风传感器,以及热线热膜式风传感器。不同风传感器测量原理不同，测量精度不同，适用场合和风速范围也不同。

较大的风速或风向变化会对船舶动力定位系统造成严重干扰，实际动力定位应用中通常利用风前馈技术可以提前产生推力来补偿监测到的风速、风向变化产生的干扰，因此其测量精度很重要，在必要时需要将多种风速风向仪结合使用。安装风速风向仪时应注意避开船体结构栏杆或桅杆，以免影响测量结果，两者相隔距离以 10m 为宜。

2）海流计

海流相对于动力定位船舶有一定的流速和流向，是动力定位系统工作时所需要的环境参数。船舶可以通过海流计来获取相应的海流信息。海流计根据测量方法可以分为机械海流计、电磁海流计、多普勒海流计和声传播时间海流计等。

3.1.2 传感器数据预处理与数据融合

船舶动力定位系统由 20 世纪 60 年代的 DP－1 发展到现在的 DP－3，其整体性能尤其是安全性有了很大提高。为了获得更高的可靠性，现代动力定位系统采用了冗余方式，其传感器系统均采用多种传感器冗余配置，如 GPS、激光定位系统等多种位置参考系统的运用，以增强系统的容错能力。但这些传感器可能是不同种类的传感器，并且其安放位置及测量原理也不尽相同，有各自的优缺点。因此，需要将不同的传感器搭配起来使用，通过多传感器数据融合方法来保证测量数据的精确度。

通常在动力定位系统实际工作中，不同种类传感器测得的数据并不能直接用来进行融合处理。因为不同传感器的采样频率和参考基准可能不统一，或传感器数据中可能含有噪声或其他干扰，或是计算机采样接口发生故障导致传感器数据错误。以动力定位船舶上的位置传感器为例，不同类型的位置传感器所选的测量坐标系不同，采样频率也不同，甚至传感器所采集的数据在格式和数量上也不相同，如果不将它们统一至同一坐标系、同一时刻下则数据融合没有实际意义。因此，在进行数据融合之前，必须对数据进行必要的处理。多传感器数据融合一般包括数据预处理过程和数据融合过程。

1. 数据预处理

在设计传感器数据预处理过程时，要综合考虑影响测量数据质量的主要因素，针对每种情况采用合适的方法。总结下来，影响测量数据质量的主要因素包括以下几个方面：

（1）不同传感器采样频率不同，在某一时刻获得的几个传感器数据可能不是同一时刻的测量值。

(2) 不同传感器由于工作原理不同,所选的参考坐标系可能不统一。

(3) 一些不确定因素导致产生严重偏离正常轨迹的野值。

(4) 传感器本身所具有的系统误差以及随机产生的噪声。

针对这些影响因素,本节将介绍其相应的处理方法。

1) 野值剔除

由于测量数据在采集过程中受传感器、转换器、传输过程中的干扰等因素的影响,使得接收数据中经常会产生异常跳变点,这种偏离被测信号变化规律的数据点被称为野值。在动力定位船舶工作过程中,各种传感器测量的信号中经常出现野值。例如,GPS 定位时从卫星发送过来的信号经过对流层时由于对流层温度、气压和湿度的变化会给测量信号带来影响,或者是一些强磁干扰也会给信号带来影响,这些影响可能会使某一个测量值严重偏离正常范围,从而影响数据融合系统的融合结果,因此在采集数据的过程中需要剔除野值。

野值剔除最常用的方法是基于残差特性的剔除方法,其中野值的判定包括莱特准则、3σ 准则、奈尔准则、拉格布斯准则及狄克逊准则等。近年来,针对船舶动力定位系统的动态特性提出了一些新的野值剔除的方法,如基于 M 估计的野值剔除方法[1]、自适应野值剔除方法[2]等。

基于 M 估计的野值剔除方法针对标准卡尔曼滤波会造成数据处理精度下降甚至发散的问题,根据 M 估计原理,首先运用自适应序贯 M 估计对观测数据下一时刻的预测值进行估计;其次将实际测量值与 M 估计值做残差,并将残差代入到标准卡尔曼状态方程;然后运用标准卡尔曼滤波误差协方差,对测量值和估计值的残差进行判断是否存在野值,如果小于滤波误差协方差则认为测量值是真值,否则用估计值代替测量值。

自适应野值剔除方法能实时地判断和调整野值。此方法将给定的传感器数据段用切比雪夫多项式进行拟合,然后计算该数据段每一时刻数据的变化率;其次,将求得的每时刻数据变化率求和取平均值,并将此平均值乘以一个系数作为当前数据变化率的最大范围,并以此作为判断野值的依据。若某一数据变化率的绝对值大于这个范围时便认为是野值,并用线性递推值代替野值点。由于过多的外推值可能会导致测量数据漂移,因此如果连续出现三个以上野值则下一个值只能用测量值。

2) 中值测试

当有三个或三个以上位置参考系统启用时,可利用中值测试判断某个传感器相对于其他传感器是否发生数据漂移。中值测试主要检测各个位置参考系统的测量值与位置中值之差是否超出预设限定值,其原理图如图 3 - 5 所示。

中值点坐标由各传感器测量数据的中值确定，半径为最小预测误差限定值的80%。若一个位置参考系统的测量值超出中值测试的预设限定值，则拒用此测量系统的数据；若一个以上位置参考系统的测量值超出中值测试的预设限定值，则仅拒用数据距中值位置最远的那个系统。被拒用的位置参考系统仍将纳入下一次中值测试，除非该位置参考系统已被操作员禁用。

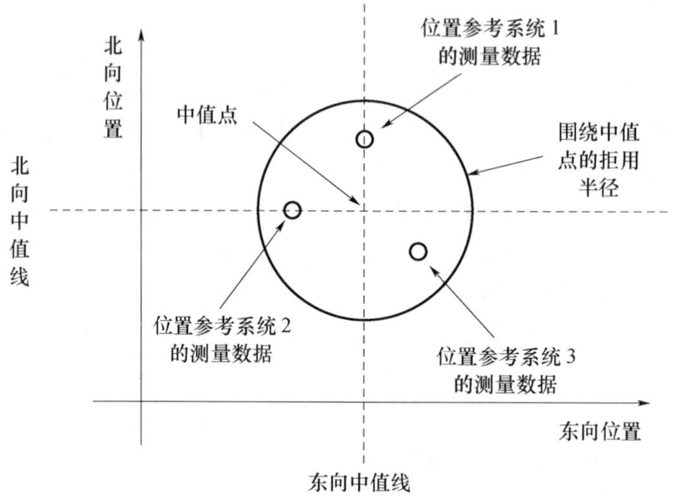

图 3-5 中值测试原理图

在实际工程应用中，考虑到噪声的影响，偶尔有一两个点超过预设限定值是很有可能的，因此，通常设定连续三个点超过预设限定值才认为此位置参考系统发生了漂移，并拒用该位置参考系统的测量数据。同样，发生漂移的位置参考系统连续三个点在预设限定值以内则认为其已修复，重新启用该系统的测量数据。

为了验证以上中值测试的可行性，本书进行如下仿真：假设动力定位系统初始阶段共启动三个位置参考系统，首先产生三组带噪声的随机观测数据；然后在位置参考系统1的观测数据的某段时间内（如本书选取第40到第80周期）加上一组渐变数值，令其表达式为 $x = x + 0.1i$，使其中一组数据产生漂移，其中，x 为位置参考系统测量的原始数值，i 为时间步长；最后利用中值测试检测各个位置参考系统的状态，其中状态值为0的时候表示位置参考系统数据正常，状态值为1时表示位置参考系统发生漂移，拒用此位置参考系统数据。

具体仿真结果如图3-6和图3-7所示，其中图3-6表示位置参考系统1产生漂移前后的观测数据；图3-7表示三个位置参考系统的漂移状态检测结果。从图3－7可以看出，当三个位置参考系统启用时，中值滤波可以正确检测某个位置参考系统的数据漂移，当其产生漂移时状态值由0变为1，当其数据恢复正常时状态值又随之恢复为0。

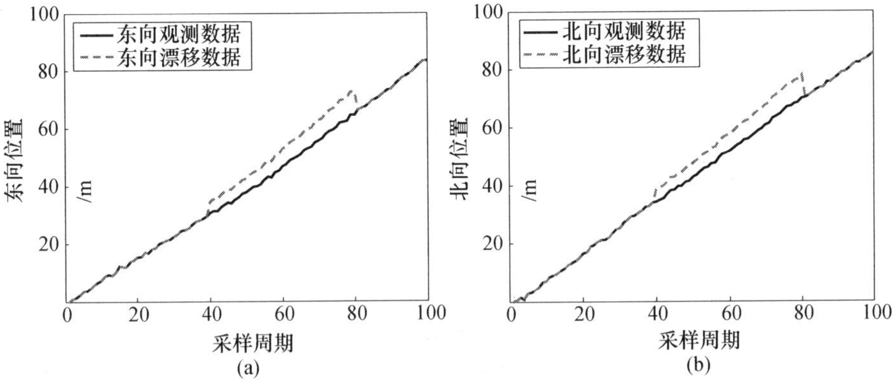

图3－6　位置参考系统1产生漂移前后的观测数据

（a）产生漂移前后的东向观测数据；（b）产生漂移前后的北向观测数据。

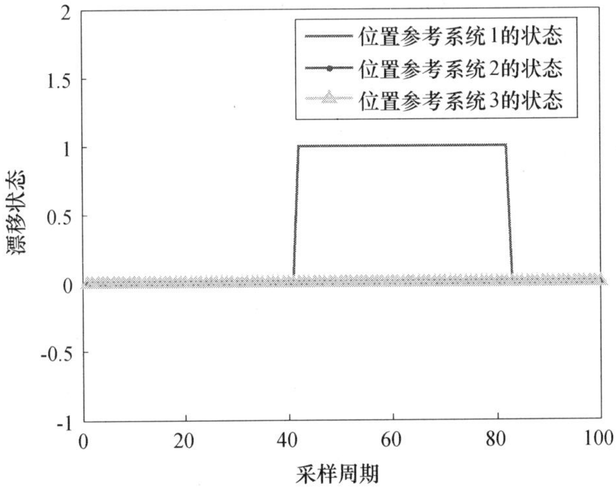

图3－7　三个位置参考系统的漂移状态检测结果

3）滤波

所谓滤波是指从传感器获得的含有干扰（如噪声）的信号中尽可能地滤除干扰，分离出所期望的有用信号；或者通过对一系列带有误差的实际测量数据的处理，得出所期望数据的近似值。

传感器测量数据中往往夹杂有随机干扰信号，为了削弱这些干扰信号的影响,需要对采样数据进行滤波处理,其目的是既要消除干扰成分又要保持原有数据的变化特性。现有的滤波方法包括卡尔曼滤波、低通滤波、均值滤波、中值滤波、最小二乘滤波等。其中,最小二乘滤波经常被用于动力定位船舶的定点定位工作模式下。此时,船舶通常处于低速运行状态,测量数据变化较为缓慢,便于采用最小二乘拟合的方法对数据进行滤波处理。其基本原理为:寻找一个函数,将它去近似表示测量数据的变化趋势,并使其每一个时刻的函数数值与测量数据的误差的平方和最小,该函数通常可以用一个多项式表示。

4) 时间对准

由于船舶动力定位系统中采用的不同传感器的采样频率不一定相同,另外,即使两个传感器具有相同的采样频率,发送过程中也可能出现不同步或延迟等现象。因此,对不同传感器的数据进行时间对准十分必要。时间对准的任务就是将来自不同传感器、不同采样间隔下的观测数据对准到统一的时间间隔下,其主要解决以下两个方面的问题:①处理传感器的时间基准点不一致问题,即时间同步问题;②如何保证传感器的采样周期一致问题。

目前,关于时间对准的方法有很多,其中应用最为广泛的有数据拟合和内插外推法[3]。基于数据拟合的方法是在系统时间已经同步的前提下,将一个或多个传感器的测量数据通过数据拟合得到一条反映数据变化趋势的平滑曲线。然后,根据所选用的作为基准传感器的采样周期,从该曲线得到当前传感器相应时刻的测量值,从而可以方便地和基准传感器进行时间对准。该方法在对测量数据进行事后处理时效果较好,而对实时的数据处理会出现较大的延迟。

内插外推法认为时间对准就是在同一时间片内对各个传感器采集到的目标观测数据进行内插外推,将高精度观测时间上的数据推算到低精度的观测时间上,以达到传感器时间上的同步。内插外推法有较好的实时性,其参数变化率是影响外推误差的主要因素。为了减少这种由于参数变化率带来的校准误差,可以给参数变化率增加一个学习控制算子实时地对其进行修正,通过学习算子的实时调整得到的外推值更加精确[4]。

5) 空间对准

对于分布在不同平台的相同或不同类型位置参考系统,由于其所在位置各不相同,所选的参考坐标系也可能不同,所以在进行数据融合之前必须将数据进行空间对准。空间对准就是选择一个基准坐标系,把来自不同平台的多个位置参考系统的观测数据都转换到该坐标系下。在坐标转换过程中,涉及的参考系较多,相互之间的转换关系也较复杂,因此必须首先明确有关坐标系的建立及它们之间的相互关系[5]。

对于动力定位船舶上的不同位置参考系统,在进行空间对准前,首先须选定海上某一基准点作为北东坐标系原点，并明确其与各位置参考系统所用坐标系的几何关系；然后对各位置参考系统测得数据进行坐标转换，统一到北东坐标系中。

2. 数据融合

数据融合这一概念于20世纪70年代由美国军方提出，最初来源于战争的需要。随着信息技术的发展，具有更广义化概念的“信息融合”被提出来。在信息融合领域，“多传感器融合”、“数据融合”和“信息融合”都经常被人们提及。实际上，它们之间是有差别的，但在不影响应用的前提下，数据融合和信息融合是可以通用的。多传感器数据融合是将来自多个传感器的观测数据进行综合，以产生更可靠、更准确或更精确的信息。经过融合的多传感器系统能完善地、精确地反映检测对象的特性，消除信息的不确定性，提高传感器的可靠性。

多传感器数据融合技术种类繁多，按照不同的原则有多种不同的分类。传感器数据的多样化要求按照数据的类型、采集方式的特点和工程的需要有层次、分步骤的进行融合。按照融合层次的高低可分为像素级、特征级和决策级融合；按照传感器所提供信息之间的关系可分为互补、竞争和协同；按照所融合的传感器的类型还可分成同质传感器融合和异质传感器融合。本节将对多传感器数据融合的融合层次以及几种基本融合方法进行简单的介绍。

1）多传感器数据融合的层次

（1）像素级融合也称为数据级融合，是最低层次的融合。这种方法是直接在采集到的原始数据层上进行的融合，在各种传感器的原始数据未经处理之前就进行数据的综合分析。像素级融合的主要优点是能保持尽可能多的现场数据，提供其他融合层次所不能提供的更丰富、更精确、更可靠的信息。但是，数据级融合处理的数据量太大，处理时间长，实时性差。

（2）特征级融合属于中间层次，它先对来自各传感器的原始数据进行特征提取（特征可以是目标的方向、速度等），然后对特征信息进行综合分析和处理。特征级融合的优点在于实现了可观的信息压缩，有利于实时处理，并且由于所提取的特征直接与决策分析有关，因而融合结果能最大限度地给出决策分析所需要的特征信息。这种方法对通信带宽的要求较低，但是数据的丢失将使其准确性有所下降。

（3）决策级融合是最高层次的数据融合。在这一级融合中，首先将每个传感器采集到的信息加以变换以建立对所观察目标的判定，然后根据一定的准则以及每个判定的可信度做出最优决策。决策级融合具有良好的实时性和容错性，但其预处理代价高。

在船舶动力定位系统中需要明确的是：包括位置传感器、姿态传感器和环境传感器等在内的各种传感器系统采集的原始数据经过预处理之后,只需进行数据级融合便可以直接用于状态估计和控制算法,而无需进行特征级和决策级融合。

2）数据融合的主要方法

数据融合是一门多学科交叉的新兴技术,在不同的融合层次中涉及不同的算法和模型。目前,国内外一直致力于关于数据融合算法的研究取得了很大的进展。下面主要介绍多传感器数据级融合中常用的一些算法,其中应用最为广泛的有加权平均法、卡尔曼滤波法、贝叶斯推理法以及证据理论推理法。

（1）加权平均法是最简单和直观的数据融合方法,它将各个传感器提供的数据进行加权平均后作为最终的融合结果。这种融合方法可以在一定程度上提高测量数据的精度,但是只适合于简单的数据级融合。加权平均法最大的问题和难点是如何对传感器获得的数据进行权值分配,以及如何选取适当的加权计算形式。目前多采用一些改进的权值调整方法,如动态权值调整方法、自适应权值调整方法等。

（2）卡尔曼滤波法

卡尔曼滤波方法是一种线性最小方差估计,能够根据前一时刻的状态估计值和当前时刻的测量值来估计当前时刻的信号,并进行递推计算。这种递推算法可以利用状态空间方法构建系统模型并完成整个滤波过程。数据级融合中,传感器接收到的原始数据存在较大误差,利用卡尔曼滤波能够有效减小测量数据的误差,提高融合后的数据精度。

在仅包含有高斯白噪声的线性系统假设条件下,卡尔曼滤波具有最优的滤波性能。然而,工程中的绝大部分系统为非线性系统,因此一般采用应用更为普遍的扩展卡尔曼滤波,它也是目前最常用的融合方法之一。卡尔曼滤波具体的原理及滤波过程将在 3.4 节中详细介绍。

（3）贝叶斯推理是多传感器数据级融合的一种常用方法,该方法利用概率分布理论将多传感器提供的不同数据表示成先验概率,当新的测量数据到来时,使用贝叶斯公式对先验概率进行修正,最后利用修正概率获得当前时刻的最优估计。需要注意的是,在利用贝叶斯推理进行数据融合时,通常要求每个传感器的先验概率是独立的且先验概率易于获取,这给贝叶斯推理的应用带来了困难。因为,一方面先验概率获取通常比较困难;另一方面,虽然可以利用领域专家给定先验概率,但又难以保证给定的先验概率满足一致性。

（4）证据理论推理法是利用 DS 证据理论（Dempster – Shafer Theory）进行多传感器数据融合。DS 证据理论是在贝叶斯理论基础上为解决一般水平的不确定性问题而提出来的,它是对贝叶斯理论的拓展。它根据人的推理模式,采用概率区间和不确定区间来确定多证据下假设的似然函数，还能计算假设为真条件下的似然函数值。当概率值已知时，证据理论就变成了概率论。因此，概率论是证据理论的一个特例。当先验概率很难获得时，证据理论就比概率论更适用。证据理论推理法可以用于数据级融合和决策级融合。

使用证据理论推理法融合多传感器数据的基本思想是：首先对来自多个传感器和信息源的数据或信息（即证据）进行预处理；然后计算各个证据的基本概率分配函数、可信度和似然度；再根据 DS 合成规则计算所有证据联合作用下的基本概率分配函数、可信度和似然度；最后按照一定的判决规则选择可信度和似然度最大的假设作为融合结果。

证据理论推理法具有以下优点：①它具有比较强的理论基础，既能处理随机性所导致的不确定性，又能处理模糊性所导致的不确定性；②它可以不需要先验概率和条件概率密度。但是该推理方法也存在以下问题：①其组合规则无法处理证据冲突，也无法分辨证据所在子集的大小并按不同的权重聚焦；②证据理论的组合条件十分严格，DS 组合规则要求证据之间是条件独立的，而且要求辨识框架能够识别证据的相互作用；③证据组合会引起焦元"爆炸"，焦元以指数级递增，造成计算量剧增。

3）自适应加权融合算法

对传感器的测量数据进行预处理后需要进行融合，融合时需要实时调整各个传感器的权值，以提高融合数据的准确性。加权平均法由于融合过程简单且有效，在实际工程中被广泛采用。为了进一步提高加权平均法数据融合的准确性，本书提出了一种自适应加权融合方法[6]。自适应加权融合是在总均方误差最小这一最优条件下，根据各传感器所测得的数据以自适应的方式确定各传感器所对应的最优权值，使融合后的估计值达到最优。

假设系统中有 n 个传感器，测量数据真值为 X，各个传感器的实际测量值分别为 $X_1,X_2,\cdots,X_n$，且互相独立；传感器的方差分别为 $\sigma_1^2,\sigma_2^2,\cdots,\sigma_n^2$，各传感器的权值分别为 $w_1,w_2,\cdots,w_n$，则融合之后的测量值 $\tilde{X}$ 与各个传感器的测量值满足下式：

$$\tilde{X} = \sum_{m=1}^{n} w_m X_m \tag{3-1}$$

且

$$\sum_{m=1}^{n} w_m = 1 \tag{3-2}$$

则总均方误差 σ^2 记为

$$\sigma^2 = E[(X - \tilde{X})^2] \tag{3-3}$$

由于不同传感器测量值之间互相独立，故式(3－3)可写成：

$$\sigma^2 = E[\sum_{m=1}^{n} w_m{}^2 (X - X_m)^2] = \sum_{m=1}^{n} w_m{}^2 \sigma_m{}^2 \tag{3-4}$$

由式(3－4)可以得出，当总均方误差最小时对应的权值 w 为：

$$\tilde{w}_m = [\sigma_m{}^2 \sum_{i=1}^{n} \frac{1}{\sigma_i{}^2}]^{-1}, m = 1,2,\cdots,n \tag{3-5}$$

此时对应的最小均方误差为

$$\sigma_{\min}{}^2 = \left[\sum_{m=1}^{n} \frac{1}{\sigma_m{}^2}\right]^{-1} \tag{3-6}$$

由上述推导可知，最优权值与各传感器的方差有关。因此，需要根据传感器提供的测量值计算出各传感器的方差，以便计算最优权值。具体计算步骤如下：首先假设两个传感器的测量值分别为 X_i 和 X_j，所对应的测量误差分别为 V_i 和 V_j，于是有：

$$X_i = X + V_i, X_j = X + V_j \tag{3-7}$$

其中，可以假设 V_i 和 V_j 是均值为零且独立同分布的高斯白噪声，则传感器 i 的方差可记为 $\sigma_i{}^2 = E[V_i{}^2]$。因为 V_i 和 V_j 互不相关且均值为零，X_i 和 X_j 也互不相关，所以 X_i 和 X_j 的互协方差 R_{ij} 可表示为：

$$R_{ij} = E[X_i X_j] = E[X^2] \tag{3-8}$$

X_i 的自协方差 R_{ii} 为：

$$R_{ii} = E[X_i X_i] = E[X^2] + E[V_i{}^2] \tag{3-9}$$

根据式(3－8)和式(3－9)可以得出观测器 i 的方差为

$$\sigma_i{}^2 = E[V_i{}^2] = R_{ii} - R_{ij} \tag{3-10}$$

假设传感器第 k 时刻测量数据的互协方差和自协方差分别为 $R_{ij}(k)$ 和 $R_{ii}(k)$，则：

$$\begin{aligned} R_{ii}(k) &= \frac{1}{k}\sum_{m=1}^{k} X_i(m) X_i(m) \\ &= \frac{1}{k}\sum_{m=1}^{k-1} [X_i(m) X_i(m)] + \frac{1}{k} X_i(k) X_i(k) \\ &= \frac{k-1}{k} R_{ii}(k-1) + \frac{1}{k} X_i(k) X_i(k) \end{aligned} \tag{3-11}$$

同理可得：

$$R_{ij}(k) = \frac{k-1}{k} R_{ij}(k-1) + \frac{1}{k} X_i(k) X_j(k) \tag{3-12}$$

由此，可以根据递推算法求出 R_{ii} 和 R_{ij}，从而估计出传感器的方差，最终计算出最优权值。

为了验证该算法的有效性，本书进行如下仿真：假设船舶沿正北偏 45°方向以 0.2m/s 的速度前进，产生三组观测噪声方差为 0.1 的观测数据，然后对三组观测数据进行融合测试，仿真结果如图 3－8 所示（仅以北向位置为例）。其中，图 3－8(a)～(c)为三组 DGPS 传感器的北向测量位置与融合之后的位置的对比，图 3－8(d)为三个传感器融合之后的位置与实际位置的对比。

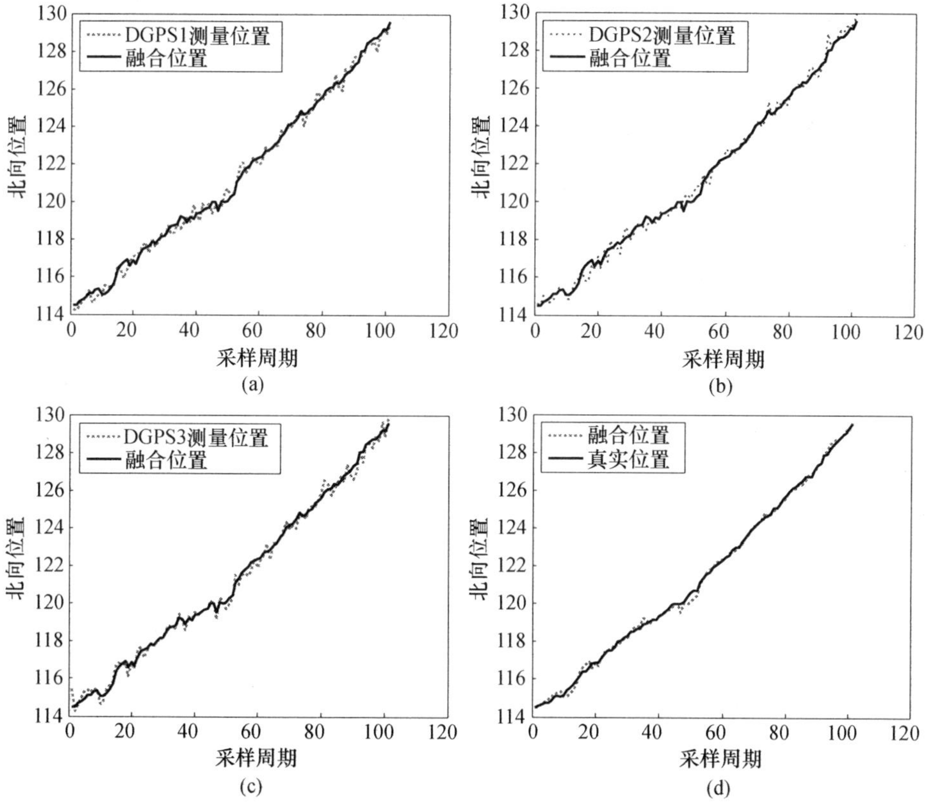

图 3－8　自适应加权融合算法的数据融合结果

(a) DGPS1 测量位置和融合位置；(b) DGPS2 测量位置和融合位置；(c) DGPS3 测量位置和融合位置；(d) 融合位置和真实位置。

由仿真结果可以看出，三组测量数据融合之后的结果明显优于单个传感器的测量数据，且在定位模式下融合位置和实际位置差异很小，说明了自适应加权融合算法针对多传感器数据具有较好的融合效果。

3.2 状态估计原理

3.2.1 概述

对于水面船舶来说,动力定位系统的主要作用是实现水平面上位置和艏向的三个自由度控制,从而使得船舶保持预定的位置或轨迹。在复杂的海洋环境下,水面船舶同时受到风、浪、流的干扰,因此船舶的受力及运动状态非常复杂。其中,波浪引起的船舶位置移动包含两部分:一是二阶波浪力产生的慢漂运动使船舶缓慢地漂离原来的位置;二是一阶波浪力产生的高频往复运动。因此,在实际工作中,动力定位船舶的运动状态表现为高频和低频的混合运动,传感器系统所测得的船舶位置信息必然是高低频的混合信息,如图 3 – 9 所示。高频运动位置变化频繁,动力定位系统很难也没有必要对其进行控制,因为这样会大大加速推进系统的磨损和能量消耗。此外,复杂的海洋环境也会影响到船舶位置和艏向的测量,使得传感器测得的综合位置和艏向信息包含有部分噪声、突变数据等干扰信号,此类信号直接输入到控制系统会影响整个动力定位系统的准确性和稳定性。

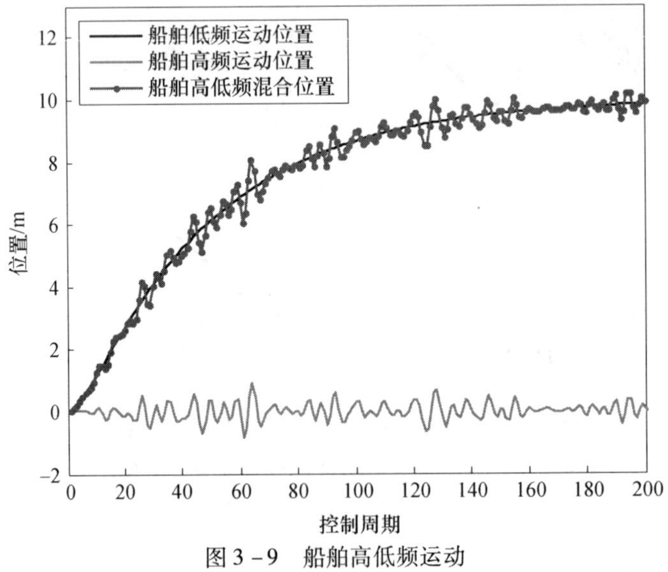

图 3 – 9 船舶高低频运动

动力定位系统中状态估计滤波器的主要作用就是从船舶的综合位置信息中滤除高频运动分量和环境噪声项,然后将船舶低频运动信息传递给控制模块以便计算改变船舶位置和艏向所需要的力和力矩。状态估计滤波器的工作原理如图 3 - 10 所示。

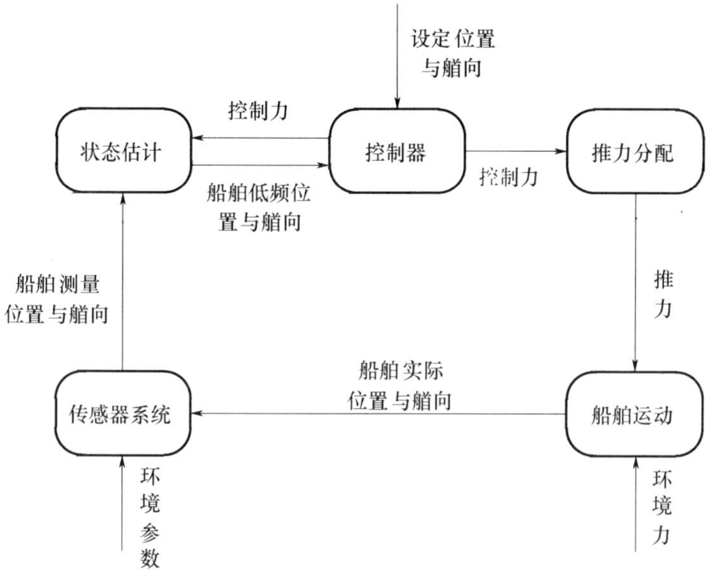

图 3 - 10　状态估计工作原理图

3.2.2　状态估计的研究现状

早期动力定位系统采用传统的 PID 控制器串联低通滤波器的方法，实现对船舶低频运动的控制。低通滤波，顾名思义，通过设定一个截止频率，容许低频信号通过，减少或阻止频率高于截止频率的信号通过。常见的用于动力定位系统的低通滤波器包括巴特沃斯滤波器和切比雪夫滤波器。由于巴特沃斯滤波器通频带曲线平滑，且有不同阶数之分，因此在动力定位系统状态估计中多选用适当阶数的巴特沃斯滤波器。

然而在对小型船舶进行运动控制时，其运动频率的带宽可能接近波浪谱的频率范围，这将导致低通滤波器失效或达不到所需要的高频抑制效果。为解决这个问题，可将低通滤波和陷波滤波器联合起来使用[7]。陷波滤波器是一种特殊的带阻滤波器，其阻带在理想情况下只有一个频率值，因此也被称为点阻滤波器，其主要作用在于消除某个特定频率的干扰。在动力定位系统中，陷波滤波器的截止频率一般选定为波浪谱中的谱峰频率。

虽然在动力定位系统中低通滤波器和陷波滤波器具有不错的高频抑制效果，但是滤波器的引入使得估计出的船舶运动状态产生相位滞后，而不利于系统的稳定。随着工程实践及控制理论的发展,最优控制理论和卡尔曼滤波器在1976年被Balchen等人成功地引入到动力定位系统中[8],从而克服了传统PID控制器和低通滤波器的不足。随后,卡尔曼滤波在动力定位系统中得到了广泛应用[9-11]。

卡尔曼滤波通过递推的方式实现从船舶数学模型以及来自传感器系统带有噪声的测量值中估计出船舶的运动状态。对于线性系统且过程噪声和测量噪声信息已知的情况下,经典卡尔曼滤波可以认为是最优的状态估计滤波器。然而,动力定位系统是一个复杂的非线性系统,并且过程噪声和测量噪声都会受到海洋环境的影响,即船舶在运动过程中的各种噪声项是时变的。因此,在实际工程应用中通常采用扩展卡尔曼滤波替代经典卡尔曼滤波。然而,扩展卡尔曼滤波对于船舶的数学建模、外界环境干扰和传感器系统噪声的建模均较为理想化。同时,在计算过程中需要对模型进行线性化处理,因此扩展卡尔曼滤波在估计船舶低频运动信息时必定会产生一定的误差。

针对扩展卡尔曼滤波在船舶动力定位系统应用中的缺陷,一些基于卡尔曼滤波的改进算法被相继提出并应用于船舶动力定位系统,如渐消记忆滤波[12-14]、H_∞滤波[14-17]、基于Sigma点的卡尔曼滤波(如球面单形卡尔曼滤波[18]、无迹卡尔曼滤波[19]、粒子滤波[20])等。渐消记忆滤波通过引入一个渐消记忆因子到状态估计算法中,通过逐渐减小历史测量数据的权重,增大新测量数据的影响力,从而达到抑制由于模型不精确而导致的滤波发散问题。H_∞滤波是将鲁棒控制设计思想引入到性能指标范数——H_∞范数并应用于状态估计中,它将噪声项看作是能量有限的随机信号,使得系统被干扰影响到的估计误差最小,以适应复杂系统中各种不确定性因素。基于Sigma点的卡尔曼滤波利用采样得到的Sigma点直接对系统非线性函数的统计特性进行近似,而不是对非线性函数进行线性近似,且不需要计算雅克比矩阵,在一定程度上解决了扩展卡尔曼滤波存在的问题。常见的球面单形卡尔曼滤波、无迹卡尔曼滤波和粒子滤波的区别在于采样方法不同,这些方法的提出对于处理非线性船舶动力定位系统的状态估计问题提供了另外的选择。

基于卡尔曼滤波的改进算法虽然在一定程度上弥补了扩展卡尔曼滤波的不足,但它们毕竟都是在经典卡尔曼滤波的基础上发展而来,并不能完全消除其缺陷。1998年Fossen等人将非线性无源滤波引入到动力定位系统中,并利用无源理论和Lyapunov方法证明了滤波器的稳定性[21]。非线性无源滤波以船舶运动的状态估计值与测量值的偏差替代噪声项,避免了扩展卡尔曼滤波器中存在的模型线性化及噪声不确定问题[21-23]。

本章将对扩展卡尔曼滤波、渐消记忆滤波、H_∞滤波以及非线性无源滤波等滤波方法在船舶动力定位系统中的应用作详细介绍。为便于理解,有必要对状态估计中的船舶数学模型进行简要介绍。

3.3 状态估计中的船舶数学模型

3.3.1 环境力模型

考虑水面船舶三自由度动力定位时,常假设纵荡、横荡和艏摇三个自由度上的未知环境力是缓慢变化的。该部分力通常用一阶高斯－马尔可夫过程描述:

$$\dot{\boldsymbol{b}} = -\boldsymbol{T}_b^{-1}\boldsymbol{b} + \boldsymbol{E}_b\boldsymbol{\omega}_b \tag{3-13}$$

式中:$\boldsymbol{b}$为三维向量,表示未知的环境力和力矩;$\boldsymbol{T}_b$为包含时间常数的三维对角矩阵;$\boldsymbol{E}_b$为三维对角矩阵,表示未知环境力的幅值;$\boldsymbol{\omega}_b$为零均值高斯白噪声向量。

3.3.2 低频运动数学模型

船舶在固定坐标系中的位置与艏向可以表示为$\boldsymbol{\eta}=[x,y,\psi]^{\mathrm{T}}$,在运动坐标系中分解后的速度向量可以表示为$\boldsymbol{\nu}=[u,v,r]^{\mathrm{T}}$。如2.1.1节中所述,船舶在固定坐标系和运动坐标系中的速度向量可以进行如下相互转化:

$$\dot{\boldsymbol{\eta}} = \boldsymbol{R}(\psi)\boldsymbol{\nu} \tag{3-14}$$

式中:$\boldsymbol{R}(\psi)=\begin{bmatrix}\cos\psi & -\sin\psi & 0\\ \sin\psi & \cos\psi & 0\\ 0 & 0 & 1\end{bmatrix}$为坐标转换矩阵,且$\boldsymbol{R}(\psi)^{-1}=\boldsymbol{R}(\psi)^{\mathrm{T}}$。

在2.1.4节中船舶操纵运动模型上加入系统噪声,并作适当变化,可得到简化的动力定位船舶低频三自由度运动模型:

$$\boldsymbol{M}\dot{\boldsymbol{\nu}} + \boldsymbol{D}\boldsymbol{\nu} = \boldsymbol{\tau} + \boldsymbol{R}^{\mathrm{T}}(\psi)\boldsymbol{b} + \boldsymbol{E}_\nu\boldsymbol{\omega}_\nu \tag{3-15}$$

$$\boldsymbol{\tau} = \boldsymbol{B}\boldsymbol{u} \tag{3-16}$$

式中:$\boldsymbol{u}$为控制输入;$\boldsymbol{B}$为描述推进器配置的控制矩阵;$\boldsymbol{\omega}_\nu$为零均值高斯白噪声向量;$\boldsymbol{E}_\nu$为三维对角矩阵,表示过程噪声的幅值。

3.3.3 高频运动数学模型

船舶的高频运动实际上是对一阶波浪力的响应,在位置和艏向上可看作是附加了阻尼项的二阶谐波振荡器:

$$h(s)=\frac{K_{\omega i}s}{s^2+2\zeta_i\omega_{0i}s+\omega_{0i}^2} \tag{3-17}$$

式中：$K_{\omega i}(i=1,2,3)$与波浪强度有关；$\zeta_i(i=1,2,3)$为相对阻尼系数；$\omega_{0i}(i=1,2,3)$为波浪谱中的主导频率，与波浪的有义波高有关。

式(3-17)可以表述为状态空间形式：

$$\dot{\boldsymbol{\xi}}_h=\boldsymbol{A}_h\boldsymbol{\xi}_h+\boldsymbol{E}_h\boldsymbol{\omega}_h \tag{3-18}$$

$$\boldsymbol{\eta}_h=\boldsymbol{C}_h\boldsymbol{\xi}_h \tag{3-19}$$

式中：$\boldsymbol{\xi}_h=[\xi_x,\xi_y,\xi_\psi,x_h,y_h,\psi_h]^{\mathrm{T}}$为船舶高频状态向量；$\boldsymbol{\omega}_h$为零均值高斯白噪声；$\boldsymbol{\eta}_h$为三维向量，分别表示高频运动纵荡、横荡位置和艏摇角度；系数矩阵表示为：

$$\boldsymbol{A}_h=\begin{bmatrix}\boldsymbol{0}_{3\times3} & \boldsymbol{I}\\ \boldsymbol{A}_{21} & \boldsymbol{A}_{22}\end{bmatrix};\quad \boldsymbol{E}_h=\begin{bmatrix}\boldsymbol{0}_{3\times3}\\ \sum\end{bmatrix};\quad \boldsymbol{C}_h=[\boldsymbol{0}_{3\times3}\quad \boldsymbol{I}];$$

$$\boldsymbol{A}_{21}=-\operatorname{diag}\{\omega_{01}^2\quad \omega_{02}^2\quad \omega_{03}^2\};$$

$$\boldsymbol{A}_{22}=-\operatorname{diag}\{2\zeta_1\omega_{01}\quad 2\zeta_2\omega_{02}\quad 2\zeta_3\omega_{03}\};$$

$$\sum=\operatorname{diag}\{K_{\omega1}\quad K_{\omega2}\quad K_{\omega3}\}。$$

3.3.4 测量模型

测量系统提供的是带有测量噪声的船舶高频运动与低频运动位置和艏向的叠加，因此系统的测量模型为：

$$\boldsymbol{y}=\boldsymbol{\eta}+\boldsymbol{\eta}_h+\boldsymbol{v} \tag{3-20}$$

式中：$\boldsymbol{\eta}$为二阶波浪力、浪、流等引起的船舶低频运动位移；$\boldsymbol{\eta}_h$为一阶波浪力引起的船舶高频运动位移；$\boldsymbol{v}\in\boldsymbol{R}^3$为零均值的高斯白噪声。

3.3.5 非线性运动数学模型

将上述环境力模型、船舶高频运动模型、低频运动模型及测量模型进行综合，便可以得到如下船舶非线性运动数学模型：

$$\dot{\boldsymbol{\xi}}_h=\boldsymbol{A}_h\boldsymbol{\xi}_h+\boldsymbol{E}_h\boldsymbol{\omega}_h \tag{3-21}$$

$$\boldsymbol{\eta}_h=\boldsymbol{C}_h\boldsymbol{\xi}_h \tag{3-22}$$

$$\dot{\boldsymbol{\eta}}=\boldsymbol{R}(\psi)\boldsymbol{\nu} \tag{3-23}$$

$$\dot{\boldsymbol{b}}=-\boldsymbol{T}_b^{-1}\boldsymbol{b}+\boldsymbol{E}_b\boldsymbol{\omega}_b \tag{3-24}$$

$$\boldsymbol{M}\dot{\boldsymbol{\nu}}+\boldsymbol{D}\boldsymbol{\nu}=\boldsymbol{\tau}+\boldsymbol{R}^{\mathrm{T}}(\psi)\boldsymbol{b}+\boldsymbol{E}_\nu\boldsymbol{\omega}_\nu \tag{3-25}$$

$$\boldsymbol{y} = \boldsymbol{\eta} + \boldsymbol{\eta}_h + \boldsymbol{v} \tag{3-26}$$

式中：$\boldsymbol{\xi}_h \in \boldsymbol{R}^6$，$\boldsymbol{\eta}_h \in \boldsymbol{R}^3$，$\boldsymbol{b} \in \boldsymbol{R}^3$，$\boldsymbol{\eta} \in \boldsymbol{R}^3$，$\boldsymbol{v} \in \boldsymbol{R}^3$。需要注意的是：以上模型假设由一阶波浪引起的船舶高频运动产生的艏摇角的三角函数值可认为非常小，因此在转换矩阵 $\boldsymbol{R}(\psi)$ 中可直接采用传感器得到的输出值，也即 $\boldsymbol{R}(\psi) \approx \boldsymbol{R}(\psi + \psi_h)$。

3.3.6 非线性运动模型状态空间形式

将上述非线性运动数学模型写成状态空间形式：

$$\dot{\boldsymbol{x}} = f(\boldsymbol{x}) + \boldsymbol{B}\boldsymbol{u} + \boldsymbol{E}\boldsymbol{\omega} \tag{3-27}$$

$$\boldsymbol{y} = \boldsymbol{H}\boldsymbol{x} + \boldsymbol{v} \tag{3-28}$$

式中：状态向量 $\boldsymbol{x} = [\boldsymbol{\xi}_h^{\mathrm{T}}, \boldsymbol{\eta}^{\mathrm{T}}, \boldsymbol{b}^{\mathrm{T}}, \boldsymbol{v}^{\mathrm{T}}]^{\mathrm{T}} \in \boldsymbol{R}^{15}$；$\boldsymbol{u} \in \boldsymbol{R}^3$ 为控制向量；$\boldsymbol{\omega} = [\omega_h^{\mathrm{T}}, \omega_b^{\mathrm{T}}, \omega_v^{\mathrm{T}}]^{\mathrm{T}} \in \boldsymbol{R}^9$ 为系统噪声；$\boldsymbol{v} \in \boldsymbol{R}^3$ 为测量噪声。其中，非线性状态转移函数 $f(\boldsymbol{x})$、输入系数矩阵 $\boldsymbol{B}$、观测矩阵 $\boldsymbol{H}$ 和噪声系数矩阵 $\boldsymbol{E}$ 分别为：

$$f(\boldsymbol{x}) = \begin{bmatrix} \boldsymbol{A}_h \boldsymbol{\xi}_h \\ \boldsymbol{R}(\psi)\boldsymbol{v} \\ -\boldsymbol{T}_b^{-1}\boldsymbol{b} \\ -\boldsymbol{M}^{-1}\boldsymbol{D}\boldsymbol{v} + \boldsymbol{M}^{-1}\boldsymbol{R}^{\mathrm{T}}(\psi)\boldsymbol{b} \end{bmatrix}, \quad \boldsymbol{B} = \begin{bmatrix} \boldsymbol{0}_{6\times3} \\ \boldsymbol{0}_{3\times3} \\ \boldsymbol{0}_{3\times3} \\ \boldsymbol{M}^{-1} \end{bmatrix}$$

$$\boldsymbol{H} = [\boldsymbol{C}_h, \boldsymbol{I}_{3\times3}, \boldsymbol{0}_{3\times3}, \boldsymbol{0}_{3\times3}], \boldsymbol{E} = [\boldsymbol{E}_h, \boldsymbol{0}_{3\times3}, \boldsymbol{E}_b, \boldsymbol{M}^{-1}\boldsymbol{E}_v]^{\mathrm{T}}。$$

3.4 卡尔曼滤波

1942 年，为实现火力控制系统精确跟踪问题，美国学者 N. Wiener 提出了一种在频域中设计统计最优的滤波方法，即维纳(Wiener)滤波。维纳滤波将数理统计理论与线性系统理论有机地联系在一起，形成了对随机信号进行平滑、估计或预测的最优估计新理论。维纳滤波是 20 世纪 40 年代在线性滤波理论方面所取得的最重要成果。但是，维纳滤波在利用维纳 - 霍夫方程求解最佳滤波器函数的过程中，需要使用所有过去的观测数据。这样随着时间的推移，必然会使得计算机的存储量和计算量增大，因此很难进行实时处理。采用频域设计是造成维纳滤波器实现困难的根本原因，因此人们逐渐转向寻求在时域内直接设计最优滤波器的新方法。

1960 年，R. E. Kalman 提出了离散系统卡尔曼滤波[24]，次年他又与 R. S. Buey 合作，把这一方法推广到连续时间系统中。卡尔曼滤波不要求保存和利用过去所有的观测数据，在当前时刻新的观测数据到来之后，根据新的观测数据和保存的前一时刻的状态估计值，借助于系统本身的状态方程，按照递推的方式就可以计算出新的状态估计值，从而大大减少了状态估计计算过程中的存储量和计算量。1976年，Balchen将卡尔曼滤波引入船舶动力定位系统，解决了如何使用船舶数学模型从来自测量系统带有噪声的测量值中估计出船舶运动状态的问题[8]。

3.4.1 卡尔曼滤波原理

卡尔曼滤波器是由一系列递归公式组成的时域递推滤波算法，具有实时处理信息的能力。这一系列的公式以估计误差协方差最小为目标，可以有效地估计出系统的状态信息[7,25,26]。

1. 线性连续系统卡尔曼滤波

假定一个线性连续系统模型为：

$$\dot{\boldsymbol{x}}(t) = \boldsymbol{A}(t)\boldsymbol{x}(t) + \boldsymbol{B}(t)\boldsymbol{u}(t) + \boldsymbol{E}(t)\boldsymbol{\omega}(t) \tag{3-29}$$

式中：$\boldsymbol{x}(t)$为系统状态变量；$\boldsymbol{u}(t)$为外部输入量；$\boldsymbol{\omega}(t)$为零均值高斯白噪声，其协方差矩阵为$\boldsymbol{Q} = \boldsymbol{Q}^{\mathrm{T}} > 0$。

该系统的测量模型为：

$$\boldsymbol{y}(t) = \boldsymbol{H}(t)\boldsymbol{x}(t) + \boldsymbol{v}(t) \tag{3-30}$$

式中：$\boldsymbol{v}(t)$是零均值高斯白噪声，其协方差矩阵为$\boldsymbol{R} = \boldsymbol{R}^{\mathrm{T}} > 0$。

如果系统是可观测的，在已知系统状态观测量$\boldsymbol{y}(t)$和外部输入量$\boldsymbol{u}(t)$的情况下，系统的状态可以利用卡尔曼滤波的递推算法进行计算。在计算过程中，一般认为系统过程噪声协方差$\boldsymbol{Q}$和测量噪声协方差$\boldsymbol{R}$都为稳定不变的常量。线性连续卡尔曼滤波算法的递推公式如下：

（1）设置初始状态和初始误差协方差：

$$\hat{\boldsymbol{x}}(0) = \boldsymbol{x}_0, \boldsymbol{P}(0) = E[(\boldsymbol{x}(0) - \hat{\boldsymbol{x}}(0))(\boldsymbol{x}(0) - \hat{\boldsymbol{x}}(0))^{\mathrm{T}}]$$

（2）计算卡尔曼滤波增益：

$$\boldsymbol{K}(t) = \boldsymbol{P}(t)\boldsymbol{H}^{\mathrm{T}}(t)\boldsymbol{R}^{-1}(t) \tag{3-31}$$

（3）状态更新：

$$\dot{\hat{\boldsymbol{x}}}(t) = \boldsymbol{A}(t)\hat{\boldsymbol{x}}(t) + \boldsymbol{B}(t)\boldsymbol{u}(t) + \boldsymbol{K}(t)[\boldsymbol{y}(t) - \boldsymbol{H}(t)\hat{\boldsymbol{x}}(t)] \tag{3-32}$$

式中：$\dot{\hat{\boldsymbol{x}}}(t)$为连续系统下状态变量的微分表示，即

$$\dot{\hat{\boldsymbol{x}}}(t) = \lim_{\Delta t \to 0} \frac{\hat{\boldsymbol{x}}(t + \Delta t) - \hat{\boldsymbol{x}}(t)}{\Delta t}$$

（4）通过求解Ricatti微分方程更新误差协方差：

$$\dot{\boldsymbol{P}}(t) = \boldsymbol{A}(t)\boldsymbol{P}(t) + \boldsymbol{P}(t)\boldsymbol{A}^{\mathrm{T}}(t) + \boldsymbol{E}(t)\boldsymbol{Q}(t)\boldsymbol{E}^{\mathrm{T}}(t)$$

$$-\boldsymbol{P}(t)\boldsymbol{H}^{\mathrm{T}}(t)\boldsymbol{R}^{-1}(t)\boldsymbol{H}(t)\boldsymbol{P}(t) \tag{3-33}$$

式中：$\dot{\boldsymbol{P}}(t)$为连续系统下误差协方差的微分表示，即

$$\dot{\boldsymbol{P}}(t)=\lim_{\Delta t\to 0}\frac{\boldsymbol{P}(t+\Delta t)-\boldsymbol{P}(t)}{\Delta t}$$

2. 线性离散系统卡尔曼滤波

计算机对连续时间系统进行处理时，需要首先将连续时间下的状态方程转化为离散形式，离散化的过程实际上就是对连续数据的采样。一般情况下，以固定的时间常数作为采样周期对连续系统进行等间隔采样处理，采样周期满足香农(Shannon)定理。

将式(3－29)和式(3－30)的线性连续系统模型进行离散化处理之后得到的离散状态模型和测量模型如下：

$$\begin{cases}\boldsymbol{x}_k=\boldsymbol{\Phi}_k\boldsymbol{x}_{k-1}+\boldsymbol{\Delta}_k\boldsymbol{u}_{k-1}+\boldsymbol{\Gamma}_k\boldsymbol{\omega}_{k-1}\\ \boldsymbol{y}_k=\boldsymbol{H}_k\boldsymbol{x}_k+\boldsymbol{v}_k\end{cases} \tag{3-34}$$

式中：$\boldsymbol{\Phi}=\exp(\boldsymbol{A}h)$；$h$为采样周期；$\boldsymbol{\Delta}=\boldsymbol{A}^{-1}(\boldsymbol{\Phi}-\boldsymbol{I})\boldsymbol{B}$；$\boldsymbol{\Gamma}=\boldsymbol{A}^{-1}(\boldsymbol{\Phi}-\boldsymbol{I})\boldsymbol{E}$；$\boldsymbol{\omega}_k$和$\boldsymbol{v}_k$为高斯白噪声。

在确定初始状态估计值$\hat{\boldsymbol{x}}_0$和误差协方差$\hat{\boldsymbol{P}}_0$后，运用离散卡尔曼滤波递推算法进行状态估计的过程如下：

(1) 系统状态一步前向预测：

$$\bar{\boldsymbol{x}}_k=\boldsymbol{\Phi}_{k-1}\hat{\boldsymbol{x}}_{k-1}+\boldsymbol{\Delta}_{k-1}\boldsymbol{u}_{k-1} \tag{3-35}$$

(2) 误差协方差预测：

$$\bar{\boldsymbol{P}}_k=\boldsymbol{\Phi}_{k-1}\hat{\boldsymbol{P}}_{k-1}\boldsymbol{\Phi}_{k-1}^{\mathrm{T}}+\boldsymbol{\Gamma}_{k-1}\boldsymbol{Q}\boldsymbol{\Gamma}_{k-1}^{\mathrm{T}} \tag{3-36}$$

(3) 状态观测值预测：

$$\bar{\boldsymbol{y}}_k=\boldsymbol{H}_k\bar{\boldsymbol{x}}_k \tag{3-37}$$

(4) 计算新息：

$$\boldsymbol{Z}_k=\boldsymbol{y}_k-\boldsymbol{H}_k\bar{\boldsymbol{x}}_k \tag{3-38}$$

(5) 计算卡尔曼滤波增益：

$$\boldsymbol{K}_k=\bar{\boldsymbol{P}}_k\boldsymbol{H}_k^{\mathrm{T}}[\boldsymbol{H}_k\bar{\boldsymbol{P}}_k\boldsymbol{H}_k^{\mathrm{T}}+\boldsymbol{R}]^{-1} \tag{3-39}$$

(6) 状态估计值更新：

$$\hat{\boldsymbol{x}}_k=\bar{\boldsymbol{x}}_k+\boldsymbol{K}_k[\boldsymbol{y}_k-\boldsymbol{H}_k\bar{\boldsymbol{x}}_k] \tag{3-40}$$

(7) 估计误差协方差更新：

$$\hat{\boldsymbol{P}}_k=[\boldsymbol{I}-\boldsymbol{K}_k\boldsymbol{H}_k]\bar{\boldsymbol{P}}_k[\boldsymbol{I}-\boldsymbol{K}_k\boldsymbol{H}_k]^{\mathrm{T}}+\boldsymbol{K}_k\boldsymbol{R}\boldsymbol{K}_k^{\mathrm{T}} \tag{3-41}$$

在卡尔曼滤波算法中有两个重要的概念：先验估计和后验估计。对一个随机变量当前时刻的先验估计是根据前一个时刻以及更早的历史观测信息

所作出的估计,通常也被称为预测;后验估计是根据当前时刻以及更早的历史观测信息所作出的估计(与预测并称的时候,通常简称为估计)。式(3-35)即为利用上一时刻状态变量的后验估计计算当前时刻状态变量的先验估计。式(3-37)利用状态变量的先验估计计算状态观测量的先验估计。式(3-38)用于计算实际观测量与其先验估计之间的差值,通常被称为新息。如果新息为零,表明利用状态变量的先验估计得到的观测量的先验估计和实际测量值完全吻合;如果新息很小,表明状态变量的先验估计比较准确,反之则相反。卡尔曼滤波就是利用新息来改善对状态变量的先验估计,从而给出更准确的后验估计。如式(3-40),将新息乘以一个系数实现对先验估计的修正,该系数称为卡尔曼增益系数,由式(3-39)计算得到。式(3-39)是在保证后验估计误差协方差最小的前提下推导出来的,所以对于线性系统而言通过卡尔曼滤波得到的后验估计值被认为是最优估计。

为了方便理解,可以将卡尔曼滤波的流程划分为两个阶段:时间更新阶段和测量更新阶段,如图3-11所示。时间更新阶段:卡尔曼滤波根据上一时刻系统状态的估计值及外界输入,对系统当前时刻状态进行预测。测量更新阶段:随着当前时刻观测值的到来,滤波器利用其值来修正时间更新阶段获得的先验估计值,从而得到更准确的后验估计值。

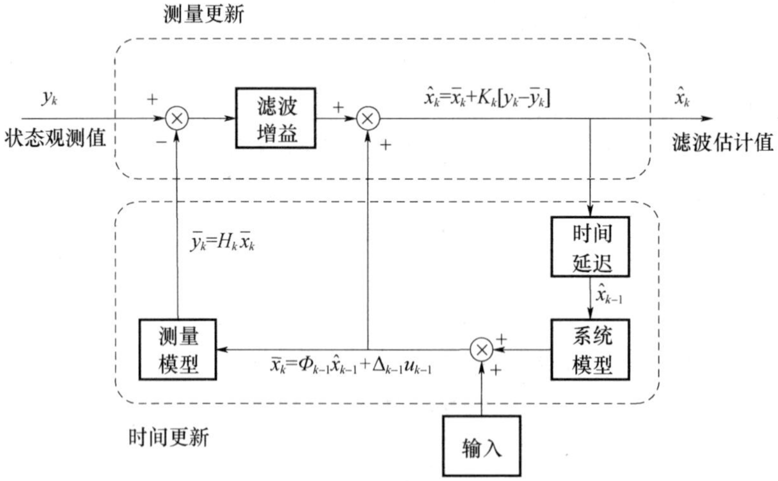

图3-11　卡尔曼滤波流程图

3.4.2　卡尔曼滤波器设计

动力定位船舶运动的数学模型是一个非线性模型,而标准的卡尔曼滤波仅适用于线性系统。因此,在动力定位系统中通常采用扩展卡尔曼滤波。扩展卡尔曼滤波的计算过程如下:首先将3.3.6节所述非线性运动模型线性化,得到线性状态空间模型:

$$\begin{cases}\dot{\boldsymbol{x}} = \boldsymbol{A}\boldsymbol{x} + \boldsymbol{B}\boldsymbol{u} + \boldsymbol{E}\boldsymbol{\omega} \\ \boldsymbol{y} = \boldsymbol{H}\boldsymbol{x} + \boldsymbol{v}\end{cases} \tag{3-42}$$

式中:$\boldsymbol{x} = [\boldsymbol{\xi}_h^{\mathrm{T}}, \boldsymbol{\eta}^{\mathrm{T}}, \boldsymbol{b}^{\mathrm{T}}, \boldsymbol{\nu}^{\mathrm{T}}]^{\mathrm{T}} \in \boldsymbol{R}^{15}$ 为系统状态向量;$\boldsymbol{u} \in \boldsymbol{R}^3$ 为控制向量;$\boldsymbol{\omega} = [\boldsymbol{\omega}_h{}^{\mathrm{T}}, \boldsymbol{\omega}_b{}^{\mathrm{T}}, \boldsymbol{\omega}_\nu{}^{\mathrm{T}}]^{\mathrm{T}} \in \boldsymbol{R}^9$ 为系统过程噪声向量;$\boldsymbol{v} \in \boldsymbol{R}^3$ 为测量噪声向量。模型中的系数矩阵为:

$$\boldsymbol{A} = \begin{bmatrix} \boldsymbol{A}_h & \boldsymbol{0}_{6\times3} & \boldsymbol{0}_{6\times3} & \boldsymbol{0}_{6\times3} \\ \boldsymbol{0}_{3\times3} & \boldsymbol{0}_{3\times3} & \boldsymbol{0}_{3\times3} & \boldsymbol{R}(\psi) \\ \boldsymbol{0}_{3\times3} & \boldsymbol{0}_{3\times3} & -\boldsymbol{T}^{-1}{}_b & \boldsymbol{0}_{3\times3} \\ \boldsymbol{0}_{3\times3} & \boldsymbol{0}_{3\times3} & \boldsymbol{M}^{-1}\boldsymbol{R}^{\mathrm{T}}(\psi) & -\boldsymbol{M}^{-1}\boldsymbol{D} \end{bmatrix}, \boldsymbol{E} = \begin{bmatrix} \boldsymbol{E}_h & \boldsymbol{0}_{6\times3} & \boldsymbol{0}_{6\times3} \\ \boldsymbol{0}_{3\times3} & \boldsymbol{0}_{3\times3} & \boldsymbol{0}_{3\times3} \\ \boldsymbol{0}_{3\times3} & \boldsymbol{I}_{3\times3} & \boldsymbol{0}_{3\times3} \\ \boldsymbol{0}_{3\times3} & \boldsymbol{0}_{3\times3} & \boldsymbol{M}^{-1} \end{bmatrix}, \boldsymbol{B} = \begin{bmatrix} \boldsymbol{0}_{6\times3} \\ \boldsymbol{0}_{3\times3} \\ \boldsymbol{0}_{3\times3} \\ \boldsymbol{M}^{-1} \end{bmatrix}$$

系统噪声和测量噪声的统计特性如下:$E\{\boldsymbol{\omega}_k\} = 0$,$E\{\boldsymbol{\omega}_k, \boldsymbol{\omega}_l\} = \boldsymbol{Q}_k\delta_{kl}$,$E\{\boldsymbol{v}_k\} = 0$,$E\{\boldsymbol{v}_k, \boldsymbol{v}_l\} = R_k\delta_{kl}$,协方差 $E\{\boldsymbol{\omega}_k, \boldsymbol{v}_l\} = 0$。其中,$\delta_{kl}$满足:

$$\delta_{kl} = \begin{cases} 1, & k = l \\ 0, & k \neq l \end{cases} \tag{3-43}$$

然后,利用3.4.1中所述的离散化方法将线性化状态空间模型进行离散化处理,从而得到离散状态下的数学模型。

经过离散化之后的扩展卡尔曼滤波过程如下:

(1)时间更新过程:

$$\bar{\boldsymbol{x}}_{k+1} = \boldsymbol{\Phi}_k \hat{\boldsymbol{x}}_k + \boldsymbol{\Delta}_k \boldsymbol{u}_k \tag{3-44}$$

$$\bar{\boldsymbol{P}}_{k+1} = \boldsymbol{\Phi}_k \hat{\boldsymbol{P}}_k \boldsymbol{\Phi}_k^{\mathrm{T}} + \boldsymbol{\Gamma}_k \boldsymbol{Q}_k \boldsymbol{\Gamma}_k{}^{\mathrm{T}} \tag{3-45}$$

(2)测量更新过程:

$$\boldsymbol{K}_k = \bar{\boldsymbol{P}}_k \boldsymbol{H}_k^{\mathrm{T}} [\boldsymbol{H}_k \bar{\boldsymbol{P}}_k \boldsymbol{H}_k{}^{\mathrm{T}} + \boldsymbol{R}_k]^{-1} \tag{3-46}$$

$$\hat{\boldsymbol{x}}_k = \bar{\boldsymbol{x}}_k + \boldsymbol{K}_k[\boldsymbol{y}_k - \boldsymbol{H}_k \bar{\boldsymbol{x}}_k] \tag{3-47}$$

$$\hat{\boldsymbol{P}}_k = [\boldsymbol{I} - \boldsymbol{K}_k \boldsymbol{H}_k] \bar{\boldsymbol{P}}_k [\boldsymbol{I} - \boldsymbol{K}_k \boldsymbol{H}_k]^{\mathrm{T}} + \boldsymbol{K}_k \boldsymbol{R} \boldsymbol{K}_k^{\mathrm{T}} \tag{3-48}$$

式中:$\boldsymbol{x}_k \in \boldsymbol{R}^{15\times1}$分别为船舶在纵荡、横荡和艏摇上的高频相对阻尼振荡系数、高频运动位置、低频运动位置、未知环境力、低频运动速度;$\boldsymbol{u}_k$ 为控制力和力矩;$\boldsymbol{R}_k \in \boldsymbol{R}^{3\times3}$为三个自由度上(纵荡、横荡和艏摇)的测量噪声协方差;$\boldsymbol{Q}_k = \mathrm{diag}\{\boldsymbol{Q}_1 \quad \boldsymbol{Q}_2 \quad \boldsymbol{Q}_3\}$为过程噪声协方差:$\boldsymbol{Q}_1 \in \boldsymbol{R}^{3\times3}$为高频噪声项,由波浪频率模型决定;$\boldsymbol{Q}_2 \in \boldsymbol{R}^{3\times3}$为未知环境力噪声,表示除去已经建模环境力后剩余的不确定环境力部分的噪声项;$\boldsymbol{Q}_3 \in \boldsymbol{R}^{3\times3}$为低频噪声项,表示由于数模模型不精确而导致

的不确定因素;$\boldsymbol{R}_k$、$\boldsymbol{Q}_k$ 均为对角矩阵。

3.5 自适应滤波

卡尔曼滤波器的优点在于能体现其对当前状态的预测能力并根据观测值对其进行修正,但是一般研究对象的过程噪声方差、测量噪声方差、状态系数矩阵及测量矩阵都是随着运动状态和环境的改变而变化的。特别是对于处于复杂海洋环境中的动力定位船舶,由于系统本身所具有的非线性特性,使得卡尔曼滤波器估算出的状态难以保证其是实际运动状态的最优估计。另外,如果卡尔曼滤波中的误差协方差不能适应性更新,将会造成增益矩阵的误差变大,进而导致卡尔曼滤波器对船舶低频运动的预测能力变差,甚至导致整个动力定位系统的状态估计出现发散。综上所述,由于卡尔曼滤波无法对各种未知的外界干扰进行适应性检测和调整,因此为了增强其对研究对象状态的预测能力,必须提高卡尔曼滤波器的适应性。

自适应滤波可以在系统模型不够精确、系统过程噪声和测量噪声等统计数据不充足的情况下保证滤波的稳定性。此类滤波器一方面利用测量值不断地修正预测值;另一方面也对未知或者不精确的系统过程噪声和测量噪声进行在线估计或修正,从而可以抑制滤波器发散,得到更准确的估计值。另外,自适应滤波还可以判断系统的动力学和运动学模型是否有变化,如果判断出模型有变化,自适应滤波可以将这种变化产生的干扰归类为系统噪声,并且对模型的过程噪声项进行修正使其适应系统的运动状态。本节将介绍两种基于卡尔曼滤波的自适应滤波方法:渐消记忆滤波和 H_∞ 滤波。

3.5.1 渐消记忆滤波

针对船舶动力定位系统中存在的模型不精确、环境噪声波动大、测量仪器误差等情况,可以采用渐消记忆自适应滤波来估算其低频运动信息。由于上述干扰因素导致测量值对预测值的修正作用下降,旧测量数据作用的相对提升是引起滤波发散的一个主要原因。为了抑制由此而导致的滤波发散,渐消记忆滤波方法通过引入一个渐消记忆因子到状态估计算法中,从而减小旧的测量数据对状态估计值的权重,增大新的测量数据的影响,从而降低滤波器发散的概率[12-14]。

1. 系统模型

采用3.4.2节中所述线性离散化模型,通过分析卡尔曼滤波的计算流程可以看出：测量噪声 $\boldsymbol{R}_k$ 和初始状态的误差协方差 $\boldsymbol{P}_0$ 是描述测量值 $\boldsymbol{y}_k$ 和状态估计值 $\hat{\boldsymbol{x}}_k$ 信息质量的主要技术指标。渐消记忆自适应滤波就是在计算过程中不断修改 $\boldsymbol{R}_k$ 和 $\boldsymbol{P}_0$ 的数值，从而自适应调整对测量值 $\boldsymbol{y}_k$ 和初始状态 $\hat{\boldsymbol{x}}_0$ 的利用程度以减小其对状态估计值 $\hat{\boldsymbol{x}}_k$ 的影响。

渐消记忆自适应滤波通过引入渐消记忆因子 Ω 对滤波流程中的 $\boldsymbol{R}_k$ 和 $\boldsymbol{P}_0$ 进行修正，具体表示形式如下：

$$\boldsymbol{P}_0^* = \boldsymbol{P}_0\Omega^N \tag{3-49}$$

$$\boldsymbol{R}_k^* = \boldsymbol{R}_k\Omega^{N-k} \tag{3-50}$$

$$\boldsymbol{Q}_k^* = \boldsymbol{Q}_k\Omega^{N-k+1} \tag{3-51}$$

估计误差协方差为：

$$\boldsymbol{P}_k^* = \boldsymbol{P}_k\Omega^{-(N-k)} \tag{3-52}$$

式中：N 为距离当前时刻 k 最近的历史观测数据个数；Ω 为大于 1 的标量。

由式(3-49)可以看出，$\boldsymbol{P}_0^*$ 大于$\boldsymbol{P}_0$，而当 N 的值确定后，k 可以大于 N 也可以小于 N。当 $k<N$，即在滤波器初始运行时间段内$\boldsymbol{R}_k^*>\boldsymbol{R}_k$，此时滤波器认为初始估计值和观测值均不准确，从而减小它们对估计值的影响。

渐消记忆滤波的核心在于对新旧测量值利用程度的调整，测量值的利用程度主要体现在滤波增益矩阵上。由此可得渐消记忆自适应滤波过程如下：

时间更新阶段：

$$\bar{\boldsymbol{x}}_k^* = \boldsymbol{\Phi}_{k-1}\hat{\boldsymbol{x}}_{k-1} + \boldsymbol{\Delta}_{k-1}\boldsymbol{u}_{k-1} \tag{3-53}$$

$$\bar{\boldsymbol{P}}_k^* = \boldsymbol{\Phi}_{k-1}\boldsymbol{P}_{k-1}^*\boldsymbol{\Phi}_{k-1}^{\mathrm{T}} + \boldsymbol{\Gamma}_{k-1}\boldsymbol{Q}_{k-1}^*\boldsymbol{\Gamma}_{k-1}^{\mathrm{T}} \tag{3-54}$$

测量更新阶段：

$$\boldsymbol{K}_k^* = \bar{\boldsymbol{P}}_k^*\boldsymbol{H}_k^{\mathrm{T}}(\boldsymbol{H}_k\bar{\boldsymbol{P}}_k^*\boldsymbol{H}_k^{\mathrm{T}} + \boldsymbol{R}_k^*)^{-1} \tag{3-55}$$

$$\hat{\boldsymbol{x}}_k = \bar{\boldsymbol{x}}_k^* + \boldsymbol{K}_k^*(\boldsymbol{y}_k - \boldsymbol{H}_k\bar{\boldsymbol{x}}_k^*) \tag{3-56}$$

$$\hat{\boldsymbol{P}}_k^* = (\boldsymbol{I} - \boldsymbol{K}_k^*\boldsymbol{H}_k)\bar{\boldsymbol{P}}_k^*(\boldsymbol{I} - \boldsymbol{K}_k^*\boldsymbol{H}_k)^{\mathrm{T}} + \boldsymbol{K}_k^*\boldsymbol{R}_k^*(\boldsymbol{K}_k^*)^{\mathrm{T}} \tag{3-57}$$

式(3-53)~式(3-57)中的符号和 3.4.2 节卡尔曼滤波中定义的符号含义相同，此处加星号以示区别。

将渐消记忆滤波过程与卡尔曼滤波相对比可以发现，两者有许多相似之处。渐消记忆滤波过程也是由两部分组成：首先针对船舶低频运动信息进行先验估计；然后利用观测值对先验估计值进行修正，得到后验估计值。不同之处在于：标准卡尔曼滤波器中增益矩阵$\boldsymbol{K}_k$ 只根据噪声的先验信息来计算，不随船舶运动状态变化而改变，如果先验信息不准确则有可能引起滤波发散。渐消记忆滤波含有一个标量因子 $\boldsymbol{\Omega}$，其不只针对过程噪声方差 $\boldsymbol{Q}$、测量噪声方差 $\boldsymbol{R}$ 进行加权调整，还针对估计误差协方差$\boldsymbol{P}_k$ 进行自适应调整。

由于 $\Omega>1$，$\bar{\boldsymbol{P}}_k^*$ 始终大于$\bar{\boldsymbol{P}}_k$，预测误差协方差矩阵往增大方向上调整，这使得$\boldsymbol{K}_k^*$ 也总大于$\boldsymbol{K}_k$，也即滤波增益相应增大。因此，渐消记忆滤波对新测量值的采用权重比卡尔曼滤波要大。相反，由于：

$$\hat{\boldsymbol{x}}_k = \bar{\boldsymbol{x}}_k^* + \boldsymbol{K}_k^*(\boldsymbol{y}_k - \boldsymbol{H}_k \bar{\boldsymbol{x}}_k^*) = (\boldsymbol{I} - \boldsymbol{K}_k^* \boldsymbol{H}_k)\bar{\boldsymbol{x}}_k^* + \boldsymbol{K}_k^* \boldsymbol{y}_k$$

有$\boldsymbol{K}_k^*>\boldsymbol{K}_k$，渐消记忆滤波对先验估计值$\bar{\boldsymbol{x}}_k^*$ 的利用权重会下降，也降低了旧测量值对后验估计值的影响。

2. 滤波发散判断依据

应用于工程实际中的滤波器均可能出现发散的情况，渐消记忆滤波也不例外。当渐消记忆滤波发散时，船舶运动模型中的过程噪声及测量噪声协方差会变得无界。当 $k\to\infty$时，滤波器增益矩阵$\boldsymbol{K}_k^*$ 可能会趋近于零。通过选取不等式(3－58)作为判断渐消记忆滤波器发散的边界条件：

$$\boldsymbol{r}_k^T \boldsymbol{r}_k \leqslant \lambda tr(E[\boldsymbol{r}_k \boldsymbol{r}_k^{\mathrm{T}}]) \tag{3-58}$$

式中：λ 为冗余度储备系数($\lambda>1$)；$\{\boldsymbol{r}_k\}$为新息序列，即：

$$\boldsymbol{r}_k = \boldsymbol{y}_k - \boldsymbol{H}_k \bar{\boldsymbol{x}}_k^* \tag{3-59}$$

式(3－58)右端 $tr(\cdot)$为新息序列协方差矩阵的迹，其中：

$$E[\boldsymbol{r}_k r_k^{\mathrm{T}}] = \boldsymbol{H}_k \bar{\boldsymbol{P}}_k^* \boldsymbol{H}_k^T + \boldsymbol{R}_k^* \tag{3-60}$$

因此，评价渐消记忆滤波器发散的标准为：

$$\boldsymbol{r}_k^{\mathrm{T}} \boldsymbol{r}_k \leqslant \lambda tr(\boldsymbol{H}_k \bar{\boldsymbol{P}}_k^* H_k^{\mathrm{T}} + \boldsymbol{R}_k^*) \tag{3-61}$$

式中：当 $\lambda=1$ 时为最严格的判断渐消记忆滤波器是否发散的评价标准。

在渐消记忆滤波的迭代计算过程中，如果不能满足式(3－61)的要求，则说明渐消记忆滤波器的估计值大于预测值或者是预测值的 λ 倍，此时渐消记忆滤波器将发散，其对船舶低频运动的估计也将失真。

3.5.2 H_∞鲁棒滤波

H_∞ 鲁棒滤波是将现代控制领域中的鲁棒控制思想引入到 H_∞ 性能指标范数，使其可以针对不确定因素较多的复杂系统进行状态估计[15]。H_∞ 鲁棒滤波将噪声项看作能量有限的随机信号，使得系统中受干扰项影响的闭环传递函数 H_∞ 小于给定的参数 γ。H_∞ 鲁棒滤波对于功率谱密度函数不为常数的有色噪声具有很好的鲁棒性。

船舶动力定位系统是一种受环境干扰大、噪声多变、不确定因素多的复杂系统。卡尔曼滤波应用于动力定位系统时，假定船舶运动过程噪声和测量噪声均为高斯白噪声序列。然而一般情况下，海洋环境中的绝大部分噪声为有色噪声。虽然针对特定的有色噪声，可用单位强度的白噪声通过成型滤波器来代替，但这种滤波效果只是对噪声进行近似和简化处理。H_∞ 鲁棒性滤波对干扰的统计特性不做任何假设处理，只认为这些干扰是能量有限的信号[16]。显然，对于动力定位船舶这种受环境扰动大的时变系统，H_∞ 鲁棒性滤波更具合理性，更能有效估计船舶的真实运动状态。

1. 性能判断指标的建立

以3.4.2节中所述线性离散化的船舶运动数学模型为基础，船舶的低频运动状态向量可表示为：

$$\boldsymbol{Y}_k = \boldsymbol{L}_k \boldsymbol{x}_k \tag{3-62}$$

式中：$\boldsymbol{L}_k$ 为状态系数矩阵。

假定船舶低频状态估计值的误差为：

$$\boldsymbol{e}_k = \boldsymbol{Y}_k - \hat{\boldsymbol{Y}}_k \tag{3-63}$$

定义如下性能判断指标：

$$J = \sup \frac{\sum_{i=0}^{k} \boldsymbol{e}_i^{\mathrm{T}} \boldsymbol{e}_i}{(\boldsymbol{x}_0 - \hat{\boldsymbol{x}}_0)^{\mathrm{T}} \boldsymbol{A}_0^{-1} (\boldsymbol{x}_0 - \hat{\boldsymbol{x}}_0) + \sum_{i=0}^{k} \boldsymbol{\omega}_i^{\mathrm{T}} \boldsymbol{\omega}_i + \sum_{i=0}^{k} \boldsymbol{\nu}_i^{\mathrm{T}} \boldsymbol{\nu}_i} \tag{3-64}$$

式中：sup 表示求上限值；$\boldsymbol{x}_0 - \hat{\boldsymbol{x}}_0$ 表示实际运动状态与初始运动状态的偏差；$\boldsymbol{A}_0^{-1}$ 为反映 $\boldsymbol{x}_0 - \hat{\boldsymbol{x}}_0$ 接近程度的正定矩阵。

假定：

$$\gamma = \inf(J) \tag{3-65}$$

式中：inf 表示求下限值。

2. H_∞ 鲁棒滤波器设计

通过式(3-64)和式(3-65)可以看出，H_∞ 鲁棒滤波就是寻找使 J 最小的估计算法，并得到 J 的最小值 γ。尽管 H_∞ 鲁棒滤波具有较强的鲁棒性，但是很难得到 H_∞ 鲁棒滤波器的最优解，一般情况下给出的是次优估计解。

H_∞ 次优滤波问题可以描述为：对于当给定 $\gamma(\gamma \geqslant 0)$，$\gamma$ 必须大于 J 的最小值才会有解。通过不断减小 γ，使其逐步逼近 H_∞ 为最优估计时对应的 γ 值，由此得到 H_∞ 鲁棒滤波器较为理想的近似解。

对于给定的 $\gamma \geqslant 0$，如果矩阵 $[\boldsymbol{\Phi}_k \quad \boldsymbol{\Gamma}_k]$ 满秩，则 H_∞ 鲁棒滤波器有全局最优解的充要条件为：

$$\boldsymbol{P}_k^{-1} + \boldsymbol{H}_k^{\mathrm{T}} \boldsymbol{H}_k - \gamma^{-2} \boldsymbol{L}_k^{\mathrm{T}} \boldsymbol{L}_k > 0, (k = 0,1,2\cdots) \tag{3-66}$$

式中，$\boldsymbol{P}_k$ 满足如下迭代关系：

$$\boldsymbol{P}_{k+1} = \boldsymbol{\Phi}_k \boldsymbol{P}_k \boldsymbol{\Phi}_k^{\mathrm{T}} + \boldsymbol{\Gamma}_k \boldsymbol{\Gamma}_k^{\mathrm{T}} - \boldsymbol{\Phi}_k \boldsymbol{P}_k [\boldsymbol{H}_k^{\mathrm{T}} \; \boldsymbol{L}_k^{T}] \boldsymbol{R}_k^{-1} \begin{bmatrix} \boldsymbol{H}_k \\ \boldsymbol{L}_k^{T} \end{bmatrix} \boldsymbol{P}_k \boldsymbol{\Phi}_k^{\mathrm{T}} \tag{3-67}$$

式中，$\boldsymbol{R}_k$ 满足：

$$\boldsymbol{R}_k = \begin{bmatrix} \boldsymbol{I} & 0 \\ 0 & -\gamma^2 \boldsymbol{I} \end{bmatrix} + \begin{bmatrix} \boldsymbol{H}_k \\ \boldsymbol{L}_k \end{bmatrix} \boldsymbol{P}_k [\boldsymbol{H}_k^{\mathrm{T}} \quad \boldsymbol{L}_k^{\mathrm{T}}] \tag{3-68}$$

此时，满足 $\gamma > 0$ 的 H_∞ 鲁棒滤波器的增益矩阵为：

$$\boldsymbol{K}_{k+1} = \boldsymbol{P}_{k+1} \boldsymbol{H}_{k+1}^{\mathrm{T}} [\boldsymbol{I} + \boldsymbol{H}_{k+1} \boldsymbol{P}_{k+1} \boldsymbol{H}_{k+1}^{\mathrm{T}}]^{-1} \tag{3-69}$$

通过式(3-67)和式(3-68)可以看出，H_∞ 鲁棒滤波器会受到低频运动状态量 $\boldsymbol{L}_k$ 的影响。当 $\gamma \to \infty$ 时，H_∞ 鲁棒滤波器就退化成卡尔曼滤波器。因此，H_∞ 鲁棒滤波可以看作是卡尔曼滤波的一种扩展，卡尔曼滤波是 H_∞ 鲁棒滤波的一个特例[17]。当 γ 取最小值时，H_∞ 鲁棒滤波的鲁棒性最好，但此时方差不一定最小；当 $\gamma \to \infty$ 时，可以得到 H_∞ 鲁棒滤波的最小方差估计，但此时鲁棒性较差。通过选择较为理想的 γ 可以使系统同时满足估计误差与鲁棒性的要求。

3.6 非线性无源滤波

动力定位系统是一个复杂非线性系统，系统数学模型中包含三个自由度方向共 15 个状态变量。通过将数学模型看作近似线性模型利用卡尔曼滤波器进行状态估计，无法满足复杂海况下的定位精度要求。另外，卡尔曼滤波以及改进算法均假设系统过程噪声和测量噪声已知或已预先定义好，然而船舶所处的海洋环境复杂多变，噪声参数处于不断变动之中。Fossen 等人在 1999 年将非线性无源理论引入到船舶动力定位系统，并提出了非线性无源观测器(Nonlinear Passive Observer)[7]。无源理论在观测器参数精确调整方面被证明是一种非常有用的工具，相比标准和扩展卡尔曼滤波，在高频波浪频率被准确估计的前提下，无源滤波器可以保证估计误差的全局收敛性。本节将对非线性无源滤波进行详细介绍。

3.6.1 数学模型

非线性无源滤波以 3.3.5 节中给出的船舶数学模型为基础，去除噪声项后可表示为：

$$\begin{cases} \dot{\boldsymbol{\xi}}_h = \boldsymbol{A}_h \boldsymbol{\xi}_h \\ \boldsymbol{\eta}_h = \boldsymbol{C}_h \boldsymbol{\xi}_h \\ \dot{\boldsymbol{\eta}} = \boldsymbol{R}(\psi)\boldsymbol{\nu} \\ \dot{\boldsymbol{b}} = -\boldsymbol{T}_b^{-1}\boldsymbol{b} \\ \boldsymbol{M}\dot{\boldsymbol{\nu}} = -\boldsymbol{D}\boldsymbol{\nu} + \boldsymbol{R}^{\mathrm{T}}(\psi)\boldsymbol{b} + \boldsymbol{\tau} \\ \boldsymbol{y} = \boldsymbol{\eta} + \boldsymbol{\eta}_h \end{cases} \tag{3-70}$$

3.6.2 状态估计方程

以测量值的估计误差——传感器测量值与测量值的估计值之差替代噪声项，便可得到非线性无源滤波器方程：

$$
\begin{cases}
\dot{\hat{\boldsymbol{\xi}}}_h = \boldsymbol{A}_h \hat{\boldsymbol{\xi}}_h + \boldsymbol{K}_1 \tilde{\boldsymbol{y}} \\
\hat{\boldsymbol{\eta}}_h = \boldsymbol{C}_h \hat{\boldsymbol{\xi}}_h \\
\dot{\hat{\boldsymbol{\eta}}} = \boldsymbol{R}(\psi)\hat{\boldsymbol{\nu}} + \boldsymbol{K}_2 \tilde{\boldsymbol{y}} \\
\dot{\hat{\boldsymbol{b}}} = -\boldsymbol{T}_b^{-1}\hat{\boldsymbol{b}} + \dfrac{1}{\gamma}\boldsymbol{K}_3 \tilde{\boldsymbol{y}} \\
\boldsymbol{M}\dot{\hat{\boldsymbol{\nu}}} = -\boldsymbol{D}\hat{\boldsymbol{\nu}} + \boldsymbol{R}^{\mathrm{T}}(\psi)\hat{\boldsymbol{b}} + \boldsymbol{\tau} + \dfrac{1}{\gamma}\boldsymbol{R}^{\mathrm{T}}(\psi)\boldsymbol{K}_4 \tilde{\boldsymbol{y}} \\
\hat{\boldsymbol{y}} = \hat{\boldsymbol{\eta}} + \hat{\boldsymbol{\eta}}_h
\end{cases}
\tag{3-71}
$$

式中，$\tilde{\boldsymbol{y}} = \boldsymbol{y} - \hat{\boldsymbol{y}}$ 为测量值的估计误差；$\boldsymbol{K}_1 \in \boldsymbol{R}^{6\times 3}$ 和 $\boldsymbol{K}_2, \boldsymbol{K}_3, \boldsymbol{K}_4 \in \boldsymbol{R}^{3\times 3}$ 为增益系数矩阵；$\gamma > 0$ 为用于 Lyapunov 分析而新增的可调整标量参数。非线性无源滤波器结构如图 3－12 所示。

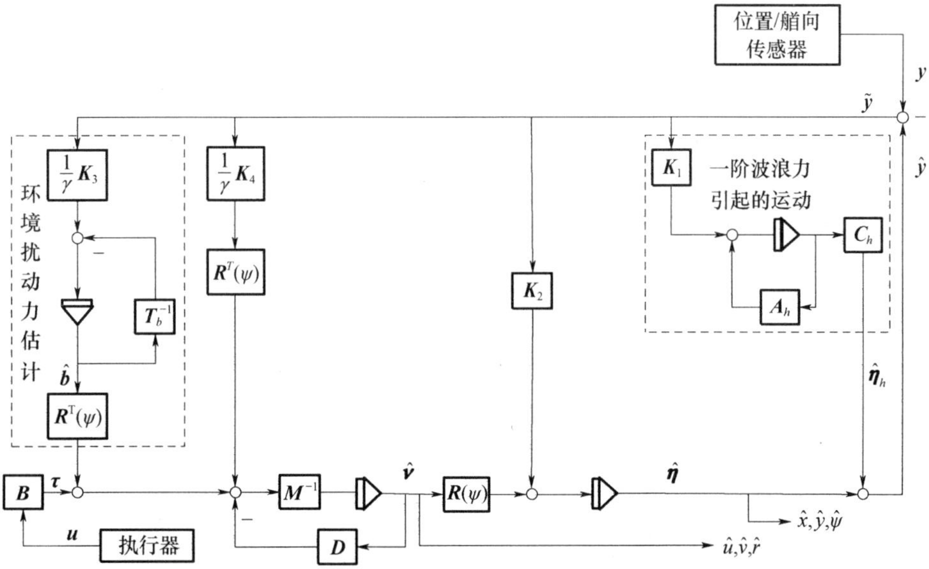

图 3－12　非线性无源滤波器结构图

将式（3－71）写成状态空间形式：

$$
\dot{\hat{\boldsymbol{\eta}}}_0 = \boldsymbol{A}_0 \hat{\boldsymbol{\eta}}_0 + \boldsymbol{B}_0 \boldsymbol{R}(\psi)\hat{\boldsymbol{\nu}} + \boldsymbol{K}_0 \tilde{\boldsymbol{y}}
\tag{3-72}
$$

$$\hat{\boldsymbol{y}} = \boldsymbol{C}_0 \hat{\boldsymbol{\eta}}_0 \tag{3-73}$$

式中：$\boldsymbol{\eta}_0 = [\boldsymbol{\xi}^{\mathrm{T}} \quad \boldsymbol{\eta}^{\mathrm{T}}]^{\mathrm{T}}$；$\boldsymbol{A}_0 = \begin{bmatrix} \boldsymbol{A}_h & \boldsymbol{0}_{6\times3} \\ \boldsymbol{0}_{3\times6} & \boldsymbol{0}_{3\times3} \end{bmatrix}$；$\boldsymbol{B}_0 = \begin{bmatrix} \boldsymbol{0}_{6\times3} \\ \boldsymbol{I}_{3\times3} \end{bmatrix}$；$\boldsymbol{C}_0 = [\boldsymbol{C}_h \quad \boldsymbol{I}_{3\times3}]$；$\boldsymbol{K}_0 = \begin{bmatrix} \boldsymbol{K}_1 \\ \boldsymbol{K}_2 \end{bmatrix}$。

3.6.3 误差动态特性方程

定义估计误差为 $\tilde{\boldsymbol{\nu}} = \boldsymbol{\nu} - \hat{\boldsymbol{\nu}}$，$\tilde{\boldsymbol{b}} = \boldsymbol{b} - \hat{\boldsymbol{b}}$，$\tilde{\boldsymbol{\eta}}_0 = \boldsymbol{\eta}_0 - \hat{\boldsymbol{\eta}}_0$，于是，非线性无源滤波器的误差动态特性方程可写为：

$$\dot{\tilde{\boldsymbol{\eta}}}_0 = (\boldsymbol{A}_0 - \boldsymbol{K}_0 \boldsymbol{C}_0) \tilde{\boldsymbol{\eta}}_0 + \boldsymbol{B}_0 \boldsymbol{R}(\psi) \tilde{\boldsymbol{\nu}} \tag{3-74}$$

$$\dot{\tilde{\boldsymbol{b}}} = -\boldsymbol{T}^{-1} \tilde{\boldsymbol{b}} - \boldsymbol{K}_3 \tilde{\boldsymbol{y}} \tag{3-75}$$

$$\boldsymbol{M} \dot{\tilde{\boldsymbol{\nu}}} = -\boldsymbol{D} \tilde{\boldsymbol{\nu}} + \boldsymbol{R}^{\mathrm{T}}(\psi) \tilde{\boldsymbol{b}} - \boldsymbol{R}^{\mathrm{T}}(\psi) \boldsymbol{K}_4 \tilde{\boldsymbol{y}} \tag{3-76}$$

$$\tilde{\boldsymbol{y}} = \tilde{\boldsymbol{\eta}} + \tilde{\boldsymbol{\eta}}_h \tag{3-77}$$

速度误差动态特性方程式(3-76)可以写为：

$$\boldsymbol{M} \dot{\tilde{\boldsymbol{\nu}}} = -\boldsymbol{D} \tilde{\boldsymbol{\nu}} - \frac{1}{\gamma} \boldsymbol{R}^{\mathrm{T}}(\psi) \tilde{z} \tag{3-78}$$

其中：

$$\tilde{z} = \boldsymbol{K}_4 \tilde{\boldsymbol{y}} - \gamma \tilde{\boldsymbol{b}} \tag{3-79}$$

定义一个新的状态变量：

$$\tilde{\boldsymbol{x}} = \begin{bmatrix} \tilde{\boldsymbol{\eta}}_0 \\ \tilde{\boldsymbol{b}} \end{bmatrix} \tag{3-80}$$

则式(3-74)~式(3-76)可以写成如下状态空间形式：

$$\dot{\tilde{\boldsymbol{x}}} = \boldsymbol{A} \tilde{\boldsymbol{x}} + \boldsymbol{B} \boldsymbol{R}(\psi) \tilde{\boldsymbol{\nu}} \tag{3-81}$$

$$\tilde{z} = \boldsymbol{c} \tilde{\boldsymbol{x}} \tag{3-82}$$

其中：

$$\boldsymbol{A} = \begin{bmatrix} \boldsymbol{A}_0 - \boldsymbol{K}_0 \boldsymbol{C}_0 & \boldsymbol{0}_{9\times9} \\ -\frac{1}{\gamma} \boldsymbol{K}_3 \boldsymbol{C}_0 & -\boldsymbol{T}^{-1} \end{bmatrix}; \boldsymbol{B} = \begin{bmatrix} \boldsymbol{B}_0 \\ \boldsymbol{0}_{3\times3} \end{bmatrix}; \boldsymbol{C} = [\boldsymbol{K}_4 \boldsymbol{C}_0 \quad -\gamma \boldsymbol{I}_{3\times3}]。$$

误差动态结构可以通过图 3-13 进行描述，其中误差信号定义为：$\boldsymbol{\varepsilon}_z = -\boldsymbol{R}^{T}(\psi) \tilde{z}$，$\boldsymbol{\varepsilon}_\nu = \boldsymbol{R}(\psi) \tilde{\boldsymbol{\nu}}$。整个误差系统可以看作为两个线性子系统：$H_1$ 和 H_2。

$$H_1: \boldsymbol{M}\dot{\tilde{\boldsymbol{\nu}}} = -\boldsymbol{D}\tilde{\boldsymbol{\nu}} + \frac{1}{\gamma}\boldsymbol{\varepsilon}_z$$

$$H_2: \begin{cases} \dot{\tilde{\boldsymbol{x}}} = \boldsymbol{A}\tilde{\boldsymbol{x}} + \boldsymbol{B}\boldsymbol{\varepsilon}_\nu \\ \tilde{\boldsymbol{z}} = \boldsymbol{C}\tilde{\boldsymbol{x}} \end{cases}$$

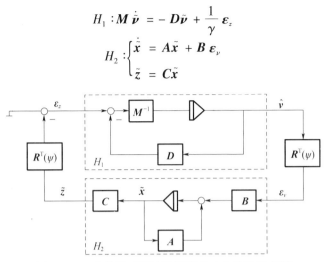

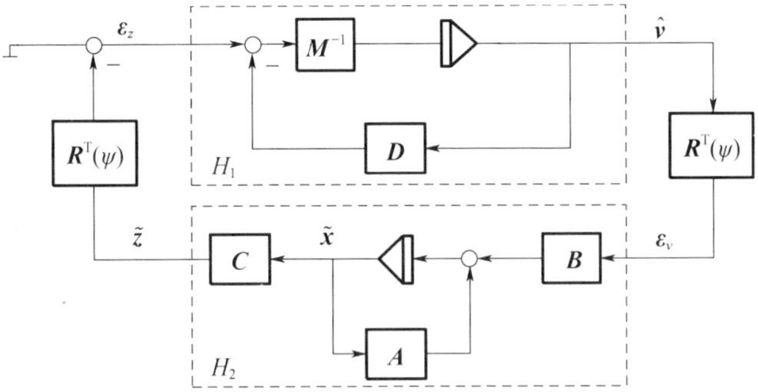

图 3－13　非线性无源滤波器误差动态特性示意图

通过上述的过程推导，可将对非线性无源滤波器全局稳定性的证明转化为对两个线性子系统稳定性的证明，其证明方法主要利用 Lyapunov 函数法和无源性分析。Lyapunov 函数法是研究非线性系统稳定性的有力工具，它表述的是一个基本原则，即一个稳定的系统，其内部的某种能量必将是衰减的。无源性是网络理论中的一个概念，它表示耗能网络的一种性质，经常被用于系统的稳定性分析和动态品质分析。非线性系统中引入无源化方法可以充分利用物理系统本身的结构特点，为 Lyapunov 函数的构造提供信息。如果子系统 H_1 和 H_2 均为无源系统，则意味着它们只会耗散能量，可以很直观地得出此反馈系统为无源系统，具体证明过程见参考文献[7]，本书不再赘述。

3.6.4　增益矩阵

非线性无源滤波器可以通过选择合理的增益矩阵形式保证其满足 Lyapunov 定理，通常增益矩阵形式如下：

$$\boldsymbol{K}_1 = \begin{bmatrix} \mathrm{diag}(k_{11},k_{12},k_{13}) \\ \mathrm{diag}(k_{21},k_{22},k_{23}) \end{bmatrix},\quad \boldsymbol{K}_2 = \begin{bmatrix} k_{31} & 0 & 0 \\ 0 & k_{32} & 0 \\ 0 & 0 & k_{33} \end{bmatrix},$$

$$\boldsymbol{K}_3 = \begin{bmatrix} k_{41} & 0 & 0 \\ 0 & k_{42} & 0 \\ 0 & 0 & k_{43} \end{bmatrix},\quad \boldsymbol{K}_4 = \begin{bmatrix} k_{51} & 0 & 0 \\ 0 & k_{52} & 0 \\ 0 & 0 & k_{53} \end{bmatrix} \tag{3-83}$$

式中：

$$k_{1i}=-2\omega_{ci}(\zeta_{ni}-\zeta_i)\frac{1}{\omega_{0i}};k_{2i}=-2\omega_{0i}(\zeta_{ni}-\zeta_i);k_{3i}=\omega_{ci}。\tag{3-84}$$

其中：ζ_{ni}为陷波滤波器参数，用于调整陷波滤波器幅值；ζ_i 为相对阻尼比；$\zeta_{ni}>\zeta_i$ 决定了陷波滤波器的频率范围；$\omega_{ci}>\omega_{0i}$为陷波器的截止频率；ω_{0i}为海浪谱峰频率。上述参数需要满足如下关系式：

$$\frac{1}{\boldsymbol{T}_{bi}}\ll\frac{k_{5i}}{k_{4i}}<\omega_{0i}<\omega_{ci},i=1,2,3\tag{3-85}$$

这里，$\boldsymbol{T}_{\mathrm{b}}=\mathrm{diag}(T_{\mathrm{b1}},T_{\mathrm{b2}},T_{\mathrm{b3}})$为未建模环境扰动力模型中的时间系数矩阵。

3.7 仿真实例与结果分析

3.7.1 仿真实验方案

动力定位系统是一个闭环控制系统：首先通过状态估计滤波器估计当前时刻的位置与艏向，并将其输出给控制器；控制器将船舶当前位置与艏向和预定的目标位置与艏向作比较，通过控制算法计算得到抵消位置与艏向偏差以及外界干扰力所需要的推力，然后对推进系统发出指令，使其产生推力保持船舶所期望的位置与艏向。本章仿真实验的目的主要包括两个方面：一是验证本章所介绍的几种状态估计滤波器的滤波效果；二是分析和对比卡尔曼滤波与两种基于卡尔曼滤波的自适应滤波器的性能。

为了客观比较不同滤波器的性能，需要为所参与比较的滤波器提供相同控制力和力矩、参考位置、环境力参数等输入项。本章评估使用到的控制力与力矩由船位推算模型与控制算法组成的闭环系统提供，将产生的船舶低频位置数据叠加高斯白噪声作为参考位置来代替实船中由位置参考系统与罗经采集得到的数据。高斯白噪声用于模拟船舶在海上运动时的环境噪声及其他不确定因素所产生的干扰。另外，利用第二章介绍的风、浪、流载荷估算方法计算船舶实际受到的环境力，以此来模拟船舶动力定位系统每个控制周期环境载荷对船舶产生的作用。通过加入上述环境噪声能更真实地模拟海洋环境，更能充分对几种滤波器的稳定性及滤波效果进行分析和比较。

对仿真实验结果采用了两种评价标准：定性分析和定量分析。定性分析，即通过观察各个滤波器估计的低频位置曲线以分析滤波效果，评估滤波是否发散及是否平滑。定量分析可以精确地分析不同滤波器的性能差异，本章以滤波器估计值与船舶实际值的最小平方误差（MSE）作为定量评价标准：

$$\mathrm{MSE} = \sum_{i=1}^{n} (\boldsymbol{X}_{\mathrm{est}}^{i} - \boldsymbol{X}_{\mathrm{real}}^{i})^2 \tag{3-86}$$

式中:$\boldsymbol{X}_{\mathrm{est}}$为滤波器估计位置与艏向;$\boldsymbol{X}_{\mathrm{real}}$为船舶实际位置与艏向;$n$ 为仿真的控制周期。

仿真实验以 1:20 比例的一艘平台供应船船模为研究对象,其相关参数见表 3-2。

表 3-2　仿真用船舶模型参数

船长/m	3.65	设计吃水/m	0.33
设计水线长/m	3.645	方形系数	0.73
垂线间长/m	3.40	排水量/t	0.71
船宽/m	0.86	重心纵坐标/m	0.20
型深/m	0.40	纵向惯性半径/m	0.85

该船模的附加质量矩阵和水动力阻尼系数矩阵如下:

$$\boldsymbol{M} = \begin{bmatrix} 0.754 & 0 & 0 \\ 0 & 1.199 & 0.211 \\ 0 & 0.029 & 0.524 \end{bmatrix}, \boldsymbol{D} = \begin{bmatrix} 0.014 & 0 & 0 \\ 0 & 0.102 & -0.024 \\ 0 & 0.192 & 0.095 \end{bmatrix}$$

假定仿真实验中的风速为 5m/s,风向为正南风;波浪平均波幅为 0.1m,波长为 0.2m;流速为 0.2m/s,流向为北偏东 30°。

3.7.2　仿真结果与分析

本节针对每种状态估计滤波器的仿真结果主要通过四组曲线进行展示、比较和分析。前三组曲线分别为船舶在纵荡、横荡和艏摇三个自由度上的位置或艏向曲线,每组曲线分别对船舶的参考位置或艏向、滤波器估计出来的低频运动位置或艏向、船舶实际位置或艏向以及船舶实际位置或艏向与估计值之间的偏差进行比较;第四组曲线用于比较船舶实际运动轨迹与滤波之后的低频运动轨迹之间的差异。

1. 扩展卡尔曼滤波仿真结果与分析

选取波浪谱的谱峰频率 $\omega_{oi}=0.8\mathrm{rad/s}$,相对阻尼比 $\zeta_i=0.1$,波浪强度系数 $\boldsymbol{K}_{\omega}=\mathrm{diag}(0.5,0.5,0.5)$,环境力模型中的时间常量选为:

$$\boldsymbol{T}_b = \begin{bmatrix} 1000 & 0 & 0 \\ 0 & 1000 & 0 \\ 0 & 0 & 1000 \end{bmatrix}$$

离散时间步长 $h=0.2$,仿真中的过程噪声协方差 $\boldsymbol{Q}=\mathrm{diag}(0.1,0.1,0.05,0.1,$

0.1,0.05,0.01,0.01,0.005),观测噪声协方差 $\boldsymbol{R}=\mathrm{diag}(0.01,0.01,0.001)$。滤波结果如图3-14~图3-16所示。为方便读者阅读,以下对仿真结果的输出数据每隔10个控制周期进行一次采样。

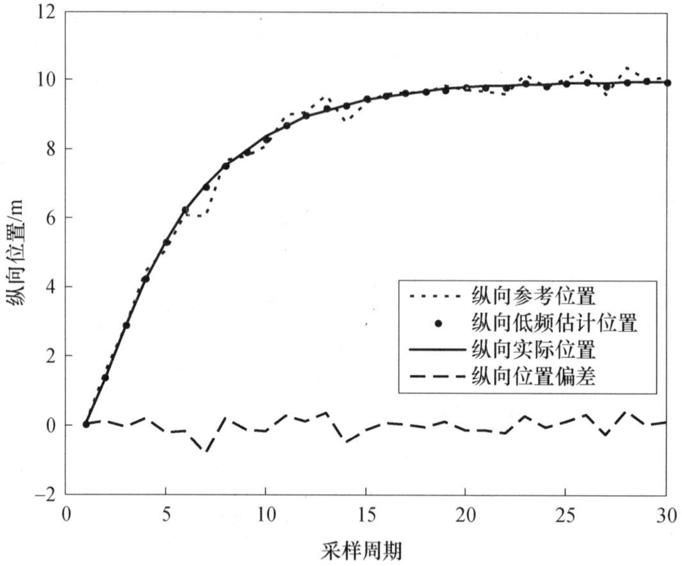

图3-14 船舶纵向位置仿真结果

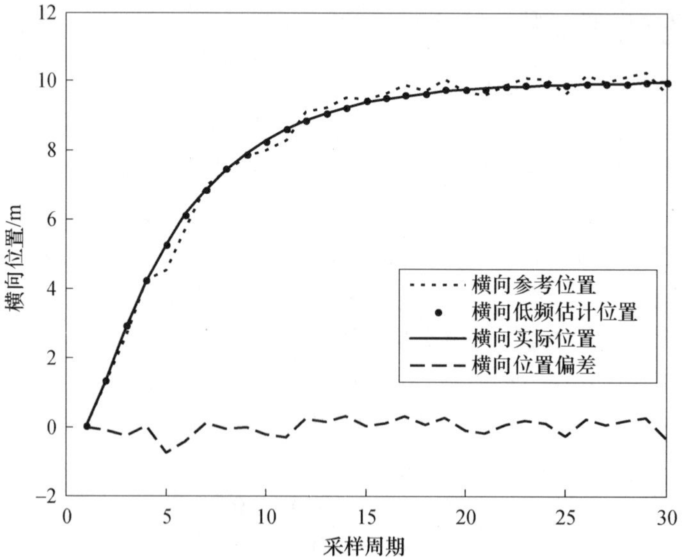

图3-15 船舶横向位置仿真结果

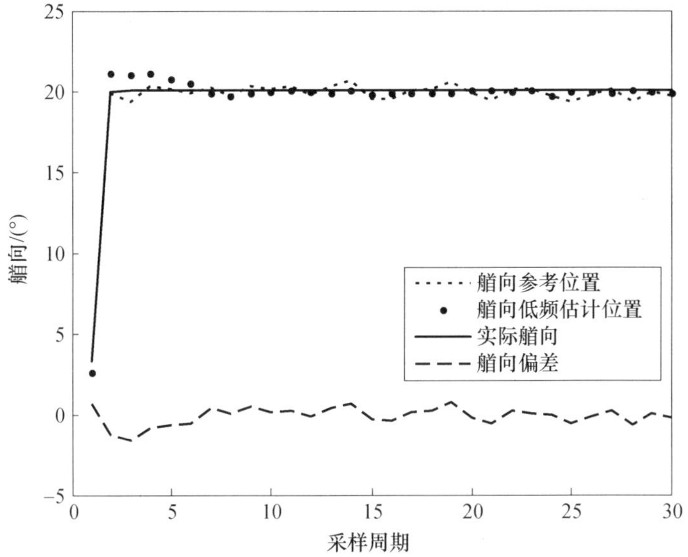

图 3-16　船舶艏向仿真结果

从图 3-14 ~ 图 3-16 可以看出，经过扩展卡尔曼滤波之后，船舶在三个自由度方向上的低频估计位置曲线波动平缓且最终趋于收敛，仅在定位初期艏摇方向上出现了短时间波动。这说明在参数调整好后，扩展卡尔曼滤波能达到比较好的滤波效果。图 3-17 描述了船舶在水平面内的定位轨迹，船舶在纵荡、

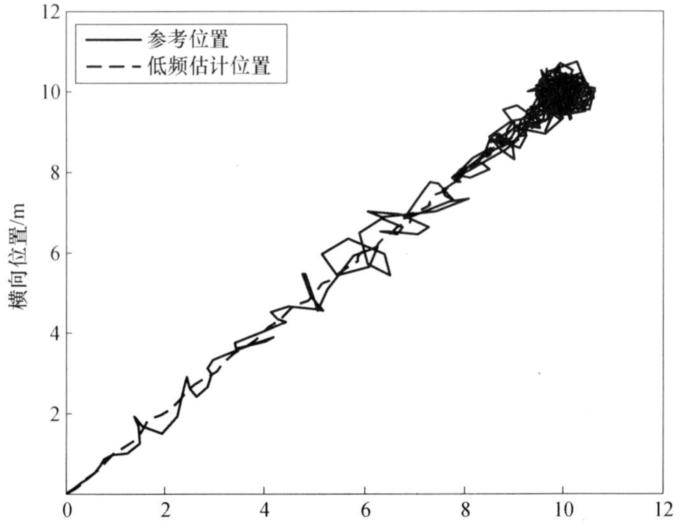

图 3-17　船舶水平面定位轨迹

横荡方向几乎同时到达预定位置，这虽与控制算法输出的控制力和力矩直接相关，但也从侧面反映了船舶纵荡、横荡方向上的滤波值与船位推算吻合度高，才能使得控制算法在纵荡、横荡上同时输出合理的控制力和力矩。

为了进一步比较扩展卡尔曼滤波器在不同参数设置下的性能差异，需要改变扩展卡尔曼滤波器内部的固有参数以分析不同参数的选取对滤波效果的影响，从而为工程应用中参数选取提供一定的参考。

扩展卡尔曼滤波器包含的参数有过程噪声协方差、测量噪声协方差、相对阻尼比、波浪强度系数、时间向量及离散步长。本章在进行扩展卡尔曼滤波器中某个参数调整时，其他参数在保证滤波效果比较好的前提下保持不变，滤波器参数变化对滤波效果的影响以式(3-86)为评价标准，具体仿真结果见表3-3~表3-10。

表3-3 过程噪声协方差$\boldsymbol{Q}_1$对滤波效果的影响

$\boldsymbol{Q}_1 = \mathrm{diag}(0.1, 0.1, 0.05) \times$系数									
系数	0.01	0.1	0.5	1	5	10	40	80	100
纵向MSE	6.36	6.39	6.55	6.74	8.07	9.35	13.35	15.29	15.74
横向MSE	4.36	4.39	4.53	4.68	5.74	6.73	9.64	10.93	11.21
艏向MSE	32.04	32.11	32.47	32.92	36.61	40.87	61.28	84.74	95.40
SMSE	42.76	42.89	43.55	44.34	50.42	56.95	84.27	110.96	122.35

表3-4 过程噪声协方差$\boldsymbol{Q}_2$对滤波效果的影响

$\boldsymbol{Q}_2 = \mathrm{diag}(0.1, 0.1, 0.05) \times$系数									
系数	0.01	0.1	0.5	1	5	10	40	80	100
纵向MSE	1.71	3.43	5.52	6.74	10.61	12.86	18.68	22.31	23.57
横向MSE	1.08	2.26	3.75	4.65	7.51	9.19	13.61	16.46	17.48
艏向MSE	42.81	32.55	32.17	33.59	40.78	45.34	55.69	60.35	61.62
SMSE	45.60	38.24	41.44	44.98	58.90	67.39	87.98	99.12	102.76

表 3-5　过程噪声协方差 $\boldsymbol{Q}_3$ 对滤波效果的影响

$\boldsymbol{Q}_3 = \mathrm{diag}(0.01, 0.01, 0.005) \times$ 系数									
系数	0.01	0.1	0.5	1	5	10	40	80	100
纵向 MSE	6.74	6.75	6.80	6.85	7.28	7.77	10.00	12.12	12.98
横向 MSE	4.65	4.65	4.68	4.71	4.96	5.25	6.62	7.99	8.56
艏向 MSE	33.59	33.68	34.06	34.53	37.62	40.50	49.41	54.44	55.93
SMSE	44.98	45.08	45.54	46.09	49.86	53.52	66.03	74.55	77.47

表 3-6　测量噪声协方差 $\boldsymbol{R}$ 对滤波效果的影响

$\boldsymbol{R} = \mathrm{diag}(0.01, 0.01, 0.001) \times$ 系数								
系数	0.01	0.05	0.1	0.5	1	5	10	50
纵向 MSE	3.92	1.80	1.29	0.60	0.45	0.27	0.23	0.21
横向 MSE	2.30	1.00	0.70	0.31	0.23	0.19	0.24	0.60
艏向 MSE	43.15	31.40	27.67	21.06	18.83	16.46	17.50	26.29
SMSE	49.37	34.20	29.66	21.97	19.51	16.92	17.97	27.10

表 3-7　离散步长 h 对滤波效果的影响

h	0.10	0.13	0.15	0.19	0.20	0.22	0.26	0.28	0.30
纵向 MSE	22.78	7.59	3.54	3.03	3.27	3.88	5.38	6.18	7.01
横向 MSE	17.45	5.96	2.63	1.95	2.09	2.51	3.65	4.28	4.94
艏向 MSE	1011.89	515.77	232.46	44.52	30.07	25.99	79.76	122.45	169.03
SMSE	1051.12	529.32	238.63	49.50	35.43	32.38	88.79	132.91	180.98

表 3-8 波浪强度系数对滤波效果的影响

波浪强度系数 = diag(0.5,0.5,0.5) × 系数									
系数	0.01	0.05	0.10	0.50	1.00	2.00	4.00	6.00	8.00
纵向 MSE	1.55	1.55	1.55	1.55	1.56	1.58	1.65	1.75	1.87
横向 MSE	0.98	0.98	0.98	0.98	0.98	1.00	1.04	1.11	1.19
艏向 MSE	30.90	30.90	30.90	31.01	31.32	32.59	37.56	45.49	55.96
SMSE	33.43	33.43	33.43	33.54	33.86	35.17	40.25	48.35	59.02

表 3-9 时间向量对滤波效果的影响

$\boldsymbol{T}_b$ = diag(1000,1000,1000) × 系数									
系数	0.01	0.01	0.05	0.10	0.50	1.00	5.00	10.00	50.00
纵向 MSE	0.23	1.09	1.30	1.50	1.52	1.55	1.55	1.55	1.55
横向 MSE	0.24	0.66	0.80	0.94	0.96	0.98	0.98	0.98	0.98
艏向 MSE	17.50	28.36	29.60	30.65	30.78	30.89	30.90	30.91	30.91
SMSE	17.97	30.11	31.70	33.09	33.26	33.42	33.43	33.44	33.44

表 3-10 相对阻尼比对滤波效果的影响

相对阻尼比	0.05	0.08	0.11	0.14	0.17	0.20
纵向 MSE	1.58	1.57	1.57	1.56	1.56	1.56
横向 MSE	1.00	1.00	0.99	0.99	0.99	0.98
艏向 MSE	39.97	36.43	34.37	33.01	32.05	31.32
SMSE	42.55	39.00	36.93	35.56	34.60	33.86

从表 3-3 ~ 表 3-10 中的仿真结果可以看出，选取不同的滤波器参数将对扩展卡尔曼滤波器的性能产生不同程度的影响。表 3-3 ~ 表 3-5 的仿真结果

表明,扩展卡尔曼滤波器的性能随着过程噪声 $\boldsymbol{Q}_1$、$\boldsymbol{Q}_2$ 和 $\boldsymbol{Q}_3$ 的增大而下降,过程噪声过大最终会导致滤波器的发散。因此,在实际工程应用中需要合理设置过程噪声参数。扩展卡尔曼滤波通常假设过程噪声已知,然而对于处于复杂海洋环境中的动力定位船舶是不现实的,因此有必要采取噪声参数估计方法对船舶动力定位系统中的过程噪声进行准确估计。

现有的针对船舶动力定位系统的噪声参数估计参考文献如下:Saelid 等人首次将参数估计方法与卡尔曼滤波相结合,估计波浪频率与噪声方差[9,27]。其中,参数估计方法采用递推预测误差估计(Recursive Prediction Error Estimation)算法[28]。Holzhuter 和 Strauch 利用自回归滑动平均模型(Autoregressive Moving Average Model, ARMA)对传感器测得的位移时间序列进行建模,再利用带常数遗忘因子的递推最小二乘法(Recursive Least Squares, RLS)对 ARMA 模型中的参数进行估计[29]。Fossen 和 Perez 采用递推极大似然(Recursive Maximum Likelihood, RML)估计的方法来估计高频运动模型中的噪声协方差[10,30]。祝晨等人提出利用期望最大算法实现对动力定位系统中的噪声参数估计[18]。李文娟等人将基于极大后验准则的 Sage - Husa 参数估计方法与无迹卡尔曼滤波相结合实现对动力定位船舶的噪声参数估计和状态估计[19]。感兴趣的读者可以查阅上述相关文献以便对参数估计方法做进一步的了解。

表 3 - 6 的仿真结果展示了不同测量噪声参数对滤波性能的影响。需要注意的是,在实际的动力定位系统中,测量噪声协方差 $\boldsymbol{R}$ 是由测量设备自身精度所决定的。从表 3 - 7 可以看出,离散时间步长 h 的选取对滤波性能的影响较大,而且并不是离散时间步长越小滤波的精度越高。从表 3 - 9 和表 3 - 10 可以发现,时间向量和相对阻尼比对滤波性能的影响较小,只要参数选取在合理的区间,滤波之后的效果差异并不明显。

需要注意的是,上述仿真结果的分析是在有限的滤波器参数设置下得出的结论,超出本章的参数设置范围是否可以得出相同的结论需要进行进一步验证。另外,从上述仿真结果可以看出,同一参数的不同取值变化可能会引起船舶在纵荡、横荡、艏摇上定量分析数据变化趋势不一致。因此,为了方便扩展卡尔曼滤波参数选择,本书将纵荡、横荡、艏摇三个方向的最小平方误差进行求和,即:

$$\mathrm{SMSE} = \sum_{j=1}^{3}\sum_{i=1}^{n}(X_{\mathrm{est}}^{i} - X_{\mathrm{real}}^{i})^{2} \tag{3-87}$$

根据 SMSE 的大小来对应选择合适的参数。

2. 渐消记忆滤波仿真结果与分析

渐消记忆滤波主要是通过不断调整系统过程噪声、测量噪声和误差协方差来达到适应模型的不精确性以及传感器噪声带来的位置估计误差,在滤波过程中逐渐减小历史数据权重,增大新测量值的权重。为了便于和扩展卡尔曼滤波方法进行对比,在渐消记忆滤波的仿真过程中选取与扩展卡尔曼滤波相同的公共参数,仿真结果如图 3-18 ~ 图 3-21 所示。

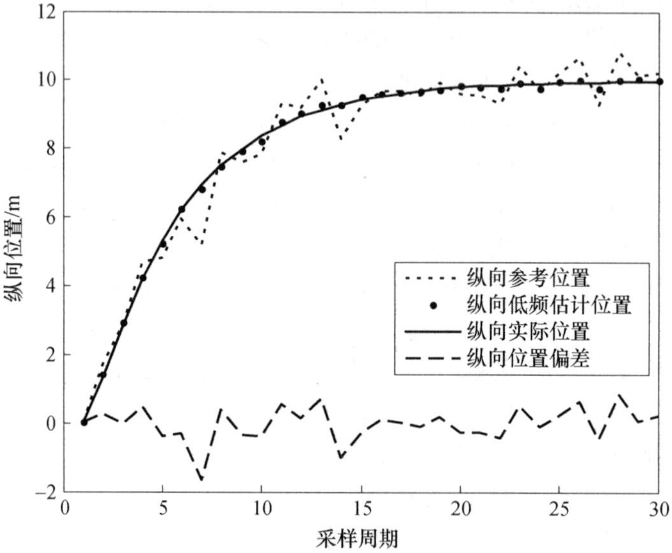

图 3-18　船舶纵向位置仿真结果

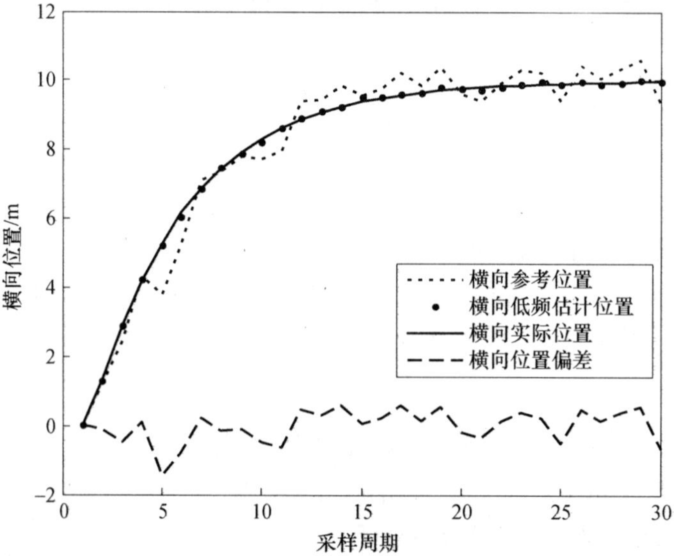

图 3-19　船舶横向位置仿真结果

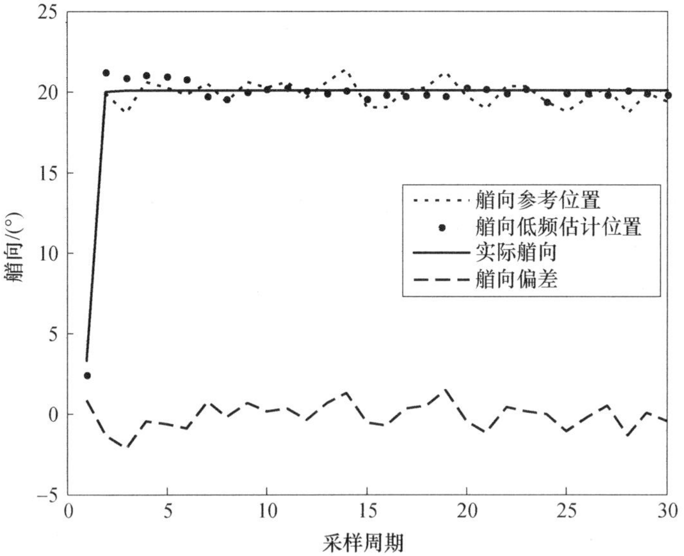

图 3－20　船舶艏向仿真结果

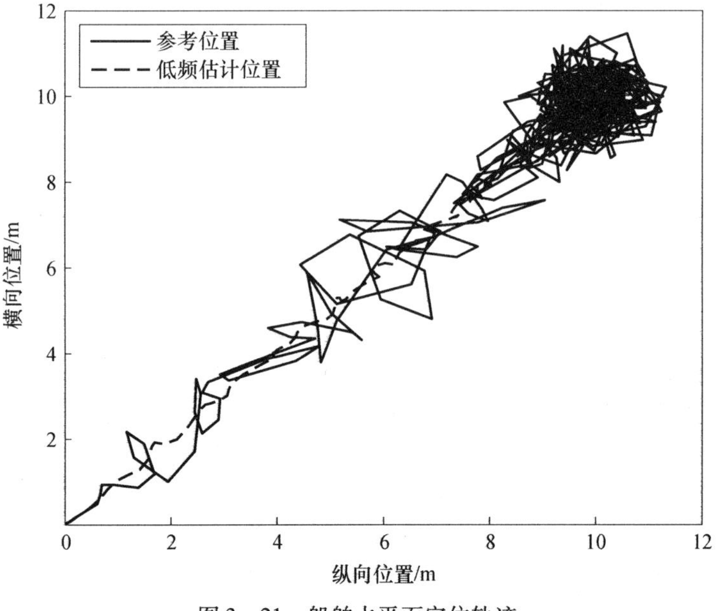

图 3－21　船舶水平面定位轨迹

从图 3－18～图 3－20 可以看出，渐消记忆滤波器在三个自由度上都有不错的滤波效果，滤波后得到的曲线波动幅度明显变小，较好地滤除了高频及噪声的影响且具有相当快的收敛速度。从定性仿真结果来看，渐消记忆滤波的效果与扩展卡尔曼滤波相近，若要进一步进行分析比较，还需对它们进行定量分析。

针对渐消记忆滤波器，同样需要通过改变滤波器内部参数来评估其对滤波性能的影响。由于渐消记忆滤波是对卡尔曼滤波的一种改进算法，其与扩展卡尔曼滤波相同的参数不再进行重复验证，而着重对渐消记忆因子 Ω 和历史观测数据个数 N 这两个参数对滤波效果的影响进行仿真分析，仿真结果见表 3 - 11 和表 3 - 12。

表 3 - 11　渐消记忆因子 Ω 对滤波性能的影响

Ω	1.001	1.003	1.005	1.007	1.009	1.011	1.013	1.015
纵向 MSE	1.69	1.98	2.32	2.73	3.33	4.36	5.88	8.03
横向 MSE	1.19	1.42	1.69	2.02	2.51	3.36	4.66	6.52
艏摇 MSE	304.36	273.67	258.27	253.14	262.27	309.16	402.87	507.58
SMSE	307.24	277.07	262.28	257.89	268.11	316.88	413.41	522.13

表 3 - 12　历史数据个数 N 对滤波性能的影响

N	3	4	5	6	7	8	9	10
纵向 MSE	2.26	2.48	2.73	3.04	3.47	4.06	4.82	5.76
横向 MSE	1.64	1.82	2.02	2.27	2.63	3.11	3.75	4.56
艏摇 MSE	260.12	254.96	253.14	255.82	266.58	292.47	338.58	396.02
SMSE	264.02	259.26	257.89	261.13	272.68	299.64	347.15	406.34

根据表 3 - 11 和表 3 - 12 可以看出渐消记忆因子 Ω 和历史观测数据个数 N 这两个参数对渐消记忆滤波器效果的影响。表 3 - 11 的仿真结果表明，在本章所采用的仿真环境下，当渐消记忆因子设置为 1.007 时渐消记忆滤波器的性能最佳。从表 3 - 12 可以看出，所采用历史数据个数的增多反而会影响滤波器的精度。

同样需要注意：这两个参数对船舶纵荡、横荡、艏摇三个自由度上的影响趋势也不完全一致，可以通过 SMSE 数值综合考虑滤波器参数的选取问题。

另外，因渐消记忆滤波可以看作是卡尔曼滤波的一种改进方法，为了能够更清晰的对比渐消记忆滤波和扩展卡尔曼滤波这两种算法的性能，在保证两者共有参数相同的条件下，本章分别比较了扩展卡尔曼滤波与渐消记忆滤波在不同渐消记忆因子和历史数据个数组合下的滤波效果，仿真结果见表 3－13。

表 3－13　渐消记忆滤波与扩展卡尔曼滤波性能对比

滤波方法 / 对比内容	扩展卡尔曼滤波	渐消记忆滤波			
		$\Omega=1.007$ $N=4$	$\Omega=1.007$ $N=5$	$\Omega=1.001$ $N=4$	$\Omega=1.001$ $N=5$
纵向 MSE	1.55	1.44	1.65	0.88	0.89
横向 MSE	0.97	0.91	1.06	0.57	0.58
艏摇 MSE	120.00	105.63	117.48	88.16	88.39
SMSE	122.52	107.98	120.19	89.61	89.86

从表 3－13 可以看出，通过选择合适的渐消记忆因子 Ω 和历史数据个数 N，就可以使渐消记忆滤波比扩展卡尔曼滤波在性能上有较大提高。

3. H_∞ 鲁棒滤波器仿真结果与分析

H_∞ 鲁棒滤波在应用于船舶动力定位系统时，对船舶所受的外界环境干扰、系统噪声、测量噪声的统计特性不做任何假设，而把它们当作能量有限的信号，从而提高其对船舶动力定位系统滤波时的鲁棒性。同样，为了便于和扩展卡尔曼滤波方法进行对比，在 H_∞ 鲁棒滤波的仿真过程中选取与扩展卡尔曼滤波相同的公共参数，仿真结果如图 3－22～图 3－25 所示。

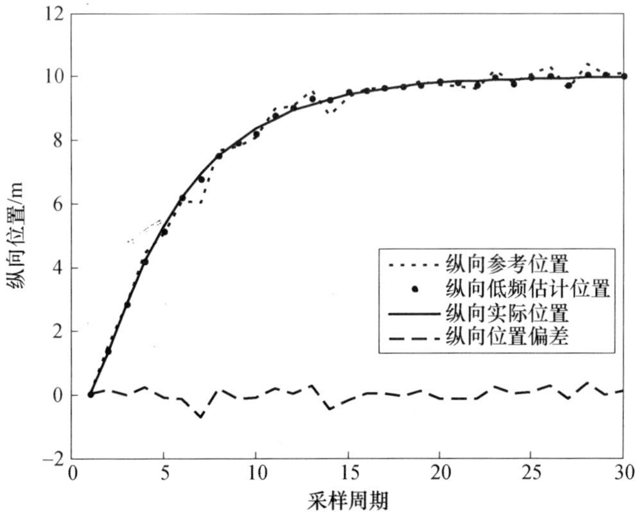

图 3－22　船舶纵向位置仿真结果

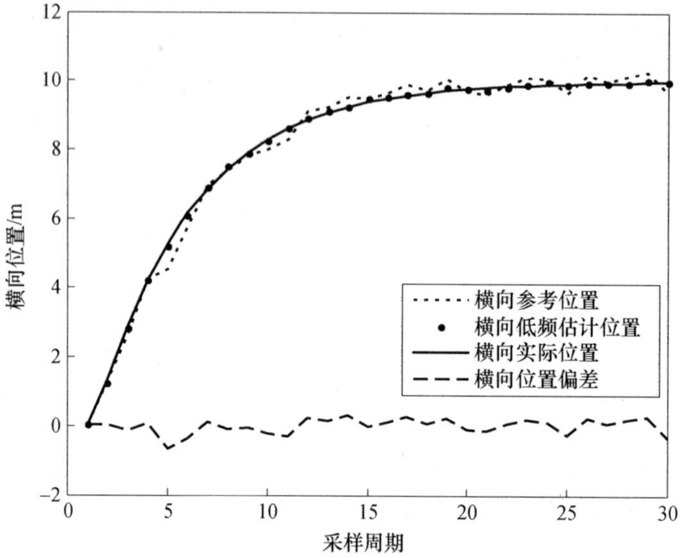

图 3 - 23　船舶横向位置仿真结果

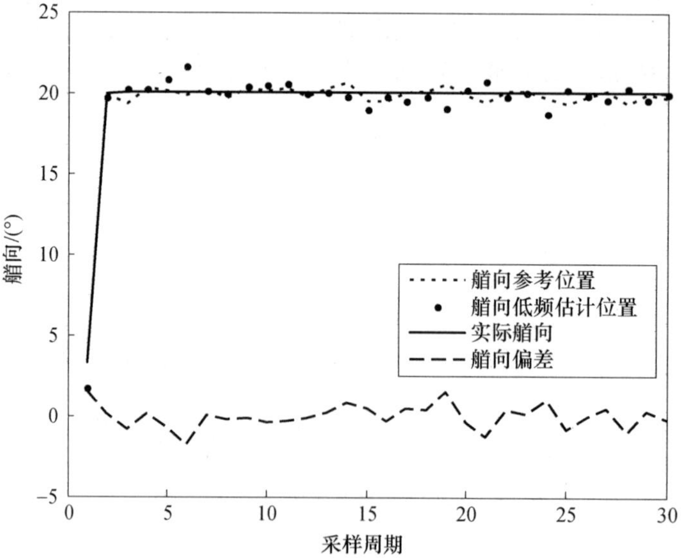

图 3 - 24　船舶艏向仿真结果

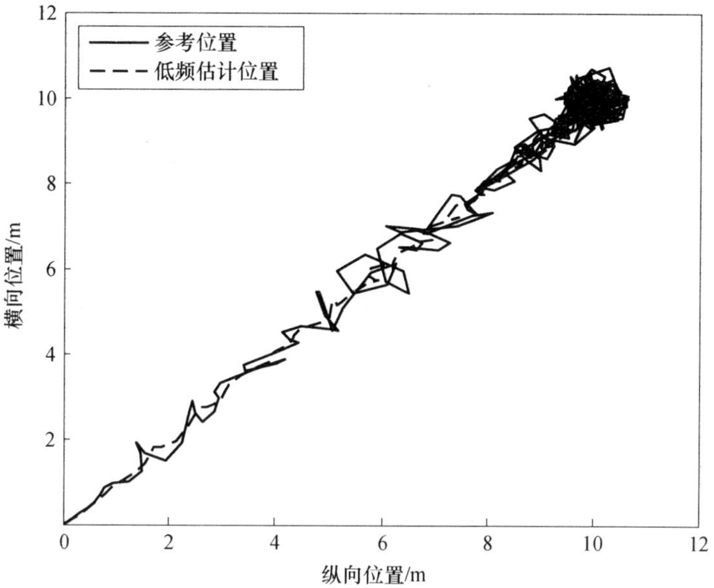

图 3 - 25 船舶水平面定位轨迹

从图 3 - 22 ~ 图 3 - 25 可以看出，H_∞ 鲁棒滤波器在纵向和横向位置上具有较好的滤波效果，滤波后曲线平滑且快速收敛，但是在艏摇方向上波动较为明显。

与扩展卡尔曼滤波和渐消记忆滤波类似，在仿真过程中可以通过改变 H_∞ 鲁棒滤波器内部参数来评估不同参数对滤波性能的影响。此处着重对标量参数 γ 进行仿真验证并分析 H_∞ 鲁棒滤波和扩展卡尔曼滤波共有参数取值一致的情况下，标量参数 γ 对滤波效果的影响，仿真结果见表 3 - 14。

表 3 - 14　H_∞ 鲁棒滤波与扩展卡尔曼滤波性能对比

滤波方法 / 对比内容	扩展卡尔曼滤波	H_∞ 滤波变量参数 γ				
		1.08	1.10	1.12	1.14	1.15
纵向 MSE	8.36	7.22	5.84	4.87	4.12	3.79
横向 MSE	5.99	5.40	4.31	3.53	2.91	2.62
艏摇 MSE	548.67	510.36	413.98	343.47	296.35	283.59
SMSE	563.02	522.98	424.13	351.87	303.38	290.00

从表 3 - 14 中的仿真结果可以看出，H_∞ 鲁棒滤波通过选择合适的标量参数 γ，可以使得滤波效果较扩展卡尔曼滤波有较大的提高，这也进一步验证了前

面针对 H_∞ 鲁棒滤波的理论分析。

4. 非线性无源滤波仿真结果与分析

仿真过程中所选取的波浪谱的谱峰频率 ω_{oi}，相对阻尼比 ζ_i，环境力模型中的时间常量 $\boldsymbol{T}_b$、离散时间步长 h 与扩展卡尔曼滤波相同。选取陷波滤波器截止频率 $\omega_{ci}=0.96$，陷波滤波器参数 $\zeta_{ni}=0.5$，相对阻尼比 $\zeta_i=0.1$。通过上述参数计算得到的增益系数矩阵为：

$$\boldsymbol{K}_1=\begin{bmatrix}-0.96 & 0 & 0\\ 0 & -0.96 & 0\\ 0 & 0 & -0.96\\ 0.64 & 0 & 0\\ 0 & 0.64 & 0\\ 0 & 0 & 0.64\end{bmatrix},\boldsymbol{K}_2=\begin{bmatrix}0.96 & 0 & 0\\ 0 & 0.96 & 0\\ 0 & 0 & 0.96\end{bmatrix}$$

$$\boldsymbol{K}_4=\begin{bmatrix}0.1 & 0 & 0\\ 0 & 0.1 & 0\\ 0 & 0 & 0.01\end{bmatrix},\boldsymbol{K}_3=0.5\boldsymbol{K}_4$$

仿真结果如图 3－26～图 3－29 所示。

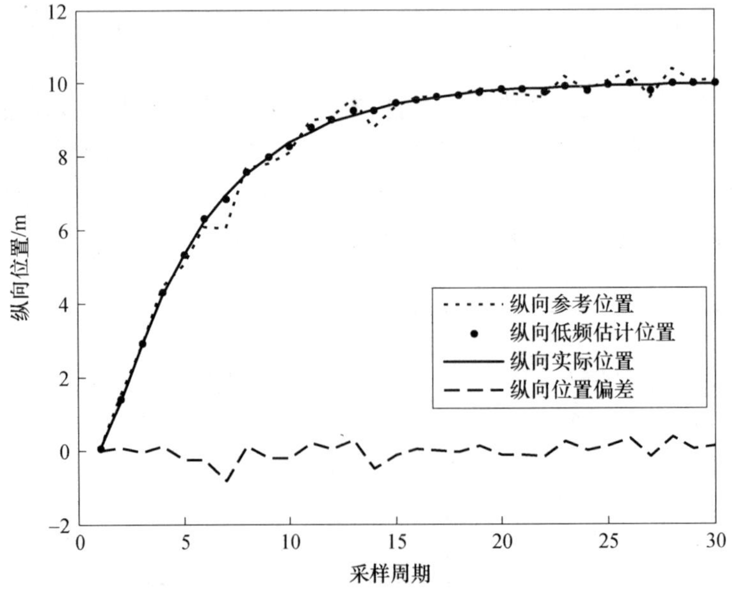

图 3－26　船舶纵向位置仿真结果

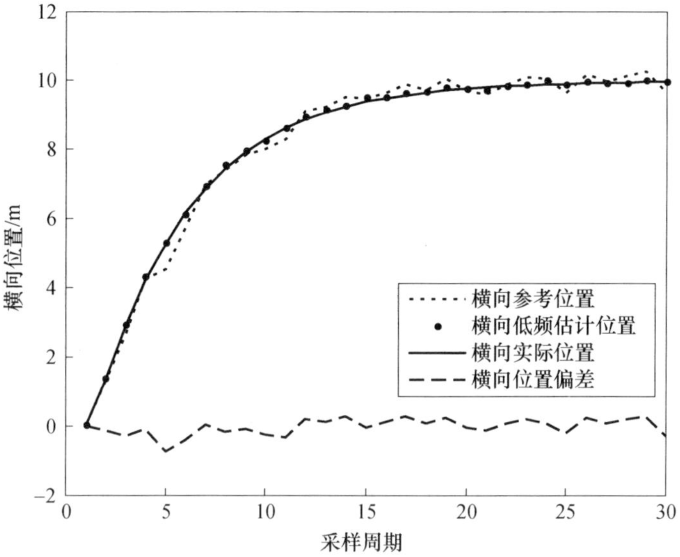

图 3－27　船舶横向位置仿真结果

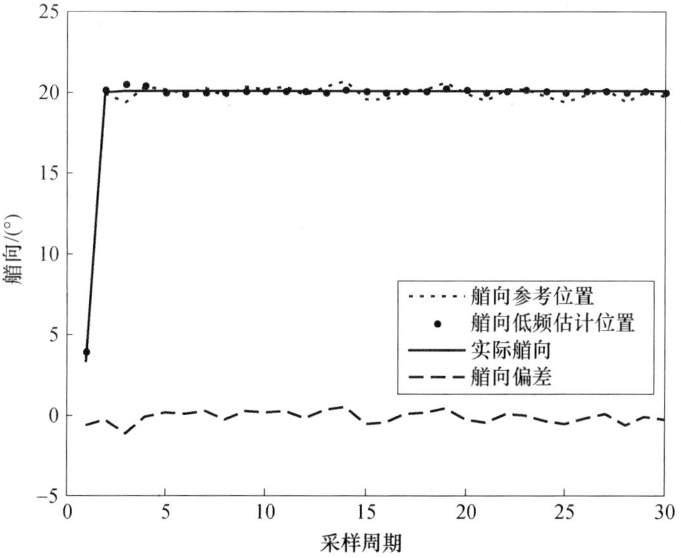

图 3－28　船舶艏向仿真结果

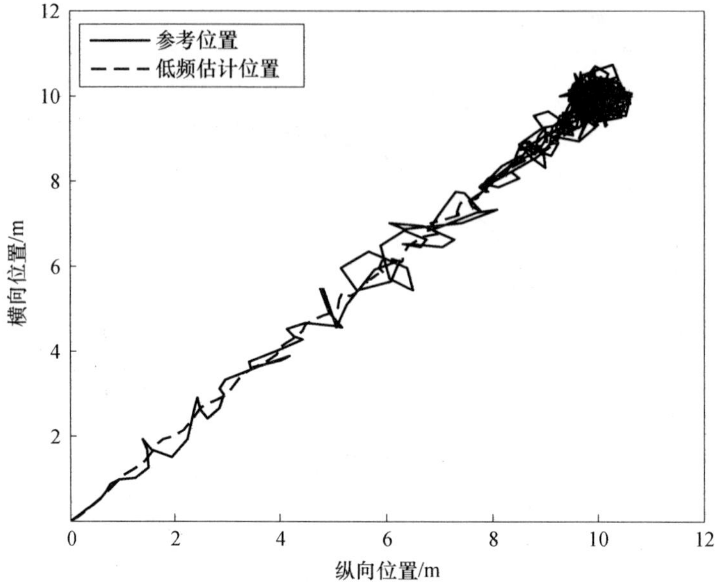

图 3-29　船舶水平面定位轨迹

从图 3-26~图 3-29 可以看出,通过选取合理的参数,非线性无源滤波器同样能达到良好的滤波效果,船舶在三个方向上的位置均收敛于预设定位点,且对于高频及噪声有明显的抑制作用。从图 3-28 可以看出,非线性无源滤波在艏摇方向上滤波后曲线相对于扩展卡尔曼滤波更为平滑。

同样,通过改变非线性无源滤波器相关参数,我们可以定量地分析这些参数的变化对滤波器性能的影响,具体参数包括:采样周期 t、标量参数 γ、增益矩阵 K_3 和 K_4、时间常数 T_b、波浪谱的谱峰频率 ω_{oi}、陷波滤波器截止频率 ω_{ci} 和陷波滤波器参数 ζ_{ni} 及 ζ_i。具体仿真结果见表 3-15~表 3-20。

表 3-15　采样周期对滤波性能的影响

采样周期	0.10	0.12	0.14	0.16	0.18	0.20	0.22	0.24	0.26
纵向 MSE	0.49	0.72	1.01	1.36	1.89	2.73	3.95	5.27	6.15
横向 MSE	0.49	0.79	1.19	1.70	2.24	2.69	2.98	3.38	4.41
艏摇 MSE	89.76	87.68	72.15	49.93	29.65	20.69	36.42	95.96	214.36
SMSE	90.74	89.19	74.35	52.99	33.78	26.11	43.35	104.61	224.92

表 3-16 标量参数 γ 对滤波性能的影响

γ	10	50	100	300	500	800	1200	1500	2000
纵向 MSE	184.78	3.49	2.99	2.77	2.73	2.71	2.69	2.69	2.68
横向 MSE	27.43	2.85	2.76	2.70	2.69	2.68	2.68	2.68	2.67
艏摇 MSE	129.39	42.65	31.49	22.67	20.69	19.74	19.32	19.19	19.09
SMSE	341.60	48.99	37.24	28.14	26.11	25.13	24.69	24.56	24.44

表 3-17 增益矩阵对滤波性能的影响

增益矩阵 $\boldsymbol{K}_3=\mathrm{diag}(0.5,0.5,0.05)\times$系数、$\boldsymbol{K}_4=\mathrm{diag}(0.1,0.1,0.01)\times$系数									
系数	0.05	0.1	0.3	0.5	0.7	1	2	3	4
纵向 MSE	2.67	2.68	2.69	2.70	2.71	2.73	2.79	2.85	3.04
横向 MSE	2.67	2.67	2.68	2.68	2.68	2.69	2.71	2.72	2.85
艏摇 MSE	18.95	18.97	19.15	19.48	19.91	20.69	23.68	26.53	31.07
SMSE	24.29	24.32	24.52	24.86	25.30	26.11	29.18	32.10	36.96

表 3-18 时间向量对滤波性能的影响

时间向量 $\boldsymbol{T}_b=\mathrm{diag}(1000,1000,1000)\times$系数									
系数	0.05	0.1	0.3	0.5	0.7	1	2	3	4
纵向 MSE	2.72	2.72	2.73	2.73	2.73	2.73	2.73	2.73	2.84
横向 MSE	2.69	2.69	2.69	2.69	2.69	2.69	2.69	2.69	2.80
艏摇 MSE	19.67	20.05	20.48	20.60	20.65	20.69	20.74	20.76	31.07
SMSE	25.08	25.46	25.90	26.02	26.07	26.11	26.16	26.18	36.71

表 3-19 波浪谱谱峰频率及陷波滤波器截止频率对滤波性能的影响

波浪谱谱峰频率 $\omega_0=\mathrm{diag}(0.8,0.8,0.8)\times$系数、陷波滤波器截止频率 $\omega_i=\mathrm{diag}(0.96,0.96,0.96)\times$系数									
系数	0.3	0.4	0.6	0.8	1	1.2	1.4	1.6	1.8
纵向 MSE	1.50	1.21	1.43	1.98	2.73	3.64	4.69	5.86	7.10
横向 MSE	1.09	1.17	1.51	2.02	2.69	3.51	4.46	5.53	6.67
艏摇 MSE	47.89	32.92	21.04	19.37	20.69	23.03	25.78	28.72	31.73
SMSE	50.48	35.30	23.98	23.37	26.11	30.18	34.93	40.11	45.50

表 3-20 陷波滤波器参数对滤波性能的影响

陷波滤波器参数 ζ_{ni} = diag(0.5,0.5,0.5) × 系数、ζ_i = diag(0.1,0.1,0.1]) × 系数									
系数	0.1	0.25	0.4	0.5	0.7	1	1.3	1.6	2
纵向 MSE	2.73	2.74	2.75	2.75	2.75	2.73	2.67	2.59	2.45
横向 MSE	2.64	2.66	2.68	2.69	2.70	2.69	2.65	2.59	2.48
艏摇 MSE	32.14	26.67	24.74	23.75	22.22	20.69	19.71	19.08	18.58
SMSE	37.51	32.07	30.17	29.19	27.67	26.11	25.03	24.26	23.51

从表 3-15 ~ 表 3-20 中的仿真结果可以看出,选取不同的滤波器参数将对非线性无源滤波器的性能产生不同程度的影响。其中,滤波效果受采样周期的影响最大,采样周期选择不合理会严重影响船舶在三个自由度上的状态估计误差。

通过对比扩展卡尔曼滤波和非线性无源滤波的仿真结果可以看出,非线性无源滤波器中包含的参数较少,从理论上来讲比扩展卡尔曼滤波更容易进行参数调整。扩展卡尔曼滤波应用于船舶动力定位系统时需要确定过程噪声协方差 $\boldsymbol{Q}$ 和测量噪声协方差 $\boldsymbol{R}$,而非线性无源滤波将其用测量值的估计偏差代替,因此非线性无源滤波在仿真和工程实现上相对容易。

通过定量分析扩展卡尔曼滤波和非线性无源滤波的仿真结果可以发现,在采样周期选取比较合理的情况下,非线性无源滤波器的性能要优于扩展卡尔曼滤波,它可以为控制算法提供更准确的船舶低频运动信息。然而,无论是扩展卡尔曼滤波、基于卡尔曼滤波的自适应滤波方法,还是非线性无源滤波,当其应用于船舶动力定位系统中时,必须考虑滤波方法自身的收敛性和稳定性以及与控制算法组成闭环回路时的整体稳定性。

参考文献

[1] 张孝芳,庞晓楠. 基于 M 估计的抗野值卡尔曼滤波方法[J]. 太赫兹科学与电子信息学报,2005,3(2):114-117.

[2] 衣鹏飞. 船舶动力定位位置参考系统信息融合方法研究[D]. 哈尔滨:哈尔滨工程大学,2011.

[3] 牟聪. 多传感器数据融合系统中数据预处理的研究[D]. 西安:西北工业大学,2006.

[4] 周中良,王阳,何景峰. 基于自适应学习的多传感器融合时间管理[J]. 电光与控制,2007,14(06):33-35.

[5] 边信黔,付明玉,王元慧. 船舶动力定位[M]. 北京:科学出版社,2011.

[6] 丁浩晗,冯辉,徐海祥等. 基于改进加权融合算法的动力定位数据融合[J]. 武汉理工大学学报(交通科学与工程版),2016,40(4):663 - 669.

[7] Fossen T I. Handbook of marine craft hydrodynamics and motion Control[M]. New York:John Wiley & Sons,2011.

[8] Balchen J G,Jenssen N A,Selid S. Dynamic positioning using Kalman filtering and optimal control theory [C]. IFAC/IFIP Symposium on Automation in Offshore Oil Field Operation. 1976:183 - 186.

[9] Sælid S,Jenssen N,Balchen J. Design and analysis of a dynamic positioning system based on Kalman filtering and optimal control[J]. IEEE Transactions on Automatic Control,1983,28(3):331 - 339.

[10] Fossen T I,Perez T. Kalman filtering for positioning and heading control of ships and offshore rigs[J]. IEEE Control Systems,2009,29(6):32 - 46.

[11] Xu L K,Xu H X,Feng H. Estimation of low - frequency motion for ship Dynamic Positioning[C]. 9th International Conference on Natural Computation (ICNC). 2013:1655 - 1659.

[12] 卞鸿巍,李安,覃方君. 现代信息融合技术在组合导航中的应用[M]. 北京:国防工业出版社,2010.

[13] 高社生,何鹏举,杨波. 组合导航原理及应用[M]. 西安:西北工业大学出版社,2012.

[14] 卜德华. 船舶动力定位系统状态估计研究[D]. 武汉:武汉理工大学,2014.

[15] 辜道威,程鹏飞,蔡艳辉等. 卡尔曼滤波与 H_∞ 滤波在INS/GPS组合导航中的应用[J]. 全球定位系统,2011,(03):26 - 28.

[16] 李庆华. H_∞ 滤波理论在多传感器信息融合状态估计中的应用研究[D]. 济南:山东大学,2009.

[17] 柳青远,刘以安,李一名. H_∞ 滤波及数据融合在目标跟踪中的应用[J]. 华东船舶工业学院学报(自然科学版),2003,17(5):52 - 56.

[18] 祝晨. 船舶动力定位自适应非线性观测器研究[D]. 武汉:武汉理工大学,2015.

[19] 李文娟. 船舶动力定位系统中的非线性状态估计及推力分配研究[D]. 武汉:武汉理工大学,2014.

[20] Li W J,Xu H X,Feng H. Wave filtering of ship dynamic positioning system using particle filter[J]. Applied Mechanics & Materials,2013,397 - 400:551 - 555.

[21] Fossen T I,Strand J P. Passive nonlinear observer design for ships using lyapunov methods:full - scale experiments with a supply vessel[J]. Automatica,1998,35(1):3 - 16.

[22] 卜德华,徐海祥,李文娟等. 基于非线性无源滤波器的船舶动力定位仿真[J]. 武汉理工大学学报,2013,35(10):69 - 73.

[23] Bu D H,Xu H X,Li W J. Simulation of ship dynamic positioning based on nonlinear passive filter[C]. 9th International Conference on Natural Computation (ICNC),Shenyang,China. 2013:310 - 318.

[24] Kalman R E. A New approach to linear filtering and prediction problems[J]. Journal of Basic Engineering Transactions of the ASME,1960,82 (D):35 - 45.

[25] Cadet O. Introduction to Kalman filter and its use in dynamic positioning systems[C]. Dynamic Positioning Conference. 2003:1 - 33.

[26] Fossen T I,T. Perez. Kalman filtering for positioning and heading control of ships and offshore rigs[J]. IEEE Control Systems,2009,29(6):32 - 46.

[27] Saelid S,Jenssen N A. Adaptive ship autopilot with wave filter[J]. Modeling,Identification and Control,1983,4(1):33 - 46.

[28] Ljung L. Analysis of a general recursive prediction error identification algorithm[J]. Automatica, 1981, 17(1): 89 – 99.

[29] Holzhuter T. On robustness of course keeping autopilots[C]. Proc. IFAC Workshop on Control Applications in Marine Systems, Genova, Italy. 1992: 235 – 244.

[30] Fossen T I, Johansen T A, Perez T. A survey of control allocation methods for underwater vehicles[J]. Underwater vehicles, 2009: 109 – 128.

第 4 章　动力定位控制

作为动力定位控制系统的关键部分，控制器在动力定位系统中起到了承上启下的作用：控制器以第 3 章中的滤波器所得到的状态估计量作为其反馈输入，根据控制算法计算出期望信号输出至执行器，从而使得整个系统形成了闭环，实现了基于最优状态估计的船舶运动闭环反馈控制[1-4]。由此可见，控制算法是控制器乃至整个动力定位控制系统的核心。

控制领域中的诸多控制方法可以作为控制算法的选择，并且其中一些控制算法已被应用于欠驱船舶控制当中[5-9]。尽管动力定位船舶大多都是过驱船舶，但欠驱船舶的控制算法及其控制思想对动力定位船舶的控制算法研究有着十分重要的参考意义。与欠驱船舶控制相同，船舶动力定位系统中的控制算法不仅可以计算船舶位置改变所需的力和力矩，还影响着对船舶推进系统的控制。现阶段船舶运动数学模型的准确度和各种船用测量仪器的精度都还存在一定的误差及不确定因素，因此优良的控制算法应该具有较大的冗余度，来解决海况多变性、船舶模型不准确性、设备误差等带来的问题，以达到工程应用的要求[10,11]。在控制领域中，有诸多算法能够解决上述问题，本章主要介绍了几种具有代表性且已经应用于船舶动力定位系统中的控制算法，包括 PID 控制[2-4,12]、LQ 控制[1,13]、反步积分控制[14-19]和模糊控制[20-24]等，最后还结合了其中部分算法设计出了一套应用于变海况下的船舶动力定位混合切换控制器[25]。需要注意的是，本章以北东坐标系作为固定坐标系。

4.1　PID 控制算法

4.1.1　PID 控制原理

作为模拟控制系统中最为常用的控制器，模拟 PID 控制系统原理如图 4-1 所示[26]。系统由模拟 PID 控制器和被控对象组成。模拟 PID 控制器将设定值 $r(t)$ 与实际输出值 $c(t)$ 的模拟偏差量作为输入量 $e(t)=r(t)-c(t)$，然后将偏差的比例（P）、积分（I）和微分（D）分量通过线性组合构成控制量，并作用于被控对象，故称为模拟 PID 控制器，简称 PID 控制器。

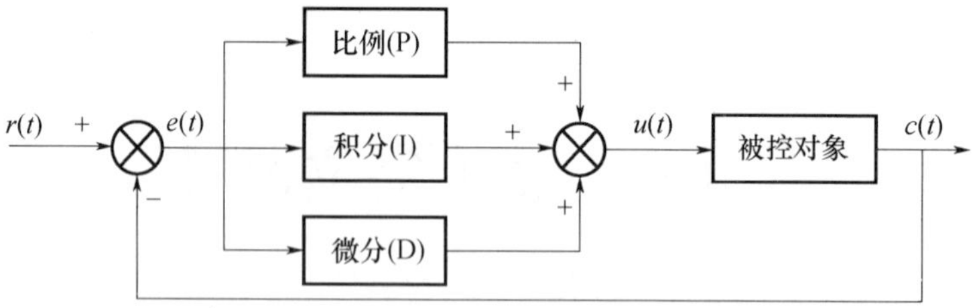

图 4-1 PID 系统原理图

PID 控制器的输出为:

$$u(t) = K_{\mathrm{p}}\left[e(t) + \frac{1}{T}\int_{0}^{t} e(t)\mathrm{d}t + \frac{T_{d}\mathrm{d}e(t)}{\mathrm{d}t}\right] \tag{4-1}$$

或表现为传递函数:

$$G(s) = K_{p}(1 + \frac{1}{T_{i}s} + T_{d}s) \tag{4-2}$$

式中:K_p为比例系数;T_i为积分时间常数;T_d为微分时间常数。

从船舶运动控制系统的稳定性、响应速度、超调量和稳态精度等各方面来考虑,参数 K_p、T_i、T_d的作用如下:

(1) 比例分量:加快系统的响应速度,提高系统的调节灵敏度。K_p越大,系统的响应速度越快,系统的调节灵敏度越高,即对偏差的分辨率越高。若 K_p取值过大,将产生振荡,甚至导致系统的不稳定;若 K_p取值过小,则会降低调节精度,尤其会使系统响应速度变缓,从而延长调节时间,使系统动态特性变差。

(2) 积分分量:消除系统的静态误差。T_i越小,积分作用越强,系统静态误差消除越快。若 T_i过小,响应过程的初期会产生积分饱和现象,从而引起响应过程的较大超调,甚至出现振荡;若 T_i过大,将使系统静态误差在短时间内难以消除,影响系统调节精度。

(3) 微分分量:改善系统的动态特性。微分分量反映系统偏差信号的变化趋势,主要是在响应过程中抑制偏差向任何方向变化,对偏差变化进行提前预报,能在偏差信号幅值变得过大之前,对系统引入一个有效的早期修正信号,从而加快系统的响应速度,减少调节时间。T_d越大,微分响应越灵敏。若 T_d过大,则会使响应过程过分提前制动,反而在控制过程中引起振荡,延长了调节时间,降低了调节品质;若 T_d过小,则控制器微分作用过弱,无法达到加快系统响应速度的目的。

4.1.2 数字 PID 控制算法

动力定位系统中采用的计算机控制是一种离散化的采样控制,它只能根据采样时刻的偏差计算控制量,因此模拟 PID 控制算法不能直接使用,需要将其进行离散化,即需采用数字 PID 控制算法[27]。

1. 位置式 PID 控制算法

对连续系统的 PID 控制算法进行离散化,即以一系列的采样时间点 kT 代表连续时间 t,以求和代替积分,以增量代替微分,对控制律做如下近似处理:

$$\begin{cases} t \approx kT, k = 0,1,2,\cdots \\ \int_0^t e(t)\mathrm{d}t \approx T\sum_{j=0}^{k} e(jT) = T\sum_{j=0}^{k} e(j) \\ \dfrac{\mathrm{d}e(t)}{\mathrm{d}t} \approx \dfrac{e(KT) - e[(k-1)T]}{T} = \dfrac{e(k) - e(k-1)}{T} \end{cases} \tag{4-3}$$

为了保证足够的采样精度,采样周期 T 必须足够短。将式(4-3)代入式(4-1),可得到离散化的 PID 表达式:

$$u(k) = K_p e(k) + K_i \sum_{j=0}^{k} e(j) + K_d[e(k) - e(k-1)] \tag{4-4}$$

式中:k 为采样序号;$u(k)$ 为第 k 采样时刻计算机的输出值;$e(k)$ 为第 k 采样时刻输入的偏差;$e(k-1)$ 为第 $k-1$ 采样时刻输入的偏差值;$K_i = K_p T/T_i$;$K_d = K_p T_d/T$。

积分项的作用是消除静差,为了提高积分项的运算精度,可将矩形积分改成梯形积分。梯形积分的计算公式为:

$$\int_0^t e(t)\mathrm{d}t = \sum_{t=0}^{k} \frac{e(i) + e(i-1)}{2} T \tag{4-5}$$

2. 增量式 PID 控制算法

位置 PID 控制算法计算时要对偏差 $e(k)$ 进行累加,而且计算机输出的 $u(k)$ 对应的是执行机构的实际位置,当计算机出现故障时,$u(k)$ 会大幅度的变化,这将引起执行机构位置的大幅度变化,这时应采用增量式 PID 控制算法,其控制量是 $\Delta u(k)$,根据递推原理有:

$$u(k-1) = K_p e(k-1) + K_i \sum_{j=0}^{k-1} e(j) + K_d[e(k-1) - e(k-2)] \tag{4-6}$$

$$\Delta u(k) = K_p[e(k) - e(k-1)] + K_i e(k) + K_d[e(k) - 2e(k-1) + e(k-2)] \tag{4-7}$$

式(4-7)称为增量式 PID 控制算法。

就系统而言,位置式与增量式控制算法并无本质区别,但增量式控制虽然只是在算法上做了一点改进,却带来很多优势[27]:

(1) 由计算机输出增量,错误动作产生时对系统影响较小,必要时可用逻辑判断的方法去除;

(2) 手动/自动切换时冲击小,便于实现无扰动切换;

(3) 增量式 PID 算式不需要累加。控制增量 $\Delta u(k)$ 的确定仅与最近三次采样值有关,所以较容易通过加权处理来获得较好的控制效果。

增量式控制也有其不足之处:若积分截断效应大,则会产生静态误差。

4.2 线性二次型(LQ)最优控制算法

4.2.1 最优控制原理

作为现代控制理论当中的重要组成部分之一,最优控制其目标为在完成所要求的控制任务时,希望系统的某种性能指标具有最优值[13]。针对不同系统的要求,可以设计出各种性能指标。最优控制就是使控制系统的某一种性能指标为最优。

通常研究最优控制是将最优控制问题抽象成数学问题,用严格的数学语言表达出来。从数学观点看,最优控制理论就是求解一类带有约束条件的泛函极值问题。目前,在研究最优控制理论中,常用的方法有两种:一种是苏联学者庞特里亚金(L. S. Pontryagin)提出的“最小值原理”;另一种是美国学者贝尔曼(R. E. Bellman)提出的“动态规划”。

1. 受控系统数学模型

描述和解决最优控制问题首先要建立受控系统的数学模型。一般做法是:根据动力学、运动学的基本定律,经合理简化,直接写出描述受控系统运动规律的微分方程。对于难以用解析方法列出微分方程的复杂受控系统,需要通过“辨识”的途径,确定系统的结构与参数,从而建立系统的数学模型。

不论用何种方法,一个集中参数的受控系统总可以用一组一阶常微分方程来描述[28],即状态方程,一般可表示为

$$\dot{\boldsymbol{x}}(t) = \boldsymbol{f}[\boldsymbol{x}(t), \boldsymbol{u}(t), t] \tag{4-8}$$

式中:$x^{\mathrm{T}} = (x_1, x_2, \cdots, x_n)$ 为 n 维的状态向量;$\boldsymbol{u}^{\mathrm{T}} = (u_1, u_2, \cdots, u_r)$ 为 r 维控制向量;t 为实数自变量;$\boldsymbol{f} = (f_1, f_2, \cdots, f_n)$ 为 $\boldsymbol{x}$、$\boldsymbol{u}$ 和 t 的 r 维函数向量。

定常非线性系统、线性时变及定常系统的状态方程分别为:

$$\dot{\boldsymbol{x}}(t) = \boldsymbol{f}[\boldsymbol{x}(t), \boldsymbol{u}(t)]$$

$$\dot{\boldsymbol{x}}(t) = \boldsymbol{A}(t)\boldsymbol{x}(t) + \boldsymbol{B}(t)\boldsymbol{u}(t)$$

$$\dot{\boldsymbol{x}}(t) = \boldsymbol{A}\boldsymbol{x}(t) + \boldsymbol{B}\boldsymbol{u}(t)$$

它们都是式(4-8)的一种特殊情况。

2. 目标集

式(4-8)系统在控制向量 $\boldsymbol{u}(t)$ 作用下,总要发生从一个状态到另一个状态的转移。如果将状态 $\boldsymbol{x}(t)$ 视为 r 维欧氏空间中的一个点,那么状态转移就可以理解为 r 维空间中点的运动。最优控制问题中起始状态 $\boldsymbol{x}(t_0)$(简称初态)通常是已知的,即 $\boldsymbol{x}(t_0)=\boldsymbol{x}_0$。而最终达到的状态 $\boldsymbol{x}(t_f)$(简称末态),是控制过程所要到达的目标,因问题而异,它可以是状态空间的一个规定点,更为一般的情况是末态要落在事先规定的范围内。也就是说,末态的有些分量是固定的数,有些分量可以在一些范围内变化,甚至可以是任意的。对末态的要求,一般可以用如下的末态约束条件来表示:

$$\boldsymbol{g}[\boldsymbol{x}(t_f),t_f]=\boldsymbol{0} \tag{4-9}$$

$$\boldsymbol{h}[\boldsymbol{x}(t_f),t_f]\leqslant\boldsymbol{0} \tag{4-10}$$

它们概括了对末态的一般要求。实际上,末态约束条件式(4-9)和式(4-10)规定了状态空间的一个时变和非时变的集合,此种满足末态约束的集合称为目标集,记为 M,可表示为:

$$M=\{\boldsymbol{x}(t_f):\boldsymbol{x}(t_f)\in\boldsymbol{R}^{\mathrm{n}},\boldsymbol{g}[\boldsymbol{x}(t_f),t_f]=\boldsymbol{0},\boldsymbol{h}[\boldsymbol{x}(t_f),t_f]\leqslant\boldsymbol{0}\}$$

3. 容许控制

控制向量 $\boldsymbol{u}$ 的各个分量 u_i 可以是具有不同物理属性的控制量。实际问题中大多数受客观条件的限制,只能在一定范围内取值,比如推力 $\boldsymbol{u}(t)$ 不能超过容许的最大值。此种限制通常可用不等式约束来表示:

$$\boldsymbol{0}\leqslant\boldsymbol{u}(t)\leqslant\boldsymbol{u}_{\max} \tag{4-11}$$

或

$$|u_i|\leqslant a_i,i=1,2,\cdots,r \tag{4-12}$$

式中 a_i 为推力 u_i 的上限。

约束式(4-12)表示一个控制向量空间 $\boldsymbol{R}^r$ 中包括原点在内的超方体。式(4-11)和式(4-12)各自规定了 $\boldsymbol{R}^r$ 空间中的一个闭集合集。

上述由控制量与约束条件所规定的点集称为控制域,并用 $\boldsymbol{U}$ 记之。凡是在闭区间 $[t_0,t_f]$ 上有定义,且在控制域 $\boldsymbol{U}$ 内取值的每一个函数 $\boldsymbol{u}(t)$ 均称为容许控制,并记为 $\boldsymbol{u}(t)\in\boldsymbol{U}$。通常,假设容许控制 $\boldsymbol{u}(t)\in\boldsymbol{U}$ 是一个有界连续函数或者是分段连续函数。

4. 性能指标

从已知初态 $\boldsymbol{x}(t_0)$ 到目标集 M 的转移可通过不同的控制律 $\boldsymbol{u}(t)$ 来实现。为了从各种可供选择的控制律中找出一种效果最好的控制,需要首先建立一种评价控制效果好坏或控制品质优劣的性能指标函数。

由于控制目标不同,即使同一个问题其性能指标也可以不一样。也就是说，性能指标的选择是很灵活的。为了确定合适的性能指标，理论知识固然是必不可少的，同时也应该注重经验和技巧的积累。

尽管没有一个性能指标的统一格式，但是通常情况下，性能指标可以概括为：

$$\boldsymbol{J} = \boldsymbol{\Phi}[\boldsymbol{x}(t_f), t_f] + \int_{t_0}^{t_f} \boldsymbol{F}[\boldsymbol{x}(t), \boldsymbol{u}(t), t]\mathrm{d}t \tag{4-13}$$

式(4－13)的第一项 $\boldsymbol{\Phi}[\boldsymbol{x}(t_f), t_f]$ 是接近目标集程度（即末态控制精度）的度量，常称为末值型性能指标；式(4－13)的第二项 $\int_{t_0}^{t_f} \boldsymbol{F}[\boldsymbol{x}(t), \boldsymbol{u}(t), t]\mathrm{d}t$ 反映控制偏差在某种意义上的平均或者控制过程的快速性，这一部分常称为积分型性能指标。同时包含末值型和积分型两部分的称为复合型性能指标。

性能指标又称为目标函数、代价函数或评价函数。性能指标函数实际上是泛函，所以又叫性能指标泛函。

5. 最优化控制问题描述

基于上述理论，可以将最优控制问题描述如下：

设受控系统的状态方程及给定初态为：

$$\dot{\boldsymbol{x}}(t) = \boldsymbol{f}[\boldsymbol{x}(t), \boldsymbol{u}(t), t] \tag{4-14}$$

$$\dot{\boldsymbol{x}}(t_0) = \boldsymbol{x}_0 \tag{4-15}$$

规定的目标集为：

$$\boldsymbol{M} = \{\boldsymbol{x}(t_f) : \boldsymbol{x}(t_f) \in \boldsymbol{R}^{\mathrm{n}}, \boldsymbol{g}[\boldsymbol{x}(t_f), t_f] = \boldsymbol{0}, \boldsymbol{h}[\boldsymbol{x}(t_f), t_f] \leqslant \boldsymbol{0}\} \tag{4-16}$$

求一个容许控制 $\boldsymbol{u}(t) \in \boldsymbol{U}, t \in [t_0, t_f]$，使得受控系统式(4－14)从给定初态式(4－15)出发，在某一个末态时刻 $t_f > t_0$ 转移目标集式(4－16)并使性能指标式(4－13)为最小。

如果最优控制问题有解，记为 $\boldsymbol{u}^*(t), t \in [t_0, t_f]$，则 $\boldsymbol{u}^*(t)$ 叫做最优控制，或称为极值控制。相应的轨线 $\boldsymbol{x}^*(t)$ 叫做最优轨线或极值轨线。由 $\boldsymbol{u}^*(t)$、$\boldsymbol{x}^*(t)$ 所确定的 $\boldsymbol{J}$ 记为 $\boldsymbol{J}^*$，称为最优性能指标。

4.2.2 LQ 控制器设计

随着控制技术的不断发展，人们对船舶动力定位控制的要求越来越高，期望在提高定位精度的同时，还能对定位过程中的推力大小、推力变化率等方面进行优化，逐渐从以往的单指标优化问题演变成目前的多指标优化问题。作为现代控制理论中最重要、最基本的组成部分之一，LQ 最优控制因其性能指标采用具有物理意义的线性二次型，以及最优控制律可表示为确定的解析表达式等优点，在工程上得到了广泛的应用，非常适合用于解决船舶动力定位问题。

在船舶动力定位应用中，由于动力定位船舶在工作时一般为低速运动，因此可以将其简化为线性定常运动系统，其状态方程如下：

$$
\begin{cases}
\dot{\boldsymbol{X}}(t) = \boldsymbol{AX}(t) + \boldsymbol{BU}(t) \\
\boldsymbol{Y}(t) = \boldsymbol{CX}(t) \\
\boldsymbol{X}(t_0) = \boldsymbol{X}_0
\end{cases}
\tag{4-17}
$$

式中：$\boldsymbol{A}$、$\boldsymbol{B}$、$\boldsymbol{C}$ 为船舶低频运动的系数矩阵，即

$$
\boldsymbol{A} = \begin{bmatrix} \boldsymbol{0}_{3\times3} & \boldsymbol{R}(\psi) \\ \boldsymbol{0}_{3\times3} & -\boldsymbol{M}^{-1}\boldsymbol{D} \end{bmatrix}, \boldsymbol{B} = \begin{bmatrix} \boldsymbol{0}_{3\times3} \\ \boldsymbol{M}^{-1} \end{bmatrix}, \boldsymbol{C} = \boldsymbol{I}_{6\times6}
$$

当艏摇值较小时，$\boldsymbol{R}(\psi)$ 可以近似为 $\boldsymbol{I}_{3\times3}$，$\boldsymbol{X}$ 为 $n\times1$ 的状态变量；$\boldsymbol{U}(t)$ 为控制输入量；$\boldsymbol{Y}(t) = [\boldsymbol{Y}_1^{\mathrm{T}}, \boldsymbol{Y}_2^{\mathrm{T}}]^{\mathrm{T}}$ 为系统输出，其具体形式为：$\boldsymbol{Y}_1 = [x, y, \psi]^{\mathrm{T}}$，$\boldsymbol{Y}_2 = [u, v, r]^{\mathrm{T}}$；$t$ 为时间变量（$t \geqslant t_0$）。

二次型性能指标为：

$$
\boldsymbol{J} = \frac{1}{2}\int_0^{\infty} (\boldsymbol{e}^{\mathrm{T}}\boldsymbol{Qe} + \boldsymbol{U}^{\mathrm{T}}\boldsymbol{RU})\,\mathrm{d}t
\tag{4-18}
$$

式中：$\boldsymbol{e} = \boldsymbol{Y}(t) - \boldsymbol{Y}_d(t) = [\boldsymbol{e}_1^{\mathrm{T}}, \boldsymbol{e}_2^{\mathrm{T}}]^{\mathrm{T}}$ 为船舶低频状态估计值 $\boldsymbol{Y}(t)$ 与设定值 $\boldsymbol{Y}_d(t) = [\boldsymbol{Y}_{d_1}^{\mathrm{T}}, \boldsymbol{Y}_{d_2}^{\mathrm{T}}]$ 之间的偏差变量，其中 $\boldsymbol{Y}_{d_1} = [x_d, y_d, \psi_d]^{\mathrm{T}}$，$\boldsymbol{Y}_{d_2} = [u_d, u_d, r_d]$，$\boldsymbol{e}_1 = [\tilde{x}, \tilde{y}, \tilde{\psi}]^{\mathrm{T}}$，$\boldsymbol{e}_2 = [\tilde{u}, \tilde{v}, \tilde{r}]^{\mathrm{T}}$；$\boldsymbol{Q}$ 为需要选择的半正定对称加权矩阵；$\boldsymbol{R}_c$ 为待确定的正定对称加权矩阵。偏差 $\boldsymbol{e}$ 中的状态估计值通过滤波算法估算得到。

为了使式（4-18）取得最小值，式（4-17）的 LQ 的最优控制规律如下：

$$
\boldsymbol{U} = -\boldsymbol{R}_c^{-1}\boldsymbol{B}^{\mathrm{T}}\boldsymbol{Pe}
\tag{4-19}
$$

式中：$\boldsymbol{P}$ 可由 Ricatti 方程求得，即

$$
\boldsymbol{A}^{\mathrm{T}}\boldsymbol{P} + \boldsymbol{PA} - \boldsymbol{PBR}_c^{-1}\boldsymbol{B}^{\mathrm{T}}\boldsymbol{P} + \boldsymbol{Q} = 0
\tag{4-20}
$$

通过最优控制规律得到的船舶动力定位控制器原理如图 4-2 所示。

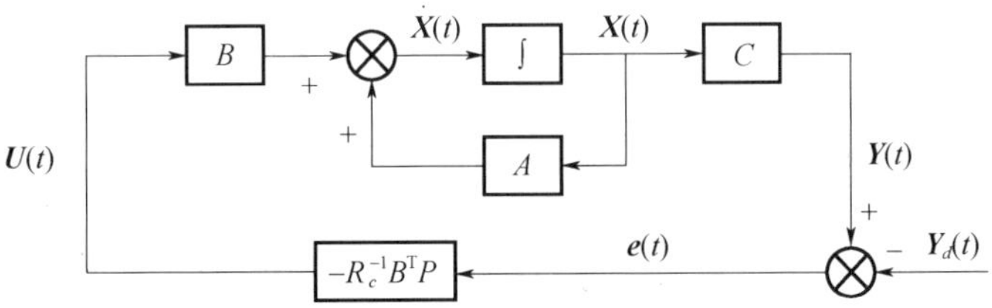

图 4-2　船舶动力定位最优线性控制器原理图

4.3　反步积分控制算法

4.3.1　反步积分理论基础

稳定性是评价控制器优劣的三大性能指标之一。在设计控制器时，必须关

注初始状态及有关参数变化对系统动态性能的影响。19 世纪末,俄国学者 Lyapunov 建立了基于状态空间描述的稳定性概念,提出依赖线性系统微分方程的解来判断稳定性的间接法,及利用经验公式和技巧构造 Lyapunov 函数来判断稳定性的直接法。该稳定性理论是确定系统稳定性的更一般理论,不仅适用于单变量、线性、定常系统,还适用于多变量、非线性、时变系统,在现代控制系统的分析与设计中,得到了广泛的应用与发展。

为了分析系统的稳定性,采用 Lyapunov 直接法。该方法通过构造 Lyapunov 函数,使得理论分析直接,简单易懂,能够直接根据系统结构判断非线性系统内部的稳定性,构造 Lyapunov 函数,并且分析其导数的正负性[29]。

对于连续时变非线性系统:

$$\dot{\boldsymbol{x}} = \boldsymbol{f}(\boldsymbol{x}, t) \tag{4-21}$$

$$\boldsymbol{x}(t_0) = \boldsymbol{x}_0 \tag{4-22}$$

式中:$\boldsymbol{x} \in \boldsymbol{R}^n$ 为系统的状态变量;t 为时间变量。

如果对所有的时间 t,状态 $\boldsymbol{x}$ 满足 $\dot{\boldsymbol{x}} = 0$,则称该状态为平衡状态,记为 $\boldsymbol{x}_e$,即

$$\boldsymbol{f}(\boldsymbol{x}_e, t) = \boldsymbol{0} \tag{4-23}$$

由平衡状态在空间所确定的点称为平衡点。我们通常所讨论的稳定性是指某一平衡状态的稳定性。假设初始状态 $\boldsymbol{x}(t_0) = \boldsymbol{x}$ 的解记为 $\boldsymbol{x}(t;\boldsymbol{x}_0, t_0)$,Lyapunov 稳定性从系统的初始状态 $\boldsymbol{x}_0$ 出发,$t \in [t_0, +\infty]$ 时,其解 $\boldsymbol{x}(t;\boldsymbol{x}_0, t_0)$ 有以下几种情况:

(1) 对于任意给定实数 $\varepsilon > 0$,都存在 $\boldsymbol{\delta}(\varepsilon, t_0) > 0$,使当 $\| \boldsymbol{x}_0 - \boldsymbol{x}_e \| \leqslant \boldsymbol{\delta}$ 时都有

$$\| \boldsymbol{x}(t;\boldsymbol{x}_0, t_0) - \boldsymbol{x}_e \| \leqslant \varepsilon (t \geqslant t_0)$$

则称系统平衡状态 $\boldsymbol{x}_e$ 是稳定的。其中 $\boldsymbol{\delta}(\varepsilon, t_0)$ 若与 t_0 无关,则 $\boldsymbol{x}_e$ 是一致稳定的。

(2) 对系统的平衡状态 $\boldsymbol{x}_e$,如果它稳定且存在任意小量 $\mu > 0$,总是满足:

$$\lim_{t \to \infty} \| \boldsymbol{x}(t;\boldsymbol{x}_0, t_0) - \boldsymbol{x}_e \| \leqslant \boldsymbol{\mu}(t \geqslant t_0)$$

则称系统平衡状态 $\boldsymbol{x}_e$ 是渐进稳定的。

(3) 如果系统的初始条件扩展至整个状态空间,且仍满足渐进稳定时,则称系统平衡状态 $\boldsymbol{x}_e$ 是全局渐进稳定的。

(4) 如果存在 $\lambda > 0$,且对每一个 $\varepsilon > 0$,都存在 $\delta = \delta(\varepsilon) > 0$,使得:

$$\| \boldsymbol{x}_0 \| < \delta \Rightarrow \| \boldsymbol{x}(t;\boldsymbol{x}_0, t_0) \| < \varepsilon \mathrm{e}^{-\lambda(t-t_0)} (t \geqslant t_0)$$

则称系统平衡状态 $\boldsymbol{x}_e$ 是指数稳定的,$\boldsymbol{\lambda}$ 为收敛率。

(5) 对于某个实数 $\varepsilon > 0$,任意实数 $\delta > 0$,当 $\| \boldsymbol{x}_0 - \boldsymbol{x}_e \| \leqslant \delta$ 时,总存在一个

初状态 x_0,使得:

$$\| \boldsymbol{x}(t;\boldsymbol{x}_0,t_0) - \boldsymbol{x}_e \| > \varepsilon(t \geqslant t_0)$$

则称系统平衡状态 $\boldsymbol{x}_e$ 是不稳定的。

反步积分控制算法的正定函数设计主要是应用 Lyapunov 直接法。Lyapunov 直接法的主要步骤是:首先给出稳定性的精确数学定义,然后构造一个类似于“能量”的正定泛函,判定该泛函在沿着描述系统的微分运动方程时的导数是否随时间的增长而衰减,即该泛函的导数是否为一个负定泛函,从而对系统是否具有稳定性作出结论。

设 $V(x)$ 为系统的 Lyapunov 函数,它应该具有如下性质:

(1) $\dot{V}(x) = \dfrac{\mathrm{d}V(x)}{\mathrm{d}x}$是连续的(反映能量变化的趋势);

(2) $V(x)$是正定的(反映能量大小)。

系统状态方程 $\dot{x} = f(x,t)$ 的平衡状态为 $f(0,t)$,$t \geqslant t_0$。如果存在一个连续的一阶偏导数的标量函数 $V(x)$,且满足:

(1) $V(x)$正定,$\dot{V}(x)$负半定,则原点处的平衡状态是稳定的;

(2) $V(x)$正定,$\dot{V}(x)$负定,则原点处的平衡状态是渐进稳定的;

(3) $V(x)$正定,$\dot{V}(x)$负半定,且当 $\|x\| \to \infty$时,$V(x) \to \infty$,则原点处的平衡状态是全局稳定的;

(4) $V(x)$正定,$\dot{V}(x)$负定,且当 $\|x\| \to \infty$时,$V(x) \to \infty$,则原点处的平衡状态是全局渐进稳定的;

(5) 若存在正数 α,β,γ,对于任意的 $x \in R^n$,有 $\alpha \|x\|^2 \leqslant V(x) \leqslant \beta \|x\|^2$ 和 $\dot{V}(x) \leqslant -\gamma \|x\|^2$,则原点处的平衡状态是指数稳定的;

(6) $V(x)$正定,$\dot{V}(x)$正定,则原点处的平衡状态是不稳定的。

综上所述,用 Lyapunov 直接法分析系统的稳定性,关键是构造一个合适的 Lyapunov 函数,而 Lyapunov 直接法本身并没有提供构造 Lyapunov 函数的一般方法。将要介绍的反步积分非线性控制方法,就是一种切实可行的系统化构造 Lyapunov 函数的方法。该方法应用了 Lyapunov 理论来分析系统的稳定性,解决了 Lyapunov 直接法欠缺构造性的问题。

4.3.2 反步积分控制器设计

反步积分设计方法也被称为反步法,或后退法。Kodistsehek 等人于 1989 年最早提出了这种设计思想,随后 Krstie Kanellakopoulos、KoKotovie 等人于 1995

年做了进一步的完善，提高了算法的适应性和鲁棒性[14]。反步积分设计方法是一个比较新颖的设计方法，现在已经被推广到了自适应控制、滑模变结构控制及鲁棒控制等多个领域。

反步积分是针对具有严格反馈控制结构的系统而言，即系统具有下三角形结构。它是运用系统化的方式同时构造反馈控制律和相关联的 Lyapunov 函数的一种非线性设计方法，其解是全局的。反步积分设计方法的基本思想是将复杂的非线性系统分解成不超过系统阶数的子系统，视某些状态变量为虚拟控制，然后为每个子系统设计部分 Lyapunov 函数和中间虚拟控制量，前面的子系统必须通过后面的子系统的虚拟才能达到正定的目的，这样一直后推到整个系统，直到真正的控制量出现，通过逐步修正算法设计镇定控制器，实现整个系统的全局调节或跟踪到整个系统，使系统达到期望的性能指标。反步积分克服了 Lyapunov 直接法缺乏构造性的问题，而且与反馈线性化方法相比，它不需要全部消除系统的非线性，特别是在不确定项存在的场合，尤其是当不确定项是“可匹配”时，可以将反步积分方法通过添加非线性阻尼项来确保系统所有状态的有界性。

动力定位船舶在作业时，环境扰动常常是不确定的、时变的。本书针对船舶动力定位系统设计出带有积分器的自适应反步积分控制算法。

定义状态值与期望值偏差的跟踪误差变量：

$$\boldsymbol{z}_1 = \boldsymbol{\eta} - \boldsymbol{\eta}_d \tag{4-24}$$

$\boldsymbol{z}_1$对时间求导得：

$$\dot{\boldsymbol{z}}_1 = \dot{\boldsymbol{\eta}} - \dot{\boldsymbol{\eta}}_d = \boldsymbol{R}(\psi)\boldsymbol{v} - \dot{\boldsymbol{\eta}}_d \tag{4-25}$$

将速度 $\boldsymbol{v}$ 作为虚拟控制量：

$$\boldsymbol{v} = \boldsymbol{z}_2 + \boldsymbol{\alpha}_1 \tag{4-26}$$

式中：$\boldsymbol{z}_2$可以当作新的状态误差变量；$\boldsymbol{\alpha}_1$ 为待设计的镇定函数。

引入积分项：

$$\dot{\boldsymbol{\xi}} = \boldsymbol{z}_1 \tag{4-27}$$

将式(4－26)代入式(4－25)可得：

$$\dot{\boldsymbol{z}}_1 = \boldsymbol{R}(\psi)(\boldsymbol{z}_2 + \boldsymbol{\alpha}_1) - \dot{\boldsymbol{\eta}}_d \tag{4-28}$$

构造第一个的 Lyapunov 函数：

$$V_1 = \frac{1}{2}(\boldsymbol{\xi}^{\mathrm{T}}\boldsymbol{K}_{\xi}\boldsymbol{\xi} + \boldsymbol{z}_1^{\mathrm{T}}\boldsymbol{z}_1) \tag{4-29}$$

式中：$\boldsymbol{K}_{\xi}$ 为待定的积分增益矩阵，且 $\boldsymbol{K}_{\xi} = \boldsymbol{K}_{\xi}^{\mathrm{T}} > 0$。

对 V_1 进行时间求导得：

$$\dot{V}_1 = z_1^{\mathrm{T}}[\boldsymbol{K}_\xi \boldsymbol{\xi} + \boldsymbol{R}(\psi)\boldsymbol{\alpha}_1 - \dot{\eta}_d] + z_1^{\mathrm{T}}\boldsymbol{R}(\psi)z_2 \tag{4-30}$$

设计镇定函数$\boldsymbol{\alpha}_1$：

$$\boldsymbol{\alpha}_1 = \boldsymbol{R}^{-1}(\psi)[-\boldsymbol{K}_\xi \boldsymbol{\xi}\boldsymbol{\alpha}_1 + \dot{\boldsymbol{\eta}}_d - \boldsymbol{K}_1 z_1] \tag{4-31}$$

式中：$\boldsymbol{K}_1$ 为待定的增益矩阵，且 $\boldsymbol{K}_1 > \boldsymbol{0}$，$\boldsymbol{K}_1$ 为对角矩阵。

将式(4－31)代入式(4－30)得：

$$\dot{V}_1 = -z_1^{\mathrm{T}}\boldsymbol{K}_1 z_1 + z_1^{\mathrm{T}}\boldsymbol{R}(\psi)z_2 \tag{4-32}$$

对z_2 求时间导数：

$$\dot{z}_2 = \dot{\boldsymbol{v}} - \dot{\boldsymbol{\alpha}}_1 \tag{4-33}$$

式(4－33)两边同时乘以船舶质量矩阵 $\boldsymbol{M}$：

$$\boldsymbol{M}\dot{z}_2 = \boldsymbol{M}\dot{\boldsymbol{v}} - \boldsymbol{M}\dot{\boldsymbol{\alpha}}_1 \tag{4-34}$$

又根据船舶低频运动数学模型 $\boldsymbol{M}\boldsymbol{v} + \boldsymbol{D}\boldsymbol{v} = \boldsymbol{\tau} + \boldsymbol{\omega}$，并假设噪声项 $\boldsymbol{\omega}$ 是固定或者缓慢变化，可得：

$$\boldsymbol{M}\dot{z}_2 = \boldsymbol{\tau} + \boldsymbol{\omega} - \boldsymbol{D}\boldsymbol{v} - \boldsymbol{M}\dot{\boldsymbol{\alpha}}_1 \tag{4-35}$$

构造第二个 Lyapunov 函数：

$$V_2 = V_1 + \frac{1}{2}z_2^{\mathrm{T}}\boldsymbol{M}z_2 + \frac{1}{2}\tilde{\boldsymbol{\omega}}^{\mathrm{T}}\boldsymbol{\Gamma}\tilde{\boldsymbol{\omega}} \tag{4-36}$$

式中：$\tilde{\boldsymbol{\omega}} = \hat{\boldsymbol{\omega}} - \boldsymbol{\omega}$ 为噪声项 $\boldsymbol{\omega}$ 的误差，$\hat{\boldsymbol{\omega}}$ 为参数 $\boldsymbol{\omega}$ 的估计值；$\boldsymbol{\Gamma}$ 为待设计的自适应增益矩阵，且 $\boldsymbol{\Gamma} = \boldsymbol{\Gamma}^{\mathrm{T}} > 0$。

V_2 对时间进行求导：

$$\dot{V}_2 = \dot{V}_1 + z_2^{\mathrm{T}}\boldsymbol{M}\dot{z}_2 + \tilde{\boldsymbol{\omega}}^{T}\boldsymbol{\Gamma}\dot{\tilde{\boldsymbol{\omega}}} \tag{4-37}$$

将式(4－32)、式(4－33)、式(4－35)代入式(4－37)可得

$$\dot{V}_2 = -z_1^{\mathrm{T}}\boldsymbol{K}_1 z_1 + z_1^{\mathrm{T}}\boldsymbol{R}(\psi)z_2 + \tilde{\boldsymbol{\omega}}^{\mathrm{T}}\boldsymbol{\Gamma}\dot{\tilde{\boldsymbol{\omega}}} + z_2^{\mathrm{T}}[\boldsymbol{\tau} + \boldsymbol{\omega} - \boldsymbol{D}\boldsymbol{v} - \boldsymbol{M}\dot{\boldsymbol{\alpha}}_1] \tag{4-38}$$

将式(4－31)对 $\boldsymbol{\alpha}_1$ 求导得：

$$\boldsymbol{\alpha}_1 = \dot{\boldsymbol{R}}^{-1}(\psi)[-\boldsymbol{K}_\xi \boldsymbol{\xi} + \dot{\boldsymbol{\eta}}_d - \boldsymbol{K}_1 z_1] + \boldsymbol{R}^{-1}(\psi)[-\boldsymbol{K}_\xi \dot{\boldsymbol{\xi}} + \ddot{\boldsymbol{\eta}}_d - \boldsymbol{K}_1 \dot{z}_1] \tag{4-39}$$

将式(4－39)代入式(4－38)得到：

$$\begin{aligned}\dot{V}_2 = &-z_1^{\mathrm{T}}\boldsymbol{K}_1 z_1 + z_1^{\mathrm{T}}\boldsymbol{R}(\psi)z_{\mathrm{T}} + \tilde{\boldsymbol{\omega}}^{T}\boldsymbol{\Gamma}\dot{\tilde{\boldsymbol{\omega}}} \\ &+ z_2^{\mathrm{T}}[\boldsymbol{\tau} + \boldsymbol{\omega} - \boldsymbol{D}\boldsymbol{v} - \boldsymbol{M}\dot{\boldsymbol{R}}^{-1}(\psi)(-\boldsymbol{K}_\xi \boldsymbol{\xi} + \dot{\boldsymbol{\eta}}_d - \boldsymbol{K}_1 z_1) \\ &- \boldsymbol{M}\boldsymbol{R}^{-1}(\psi)(-\boldsymbol{K}_\xi \dot{\boldsymbol{\xi}} + \ddot{\boldsymbol{\eta}}_d - \boldsymbol{K}_1 \dot{z}_1)]\end{aligned} \tag{4-40}$$

根据式(4－40)设计的控制律为：

$$\boldsymbol{\tau} = -\hat{\boldsymbol{\omega}} + \boldsymbol{D}\boldsymbol{\alpha}_1 + \boldsymbol{M}\dot{\boldsymbol{R}}^{-1}(\psi)(-\boldsymbol{K}_\xi\boldsymbol{\xi} + \dot{\boldsymbol{\eta}}_d - \boldsymbol{K}_1\boldsymbol{z}_1)$$
$$+ \boldsymbol{M}\boldsymbol{R}^{-1}(\psi)(-\boldsymbol{K}_\xi\dot{\boldsymbol{\xi}} + \ddot{\boldsymbol{\eta}}_d - \boldsymbol{K}_1\dot{\boldsymbol{z}}_1) - \boldsymbol{R}(\psi)\boldsymbol{z}_1 - \boldsymbol{K}_2\boldsymbol{z}_2 \qquad (4-41)$$

以及自适应律 $\dot{\hat{\boldsymbol{\omega}}} = \boldsymbol{\Gamma}^{-1}\boldsymbol{z}_2$ 便可使得动力定位系统一致渐进稳定。式中:$\boldsymbol{K}_2$ 为待设计的增益矩阵,且 $\boldsymbol{K}_2 = \boldsymbol{K}_2^{\mathrm{T}} > 0$。

4.4 模糊控制算法

与传统的PID控制算法相比,模糊控制利用近似于自然语言的模糊数学语言,将复杂的人类专家控制经验表达为一系列定性的不精确的模糊条件语句,完成对被控对象的控制。鉴于模糊控制规则的建立不需要依赖于被控对象的精确模型,模糊控制对于非线性复杂对象的控制显示了鲁棒性好及控制性能高的优点[30]。模糊控制在工业过程控制、机器人、交通运输等方面得到了广泛而成功的应用。

4.4.1 模糊控制系统的基本结构

模糊控制系统由模糊控制器和控制对象组成,如图4-3所示。

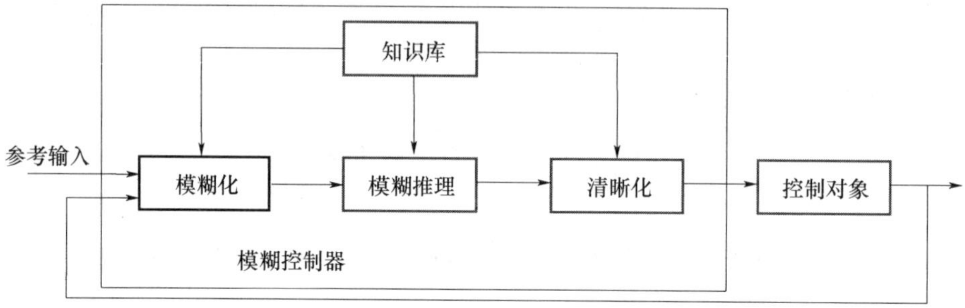

图4-3 模糊控制系统的组成

(1) 模糊化:将精确的输入量转化为模糊量。输入量包括外界的参考输入、系统的输出或状态等。首先对这些输入量进行处理,变成模糊控制器要求的输入量,常见的是计算偏差以及偏差变化率。

(2) 知识库:知识库中包含了具体应用领域中的知识和要求的控制目标,它通常由数据库和模糊控制规则两部分组成。

(3) 模糊推理:模糊推理是模糊控制器的核心,它具有模拟人类的基于模糊概念的推理能力。该推理过程是基于模糊逻辑中蕴含关系及推理规则来进行的。

（4）清晰化：清晰化是将模糊推理得到的控制量变换为实际用于控制的清晰量。

4.4.2 模糊控制器设计

1. 模糊分割及隶属度函数

模糊控制规则中前提的语言变量构成模糊输入空间，结论的语言变量构成模糊输出空间。每个语言变量的取值为一组模糊语言集，对于每个语言变量，其取值的模糊集合具有相同的论域。模糊分割的个数决定了模糊控制的精细化程度。这些语言名称通常均具有一定的含义。例如，NB——负大，NM——负中，NS——负小，ZE——零，PS——正小，PM——正中，PB——正大。

模糊分割的个数也决定了最大的模糊规则的个数。例如，对于两输入 μ 和 ν 的模糊系统，若 μ 和 ν 的模糊分割数分别为 3 和 7，则最大可能规则数为 $3\times7=21$。可见，模糊分割越多，控制规则越多，所以模糊分割不可能太精细，否则需要确定太多的控制规则，这在工程应用中是很难的。当然分割数太小将导致控制太粗略，难以对控制性能进行精细的调整。

隶属度函数有两种表达形式，即数值描述方式和函数描述方式。数值描述方式适用于用语言变量的论域为离散的情形，此时隶属度函数可用向量和表格表示；对于论域为连续的情况，隶属度函数则采用函数的描述方式。隶属度函数主要有高斯型、三角型、梯型、钟型、Sigmoid 型、π 型和 Z 型等。本书中用到的是三角型的隶属度函数，如图 4－4 所示。

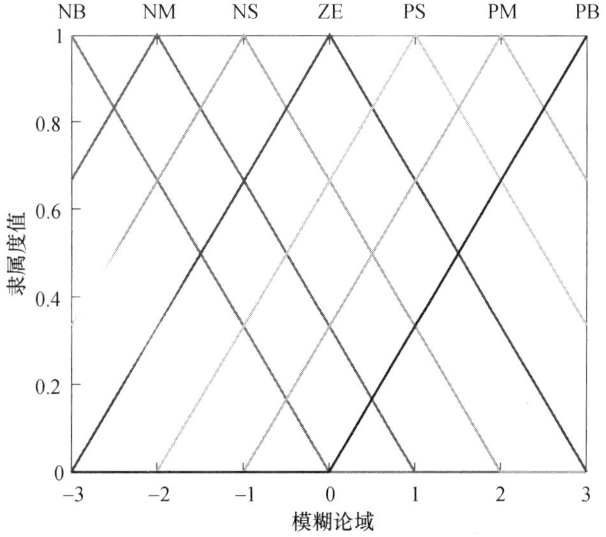

图 4－4 三角型隶属度函数

2. 建立模糊规则

将模糊控制运用于动力定位系统中,其有两个输入量:船舶实时位置与定位点的偏差 e、偏差的变化率即船舶速度 $\dot{e}$。在建立模糊规则前须对模糊子集进行划分,模糊分割的个数依据实际情况而定,这里我们以 7 个区间为例:NB——负大,NM——负中,NS——负小,ZE——零,PS——正小,PM——正中,PB——正大。

建立模糊控制规则的基本思想:根据人工经验设定,当误差较大时,选择控制量以尽快消除误差为主;而当误差较小时,选择控制量要注意防止超调,以系统的稳定性为主要出发点。对于动力定位船舶,位置偏差为负大(NB)时,偏差变化率为负大(NB)时,船离设定点很远且有越来越远离设定点的趋势,为尽快靠近设定点并抑制距离变大,所以控制量取负大(NB),即给船一个负大的推力,控制船向设定点靠近。因此,可以得出表 4-1 所列的模糊规则。

表 4-1 模糊控制规则

e \ $\dot{e}$	NB	NM	NS	ZE	PS	PM	PB
NB	NB	NB	NB	NB	NM	NS	ZE
NM	NB	NB	NM	NM	NS	ZE	ZE
NS	NB	NM	NM	NS	ZE	ZE	PS
ZE	NM	NS	NS	ZE	PS	PS	PM
PS	NS	ZE	ZE	PS	PM	PM	PB
PM	ZE	ZE	PS	PM	PM	PB	PB
PB	ZE	PS	PM	PB	PB	PB	PB

3. 输入量模糊化

实际工程中,动力定位船舶位置偏差及速度的实时量依据大小和方向,可通过隶属度函数将两个输入量模糊化归入相应的模糊子集,并计算两个模糊子集的隶属度,见表 4-2。

表 4-2 利用三角型隶属度函数将输入量模糊化实例

函数	NB	NM	NS	ZE	PS	PM	PB
$e(2.5)$	0	0	0.17	0.50	0.83	0.83	0.50
$\dot{e}(1.5)$	0	0	0	0.17	0.50	0.83	0.83

4. 计算模糊化的输出量

取两个模糊化输入量子集的笛卡儿直积，得到表 4－3 所列的模糊规则输出量。

表 4－3　由模糊规则得到的输出量

e \ $\dot{e}$	NB(0)	NM(0)	NS(0)	ZE(0.17)	PS(0.5)	PS(0.83)	PM(0.83)
NB(0)	NB(0)	NB(0)	NB(0)	NB(0)	NM(0)	NS(0)	ZE(0)
NM(0)	NB(0)	NB(0)	NM(0)	NM(0)	NS(0)	ZE(0)	ZE(0)
NS(0.17)	NB(0)	NM(0)	NM(0)	NS(0.17)	ZE(0.17)	ZE(0.17)	PS(0.17)
ZE(0.50)	NM(0)	NS(0)	NS(0)	ZE(0.17)	PS(0.50)	PS(0.50)	PM(0.50)
PS(0.83)	NS(0)	ZE(0)	ZE(0)	PS(0.17)	PM(0.50)	PM(0.83)	PB(0.83)
PM(0.83)	ZE(0)	ZE(0)	PS(0)	PM(0.17)	PM(0.50)	PB(0.83)	PB(0.83)
PB(0.50)	ZE(0)	PS(0)	PM(0)	PB(0.17)	PB(0.50)	PB(0.50)	PB(0.50)

整理分析得到的输出量模糊子集，可得到最终的输出模糊量，见表 4－4。

表 4－4　整理后的模糊输出量

输出	NB	NM	NS	ZE	PS	PM	PB
u	0	0	0.17	0.17	0.50	0.83	0.83

5. 输出量的清晰化

通过上面的模糊控制规则得到的模糊控制量，而对于实际控制必须是清晰量，因此需要将模糊量转化为清晰量。清晰化计算的方法有重心法、最大隶属度法、系数加权平均法和隶属度限幅元素平均法等。本文采用系数加权平均法，该方法的原理是假设输出论域有 n 元素，每个元素为 k_i，判决输出的模糊集合在每个论域元素上的隶属度函数为 u_i，将其作为元素 k_i 的加权系数，系数加权平均法的最终判决表达式为：

$$u' = \sum_{i=1}^{m} k_i u_i / \sum_{i=1}^{m} k_i \tag{4-42}$$

式中：k_i 为输出模糊子集对应的隶属度；u_i 为输出模糊子集对应的真实推力，见表 4－5。

表 4－5　输出模糊子集对应的推力

输出推力	NB	NM	NS	ZE	PS	PM	PB
u	－3	－2	－1	0	1	2	3

则综上可以得到最终所需要的推力模糊值：

$$u' = \frac{0.17\times(-1)+0.17\times0+0.5\times1+0.83\times2+0.83\times3}{0.17+0.17+0.5+0.83+0.83}=1.792$$

若推力的实际论域为$[-\chi,\chi]$，则船舶在方向 i（i 取 x、y、n）上应该发出的推力为：

$$\tau_i = \frac{u'}{3}\chi$$

4.5 变海况下的混合切换控制器设计

海上作业的动力定位船舶的运动是一类典型的非线性系统，而作用在动力定位船舶上的风、浪、流等环境载荷是不断变化的，这增加了系统的不确定性。这种具有不确定性的非线性系统增大了动力定位控制系统设计的难度。一般情况下，海洋环境复杂多变，动力定位船舶并不是在设定的环境下工作，而是要随时应对外界变化的海况，这就对动力定位系统在变化的海洋环境下全天候连续工作提出了要求。解决这类非线性问题通常采用参数自适应的控制算法或者由多固定模型组成的多模型控制两种方法。前一种方法的设计思想是首先对被控系统进行在线预测，得出模型不确定范围，然后根据等价原理对控制器参数进行连续调整。这种算法在外界扰动变化不频繁时能够达到很好的效果，但当外界扰动具有时变及不确定性的特点时，采用该种算法会出现计算量增加、参数变化频繁、系统容易发生跳变等缺陷。而后一种方法的优点在于使控制器的设计模块化，且每一个模型下所对应的控制器是已经给定的，不需要对参数进行在线调整，减少了系统计算量，增加了系统的可靠性、实时性、稳定性以及适应性。

基于上述分析，本节将结合本章前述的几种控制算法，设计混合切换控制器，将一些在特定海况下满足不同控制目标的控制器设计成候选控制器组，通过一定的切换指标和切换逻辑进行选择决策，共同形成完整的混合切换控制系统，以解决单一控制器适用范围有限的问题，使动力定位控制系统能更好地适应复杂多变的海洋工作环境[25]。

4.5.1 海况等级划分

动力定位船舶在海上航行或作业时，不同海况下外界环境力对船舶运动的影响不同。随着海况等级的提高，船舶受到的未建模环境力及噪声干扰都会相应增加，并且会增加船舶模型的不确定性，对滤波效果和控制效果产生影响。

因此，有必要对海况进行等级划分，对相应等级海况下的控制器进行分别设计。

通常习惯按波高大小将风浪从0到9分10个等级，波高与风浪的对应关系见表4-6。

表4-6 风浪等级划分

浪级	名称	有义波高 H_s/m	峰值频率 PFW/(rad/s)
0	无波(无浪)	0	1.29
1	微波(微浪)	0~0.1	1.29~1.11
2	小波(小浪)	0.1~0.5	1.11~0.93
3	轻浪	0.5~1.25	0.93~0.79
4	中浪	1.25~2.5	0.79~0.68
5	大浪	2.5~4	0.68~0.60
6	巨浪	4~6	0.60~0.53
7	狂浪	6~9	0.53~0.46
8	狂涛	9~14	0.46~0.39
9	怒涛	>14	<0.39

为了保证混合控制器在不同海况下都能表现出良好的控制性能，便于控制器模型在不同海况下进行稳定切换，综合分析上述海浪等级，得到四种典型海况[4,31]，见表4-7。下面将基于这四种典型海况进行混合控制器的设计。

表4-7 四种典型海况定义及模型参数

海况类型	有义波高 H_s/m	峰值频率 PFW/(rad/s)
平静海况	<1.25	>0.79
中等海况	1.25~2.5	0.79~0.67
高海况	2.5~9	0.67~0.45
极端海况	>9	<0.45

4.5.2 混合切换控制系统

为了应对外界环境从平静海况到极端海况的变化，本节中所设计的变海况下的混合切换控制器将引入监督器，形成一个混合切换控制系统[23,25,32-39]，如图4-5所示，实现不同控制器之间的自动切换。图中，w表示系统外界干扰，u表示控制信号，具体到动力定位系统u就是控制力，y表示输出测量值，σ表示控制器切换信号，虚线框内4个独立能够满足不同海况下控制要求的控制器共同组成了候选控制器组，而监督器根据模块功能不同又可以分为观测器组

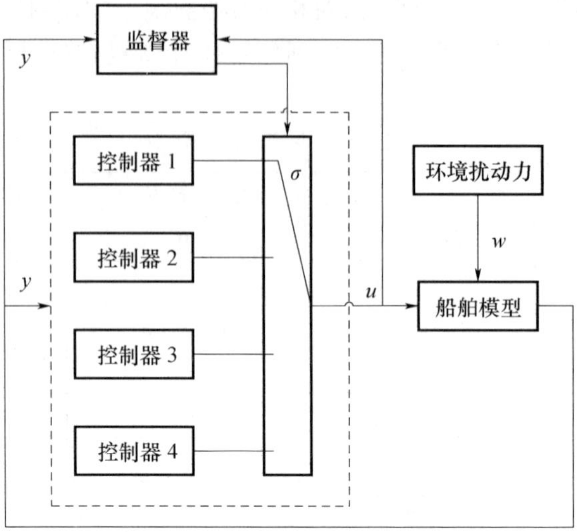

图 4-5 混合切换控制系统结构框图

(Multi - estimator)、切换指标函数(Monitoring signal)和离散状态切换逻辑(Switching logic)三大部分[33],如图 4-6 所示。观测器组由 m 个观测器组成,以控制器的输出信号 u 和被控对象位置测量信息 y 作为输入,对系统当前状态进行预估,并输出估计信号 y_p;切换指标函数根据系统状态估计值与实际输出的偏差 e_p 计算出监测信号函数 μ_p;切换逻辑以 μ_p 为输入,经过判断输出切换信号 σ,指导控制系统切换到合适的控制器。

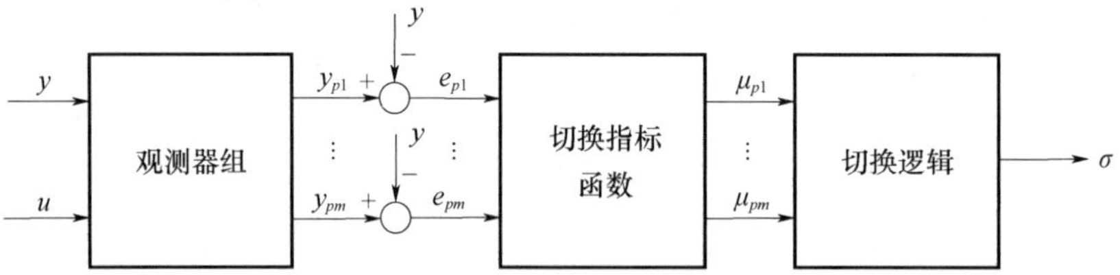

图 4-6 监督器结构示意图

在进行监督控制器设计时,观测器组和候选控制器集合可分别由式(4-43)和式(4-44)表示:

$$M := \bigcup_{p \in P} M_p \tag{4-43}$$

$$C := \bigcup_{q \in Q} C_q \tag{4-44}$$

其中,每一个 M_p 是以标准模型 N_p 为中心的模型集合,N_p 通常是一个可用常微分方程表示的动态系统。每一个在 M 中的观测器模型均能够在候选控制器集

合 C 中对应找到至少一个合适的控制器。定义控制器选择映射 $\chi: P \to Q$,其含义是:对于观测器模型集合 M 中的观测器模型 $M_p(p \in P)$,其对应的控制器为候选控制器集合 C 中的控制器 $C_p(q = \chi(p) \in Q)$。一般来说,为了简化控制器选择映射过程,通常令 $q = \chi(p) = p$。通常观测器模型及候选控制器分别可用动态系统式(4-45)和式(4-46)表示:

$$\begin{cases} \dot{\boldsymbol{x}}_e = \boldsymbol{A}_e(\boldsymbol{x}_e, \boldsymbol{u}, \boldsymbol{y}) \\ \boldsymbol{y}_p = \boldsymbol{C}_e(\boldsymbol{p}, \boldsymbol{x}_e, \boldsymbol{u}, \boldsymbol{y}) \end{cases}, p \in P \tag{4-45}$$

$$\begin{cases} \dot{z}_q = \boldsymbol{F}_q(z_q, \boldsymbol{y}) \\ \boldsymbol{u} = \boldsymbol{G}_q(z_q, \boldsymbol{y}) \end{cases}, q \in Q \tag{4-46}$$

式中:$\boldsymbol{x}_e$ 表示观测器模型状态;$\boldsymbol{y}_p$ 表示观测器输出信号;$\boldsymbol{z}_q$ 表示控制器状态;$\boldsymbol{y}$ 表示实际输出信号;$\boldsymbol{u}$ 表示控制力。

根据前面观测器组的输出,便可计算出各个观测器模型 M_p 的预测误差 $\boldsymbol{e}_p = \boldsymbol{y}_p - \boldsymbol{y}$,用于计算切换指标函数得到监督信号 $\mu_p(p \in P)$,最后通过切换逻辑设置切换信号 σ,实现控制器的切换。对上述的混合切换控制系统而言,切换逻辑是十分重要的,它需要避免切换开关的跳跃现象,即若切换过快将导致系统不稳定,若切换过慢将使得模型预测误差已经偏离原来数值,即已不是当前最优控制器,最终导致控制效果达不到理想状态。目前最为常见的切换逻辑有:停留时间(dwell-time)切换逻辑和滞后(hysteresis)切换逻辑[40-42]。停留时间切换逻辑尽管能够保证系统在不同模型之间切换的稳定性,但大大限制了系统的灵活性,对于非线性系统,可能会出现在达到停留时间之前,预测误差已经超出可接受范围,所选择的控制器已经不能满足当前回路的要求。对于滞后切换逻辑,当最小偏差发生改变时并不会立即进行切换,也不会停留一个固定时间后进行切换,而是通过对一段时间内估计偏差进行累加,达到偏差上限后改变当前切换信号,再进行控制器切换,克服了停留时间切换逻辑的缺点,因此滞后切换逻辑经常被采用。

滞后切换逻辑流程如图 4-7 所示。从图中可以看到,迟滞切换逻辑增加了一个监督信号判断环节。图 4-7 中监督信号 $\mu_p(p \in P)$ 可定义为

$$\underset{p \in P}{\mu_p}(t) = \varepsilon + \mathrm{e}^{-\lambda t}\varepsilon_0 + \int_0^t \mathrm{e}^{-2\lambda(t-\tau)} \|\boldsymbol{e}_p(\tau)\|^2 \mathrm{d}\tau \tag{4-47}$$

式中:遗忘因子 $\lambda > 0$;ε、ε_0 为非负常数,且二者中至少有一个为正常数。

滞后切换逻辑的切换过程可以描述为:首先,初始化 $\sigma(0) = \chi(\rho_0) = \chi(\text{arg-}\min\{\mu_p(0)\})$;然后,假设在某个时刻 t_i,σ 切换到 $\sigma(t_i) = \chi(\text{argmin}\{\mu_p(t_i)\})$,系统会保持 σ 不变直到某个时刻 $t_{i+n} > t_i$ 满足 $\mu_\rho(t_{i+n}) > (1+h)\mu_p(t_{i+n})$($h$ 为

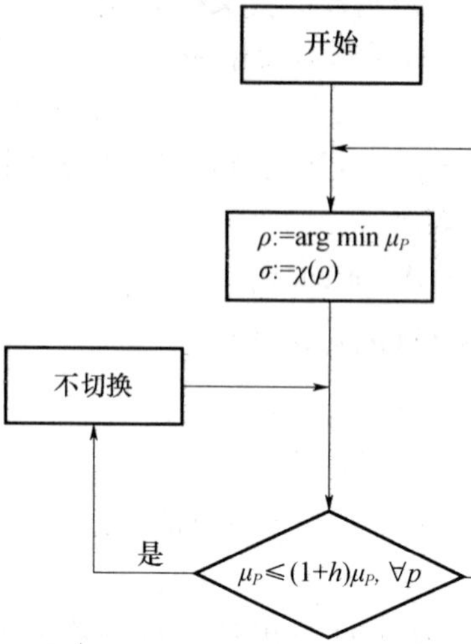

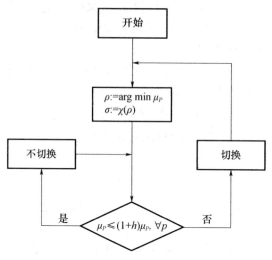

图 4－7　滞后切换逻辑流程图

滞后常数且 $h>0$）才会进行切换，切换完成后设 $\sigma(t_{i+n})=\chi(\text{argmin}\{\mu_p(t_{i+n})\})$，进行下一轮循环判断。

通过切换逻辑处理后便可获得当前时刻的切换信号 σ，根据切换信号 σ 便可在候选控制器集合 C 中对应找到合适的控制器 C_σ，实现对在当前海况下工作的动力定位船舶的最优控制。

4.6　仿真实例与结果分析

4.6.1　PID 控制器仿真与分析

为验证 PID 控制算法在船舶动力定位系统中的控制效果，本节以一艘 75m 平台供应船按照 1∶20 的缩放比例制作的船舶模型为研究对象，船模参数见表 3－2。该供应船船模的惯性矩阵 $\boldsymbol{M}$ 和水动力阻尼系数矩阵 $\boldsymbol{D}$ 是通过 FLUENT 数值计算获得。

与船型有关的惯性矩阵为：

$$\boldsymbol{M}=\begin{bmatrix}0.754 & 0 & 0\\ 0 & 1.199 & 0.211\\ 0 & 0.029 & 0.524\end{bmatrix}$$

阻尼系数矩阵为：

$$D = \begin{bmatrix} 0.014 & 0 & 0 \\ 0 & 0.102 & -0.024 \\ 0 & 0.192 & 0.095 \end{bmatrix}$$

仿真条件为无风静水环境,船舶初始位置为[0m,0m,0°],船舶定位的期望位置为[10m,10m,20°],在 MATLAB 平台上对其进行仿真研究。

令:

$$e = \boldsymbol{R}^{\mathrm{T}}(\psi)(\boldsymbol{\eta}_d - \boldsymbol{\eta}) \tag{4-48}$$

$$\dot{\boldsymbol{\xi}} = \boldsymbol{\eta} \tag{4-49}$$

$$\dot{\boldsymbol{\xi}}_d = \boldsymbol{\eta}_d \tag{4-50}$$

将式(4-48)~式(4-50)代入式(4-4)中得:

$$\boldsymbol{\tau} = \frac{\boldsymbol{K}_i}{T}\boldsymbol{R}^{\mathrm{T}}(\psi)(\boldsymbol{\xi}_d - \boldsymbol{\xi}) + \boldsymbol{K}_d T(\dot{\boldsymbol{\eta}}_d - \dot{\boldsymbol{\eta}}) + \boldsymbol{K}_p \boldsymbol{R}^{\mathrm{T}}(\psi)(\boldsymbol{\eta}_d - \boldsymbol{\eta}) \tag{4-51}$$

式中:$\boldsymbol{\xi}_d$ 和 $\boldsymbol{\eta}_d$ 为船舶期望状态变量。

为验证 PID 控制器的控制性能,现将 PID 控制器与船舶低频运动数学模型组成闭环控制回路。通过调整 PID 控制器内部的 $\boldsymbol{K}_p$,$\boldsymbol{K}_d$,$\boldsymbol{K}_i$ 增益矩阵如下:

$$\boldsymbol{K}_p = \begin{bmatrix} 0.002 & 0 & 0 \\ 0 & 0.001 & 0.002 \\ 0 & 0.001 & 0.001 \end{bmatrix}、\boldsymbol{K}_d = \begin{bmatrix} 0.09 & 0 & 0 \\ 0 & 0.01 & 0.005 \\ 0 & 0.001 & 6 \end{bmatrix}、$$

$$\boldsymbol{K}_i = \begin{bmatrix} 0.02 & 0 & 0 \\ 0 & 0.01 & 0.001 \\ 0 & 0.1 & 0.1 \end{bmatrix}$$

使得船舶运动曲线达到期望结果。图 4-8~图 4-11 分别为船舶北向低频运动位置、船舶东向低频运动位置、船舶艏摇运动位置和船舶水平面内轨迹仿真结果。

图 4-8、图 4-9 及图 4-11 表明 PID 控制器能均衡地控制船舶北向和东向的运动。从图 4-10 可以看出,船舶的艏摇控制较好,没有产生超调,但到达预设艏摇角度时间较长且存在较小的静态误差。总的来说,PID 控制器在合适的参数下能够达到较好的定位效果。

影响 PID 控制算法仿真结果的增益矩阵主要有 $\boldsymbol{K}_p$、$\boldsymbol{K}_d$、$\boldsymbol{K}_i$。船舶动力定位 PID 控制器中 $\boldsymbol{K}_p$ 越大,系统响应越快。$\boldsymbol{K}_d$ 设置合适时能够进一步改善系统的动态响应,但 $\boldsymbol{K}_d$ 过大也会使得系统出现抖动,动态响应恶化。当系统出现比较严重的静态误差时,这时需要引入积分项来减小系统的静态误差。不同的船舶模型,其质量惯性矩阵和相对阻尼系数矩阵是不同的,$\boldsymbol{K}_p$、$\boldsymbol{K}_d$、$\boldsymbol{K}_i$ 的取值范围和数量级也不相同,因此需要掌握它们对系统的影响规律,方可在实际使用时确定比较满意的参数。

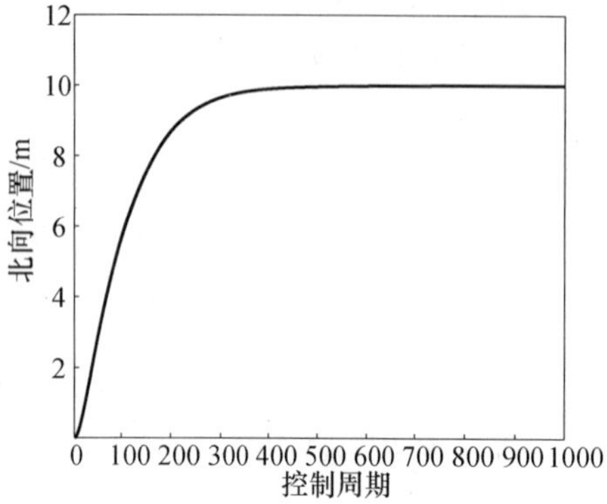

图 4-8　船舶北向位置仿真结果

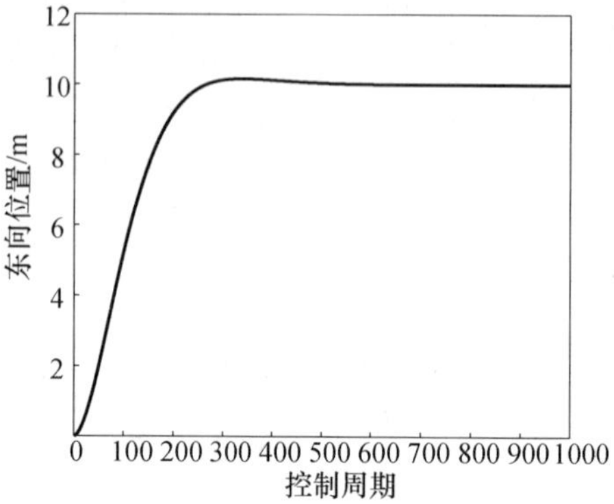

图 4-9　船舶东向位置仿真结果

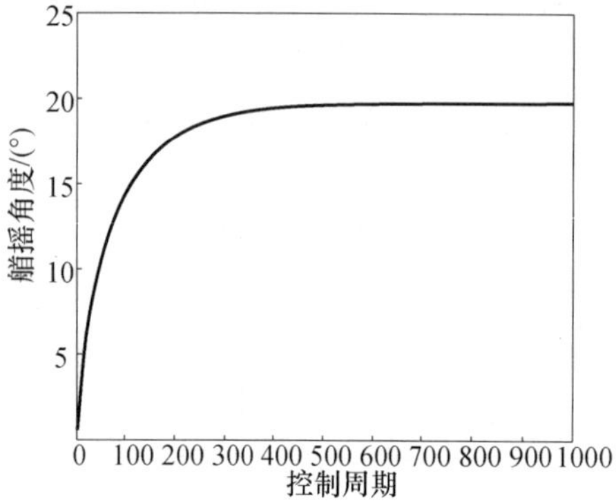

图 4-10　船舶艏摇角度仿真结果

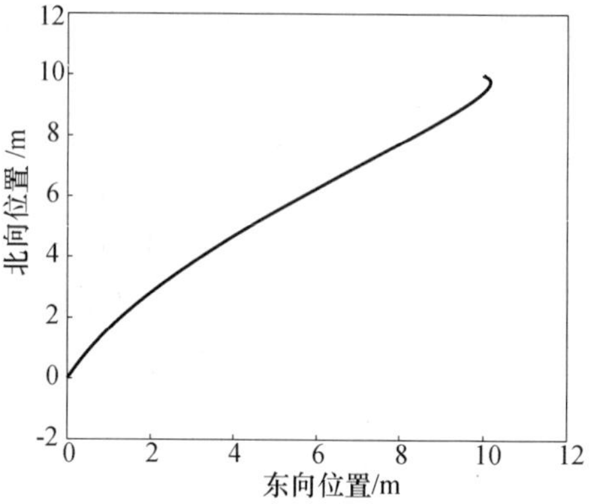

图 4-11　船舶水平面内的运动轨迹

4.6.2　LQ 控制器仿真与分析

为验证 LQ 控制器的有效性,在仿真平台上进行仿真,仿真初始条件及船舶模型参数与 4.6.1 节相同。船舶运动的数学模型可以写为:

$$\dot{\boldsymbol{X}}_L = \boldsymbol{A}_L\boldsymbol{X}_L + \boldsymbol{B}_L\boldsymbol{\tau} \tag{4-52}$$

式中:$\boldsymbol{X}_L = [\boldsymbol{\eta}^{\mathrm{T}}, \boldsymbol{v}^{\mathrm{T}}]^{\mathrm{T}}$ 为无源估计滤波器中的六维状态估计变量;$\boldsymbol{A}_L$、$\boldsymbol{B}_L$ 为定常矩阵,即

$$A_L = \begin{bmatrix} 0 & I \\ 0 & -M^{-1}D \end{bmatrix}, B_L = \begin{bmatrix} 0 \\ M^{-1} \end{bmatrix}。$$

在船舶动力定位系统中，$\boldsymbol{\tau}_{LQ}$表示为了达到最优性能指标系统推进器所需要提供的三个自由度上的力和力矩，即$\boldsymbol{\tau}_{LQ}$相当于最优控制律$\boldsymbol{u}^*(t)$，则

$$\boldsymbol{\tau}_{LQ} = -\boldsymbol{R}_c^{-1}\boldsymbol{B}^{\mathrm{T}}\boldsymbol{P}\boldsymbol{e} \tag{4-53}$$

式中：$\boldsymbol{e}$ 为状态估计值与期望值之间的偏差变量，$\boldsymbol{e} = [\boldsymbol{e}_1^{\mathrm{T}}, \boldsymbol{e}_2^{\mathrm{T}}]$，$\boldsymbol{e}_1 = [\tilde{x}, \tilde{y}, \tilde{\psi}]^{\mathrm{T}}$，$\boldsymbol{e}_2 = [\tilde{u}, \tilde{v}, \tilde{r}]^{\mathrm{T}}$；$\boldsymbol{P}$ 为 Ricatti 方程的解：

$$\boldsymbol{A}^{\mathrm{T}}\boldsymbol{P} + \boldsymbol{P}\boldsymbol{A} - \boldsymbol{P}\boldsymbol{B}\boldsymbol{R}_c^{-1}\boldsymbol{B}^{\mathrm{T}}\boldsymbol{P} + \boldsymbol{Q} = 0 \tag{4-54}$$

目前，$\boldsymbol{Q}$、$\boldsymbol{R}_c$ 还没有统一的计算方法，一般按经验取值。代入参数值即可求得最优控制律$\boldsymbol{\tau}_{LQ}$。

针对 LQ 控制器与船舶低频运动模型组成闭环控制回路。同样，船舶定位期望位置设置为[10m，10m，20°]。通过反复试凑调整得到最优的 LQ 控制器 $\boldsymbol{Q}$、$\boldsymbol{R}_c$ 半正定对称矩阵如下：

$$\boldsymbol{Q} = 0.002 \times \mathrm{diag}(50, 0.15, 500, 1, 0.1, 0.001)$$
$$\boldsymbol{R}_c = \mathrm{diag}(1, 0.005, 0.1)$$

得到的最优参数下的船舶低频运动位置仿真结果如图 4-12 ~ 图 4-18 所示。

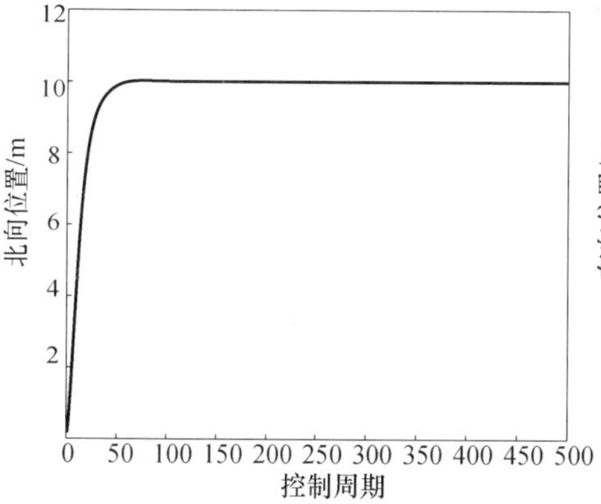

图 4-12　船舶北向位置仿真结果

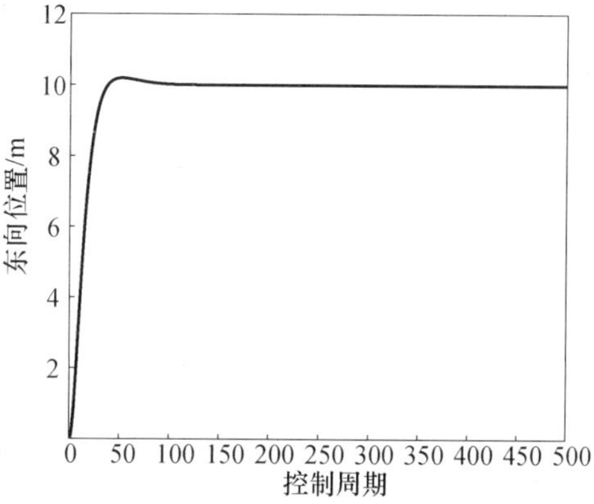

图 4-13　船舶东向位置仿真结果

从图 4-12 ~ 图 4-18 可以看出，LQ 控制器产生的控制力及力矩比较符合船舶运动规律，且能达到基本的定位效果。图 4-15 表明 LQ 控制器能同时兼顾控制船舶的北向、东向运动，船舶在两个方向上几乎同时达到预定位置。从图 4-14 可以看出，船舶艏摇效果控制比较好，LQ 控制器能在较短的时间内将船舶的艏向控制到预定的位置，这正是由于加权矩阵 $\boldsymbol{Q}$ 中艏向角度权重设置较

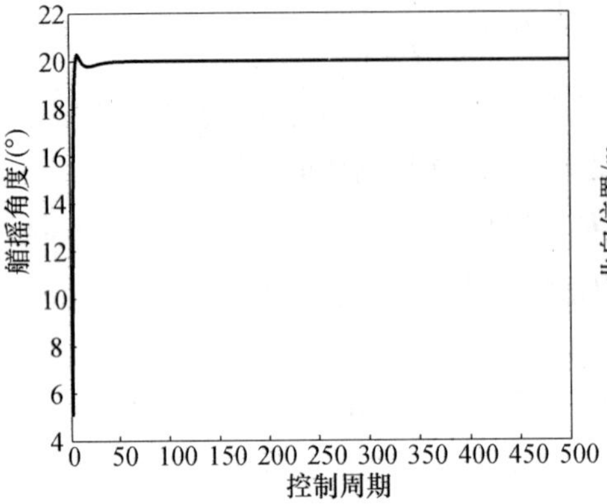

图 4-14　船舶艏摇角度输出

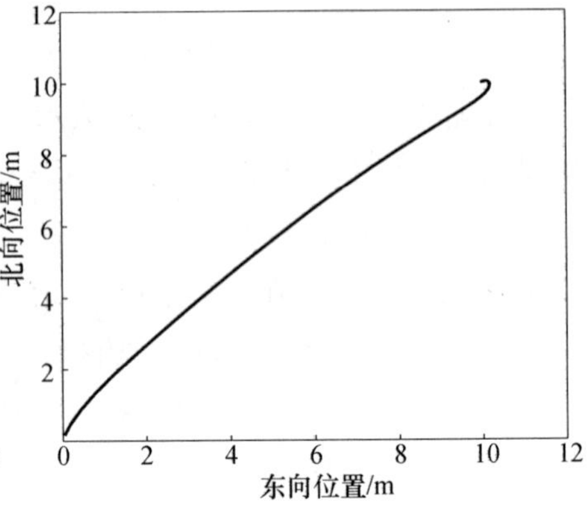

图 4-15　船舶水平面内的运动轨迹

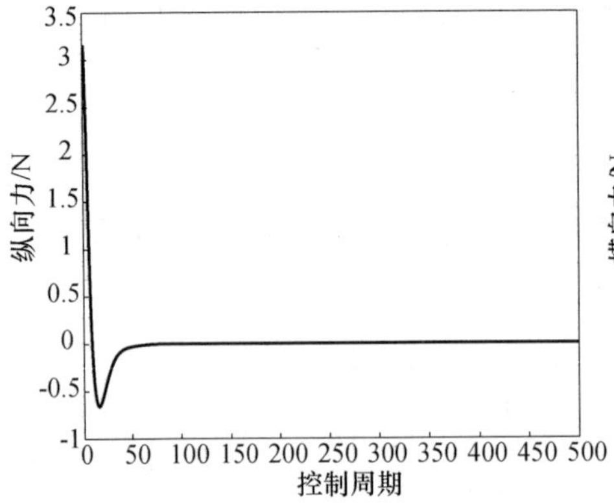

图 4-16　船舶的纵向控制力

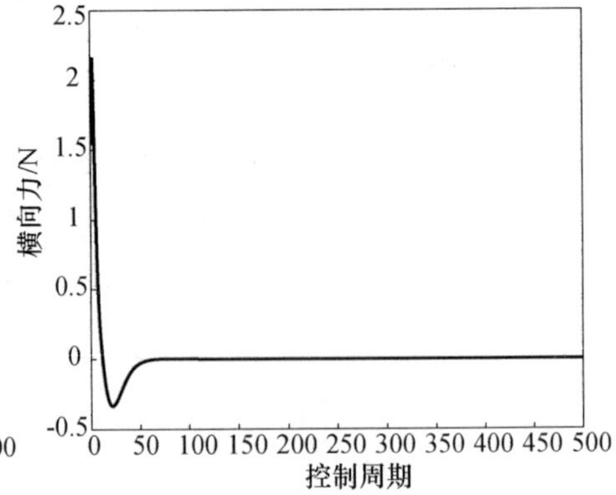

图 4-17　船舶的横向控制力

大所带来的效果，这样的设置体现出了艏向优先控制的特点，还减少了船舶在运动过程中的艏向摇摆。另外，从图 4-16～图 4-18 中还可以看到，LQ 控制器输出的控制力及控制力矩较小且很快回到零输出状态，这表明 LQ 控制器不仅降低了能耗，还提高了船舶定位时的工作效率，这验证了 LQ 控制器设计时优化能耗的初衷。

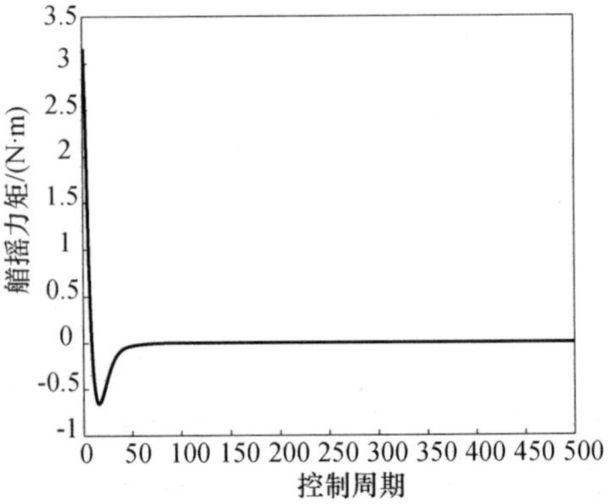

图 4-18　船舶的艏摇方向控制力矩

需要注意的是，在使用 LQ 控制算

法时，最优控制效果取决于加权矩阵 $\boldsymbol{Q}$ 和 $\boldsymbol{R}_c$ 的选取，如果 $\boldsymbol{Q}$ 和 $\boldsymbol{R}_c$ 选取不当，则可能使求得的解不能满足实际系统的性能要求。此外，LQ 最优控制算法完全依赖于时不变系统模型，模型参数估计不准或变化时，不一定能够保持原有的控制效果，因此对于例如高速循迹控制等模型参数时变的情形，采用 LQ 最优控制算法并不太合适。

4.6.3 反步积分控制器仿真与分析

将反步积分控制器与船舶低频运动数学模型组成闭环循环控制，船舶模型参数、船舶初始位置和期望位置均与 4.6.1 节相同。调整反步积分控制器内部的 $\boldsymbol{K}_\xi$、$\boldsymbol{K}_1$、$\boldsymbol{K}_2$ 增益矩阵如下：

$$\boldsymbol{K}_1 = 3 \times \begin{bmatrix} 1 & 0 & 0 \\ 0 & 1 & 0 \\ 0 & 0 & 1 \end{bmatrix}, \boldsymbol{K}_2 = 1 \times \begin{bmatrix} 1 & 0 & 0 \\ 0 & 1 & 0 \\ 0 & 0 & 1 \end{bmatrix}, \boldsymbol{K}_\xi = 3 \times \begin{bmatrix} 1 & 0 & 0 \\ 0 & 1 & 0 \\ 0 & 0 & 1 \end{bmatrix}$$

得到的船舶低频运动位置仿真结果如图 4－19～图 4－22 所示。

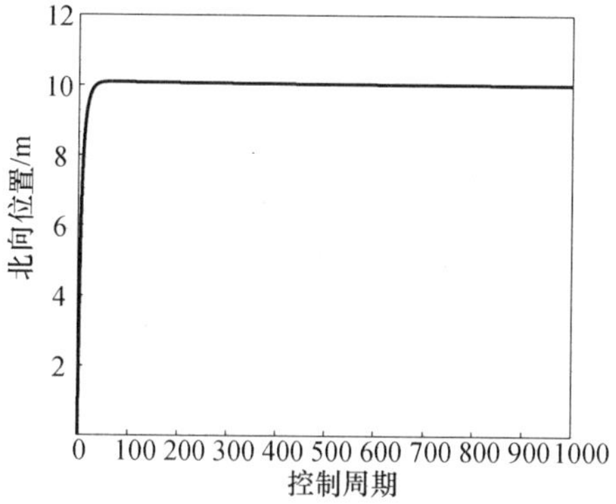

图 4－19　船舶北向位置仿真结果

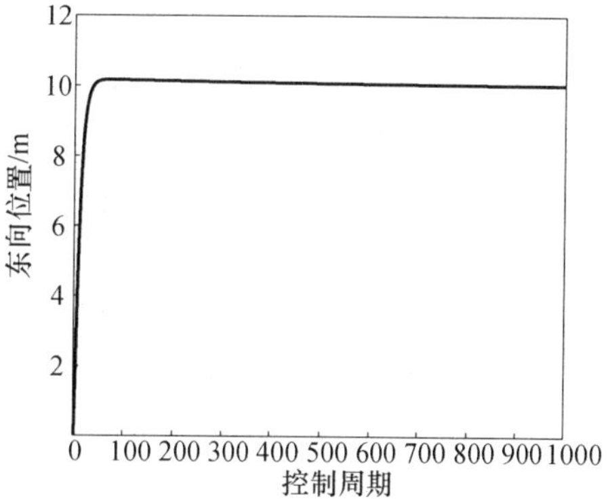

图 4－20　船舶东向位置仿真结果

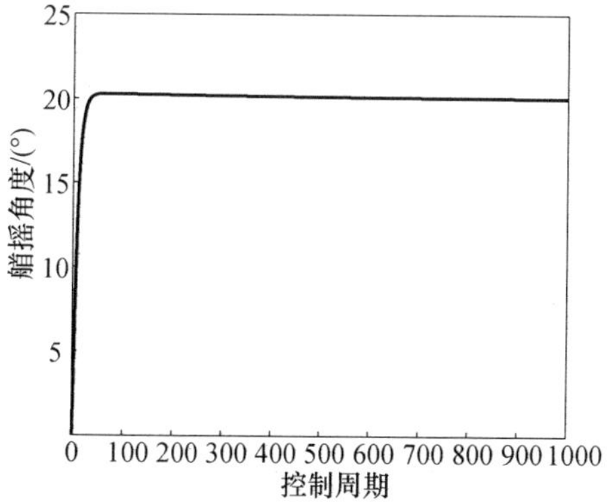

图 4－21　船舶艏摇角度仿真结果

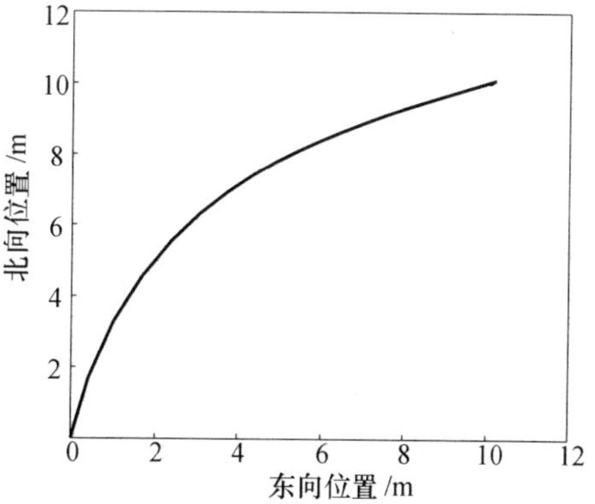

图 4－22　船舶水平面内运动轨迹

从上面仿真结果可以看到，反步积分控制器针对船舶低频运动的控制基本上能达到预期的定位效果。从图 4 – 19 ~ 图 4 – 21 中可以看到，船舶北向、东向以及艏向的控制都能使船舶较快地达到预定值，并且均未出现明显超调情况。从图 4 – 22 中可以看出，所设计的反步积分控制器基本上能同时兼顾控制船舶的北向、东向运动，使得船舶在两个方向上几乎同时达到预定位置。

对于不同的船舶模型，质量惯性矩阵和相对阻尼系数矩阵不同，反步积分控制器设计中一般均取为正定的对角矩阵，$\boldsymbol{K}_\xi$、$\boldsymbol{K}_1$、$\boldsymbol{K}_2$ 的取值范围和数量级都不相同，需要对 $\boldsymbol{K}_1$、$\boldsymbol{K}_2$ 以及 $\boldsymbol{K}_\xi$ 进行反复测试调优，以期达到最佳的控制效果。

需要指出的是，反步积分控制同样也是严格依赖于系统模型参数的，假若模型参数发生变化（如船舶高速循迹时），设计的反步积分控制器并不一定能够保持原来的性能，故在实际应用时需要注意适用环境。另外，由于反步积分控制器中的自适应律会对系统模型中的噪声项 ω 进行估计，因此自适应律设置的合适与否也将会对控制器性能产生影响。

4.6.4 模糊控制器仿真与分析

将设计的模糊控制器应用到船舶动力定位系统中进行闭环控制仿真，验证模糊控制器的控制效果。模糊论域取为[–3,3]，北向位置偏差和东向位置偏差实际论域均取为[–10,10]，艏向角偏差实际论域取为[–π/6,π/6]，纵向速度偏差实际论域取为[–2,2]，横向速度偏差实际论域取为[–1,1]，艏向偏转角速度偏差实际论域取为[–0.2,0.2]，纵向推力实际论域取为[–2,2]，横向推力实际论域取为[–1.2,1.2]，转矩实际论域取为[–2,2]，船舶北向、东向以及艏摇角度低频运动位置仿真结果以及船舶在水平面内的运动轨迹图分别如图 4 – 23 ~ 图 4 – 26 所示。

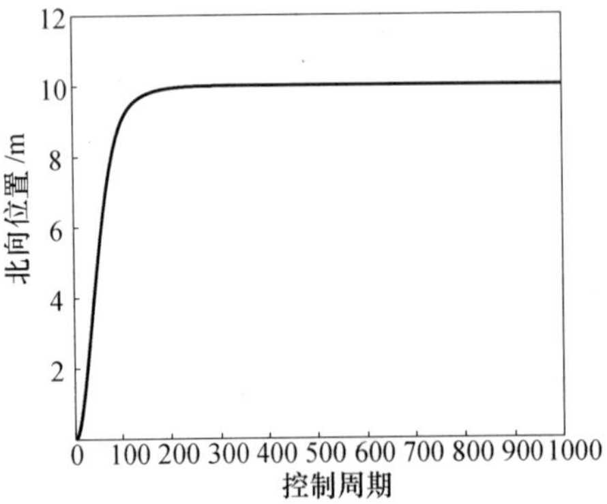

图 4 – 23　船舶北向运动位置仿真结果

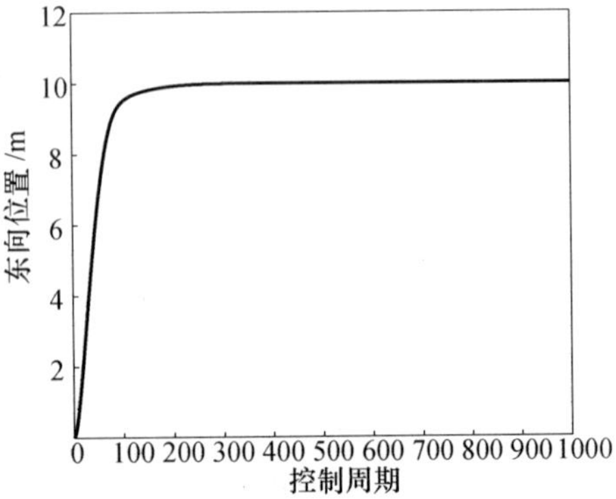

图 4 – 24　船舶东向运动位置仿真结果

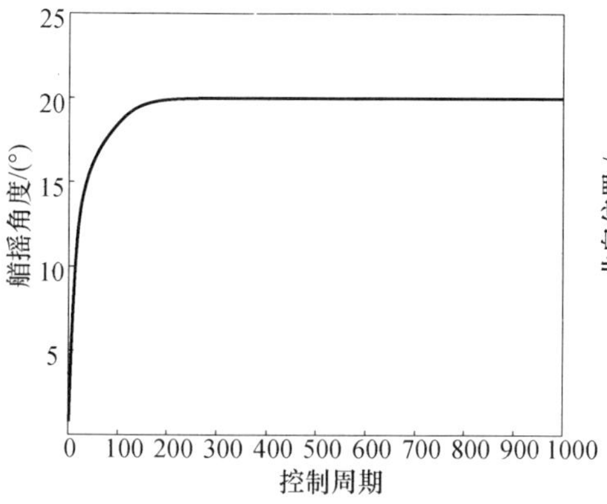

图 4-25　船舶艏摇角度仿真结果

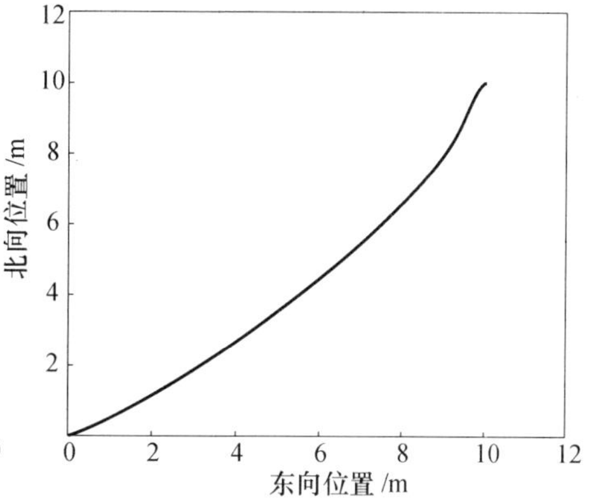

图 4-26　船舶在水平面内运动轨迹

从图 4-23 ~ 图 4-26 可以看出，模糊控制器针对船舶低频运动的控制效果符合船舶运动规律，能达到预期的定位效果。从图 4-23 ~ 图 4-25 可以看到，船舶在北向、东向以及艏摇三方面的控制效果较好，能较快地达到预定值，而且也未出现超调情况。然而船舶的动态响应偏慢，这是因为船舶的位置偏差（北向位置误差、东向位置误差以及艏摇角度误差）以及速度偏差（横向速度误差、纵向速度误差和艏摇角速度误差）的实际论域设定过大，导致船舶运动缓慢。相应地减小位置偏差以及速度偏差的实际论域或者增大作用力（横向作用力、纵向作用力和艏摇力矩）的实际论域可以加快系统的动态响应速度，但是过小的位置偏差和速度偏差实际论域以及过大的作用力实际论域会引起系统的超调，因此需要根据实际情况合理地选择模糊论域方能达到最优的控制效果。

4.6.5　变海况下的混合切换控制器仿真与分析

变海况下的船舶动力定位混合切换控制器包括控制器部分、监督切换部分以及作为给控制器提供前端输入数据的滤波器部分，每一部分的正常运行是整个混合切换控制器能达到期望控制性能的基本保证。本节将前面章节设计的卡尔曼滤波器分别与 PID、反步积分和模糊控制器组成完整的闭合回路，在不同的海况下进行了定点定位控制仿真[25]。通过上述控制器仿真结果的对比分析，分别筛选出了适用于特定海况下的最优控制器，完成了混合切换控制器的设计，并对其进行了仿真验证。

1. 仿真环境设置

本节以 4.6.1 节中的船舶模型为研究对象，船模参数、惯性矩阵 $\boldsymbol{M}$ 和水动

力阻尼系数矩阵 $\boldsymbol{D}$ 参见4.6.1节，而本节中控制系统的控制目标是使船舶在海况变化时仍能保持在(0m,0m,0°)的位置。

为了对比不同控制器在四种典型海况(见表4-9)下的船位保持效果，现结合的卡尔曼滤波器和PID、反步积分、模糊控制器进行仿真模拟。考虑到在实际应用时，动力定位船舶推进系统能够发出的推力和力矩有限，因此设置推力限制范围为[-0.05,0.05]kN，力矩限制范围为[-0.05,0.05]kN·m，采样周期取为 $T=0.2$s。

为了简化仿真设置，假设外界海况变化状况已知，这样对应于海况变化的切换信号便可事先确定，在筛选出适用于各种海况下的最优控制器后，只需根据已指定的切换信号切换到相应的控制器即可实现变海况下的混合控制仿真。据此，具体仿真环境设置见表4-8。其中，过程噪声误差协方差取值为 $\boldsymbol{Q}_0 = 0.001\times\mathrm{diag}([0,0,0,1,2,1,0,0,0,2,1,1])$。

表4-8 仿真环境设置

起始仿真步数	终止仿真步数	峰值频率/(rad/s)	过程噪声
0	450	0.96	$0.1Q_0$
450	550	0.64~0.96	$0.1Q_0$~Q_0
550	950	0.64	Q_0
950	1050	0.40~0.64	Q_0~$10Q_0$
1050	1450	0.40	$10Q_0$
1450	1550	0.24~0.40	$10Q_0$~$100Q_0$
1550	2000	0.24	$100Q_0$

在上述海况变化时进行海况判断，确定的切换信号与海况对应关系如图4-27及表4-9所示。图中虚线表示峰值频率，实线表示切换信号。切换标准根据表4-9划分的四种典型海况进行选择。

表4-9 切换信号与海况对应关系

海况类型	峰值频率 PFW/(rad/s)	切换信号 σ
平静海况	>0.79	1
中等海况	0.79~0.67	2
高海况	0.67~0.45	3
极端海况	<0.45	4

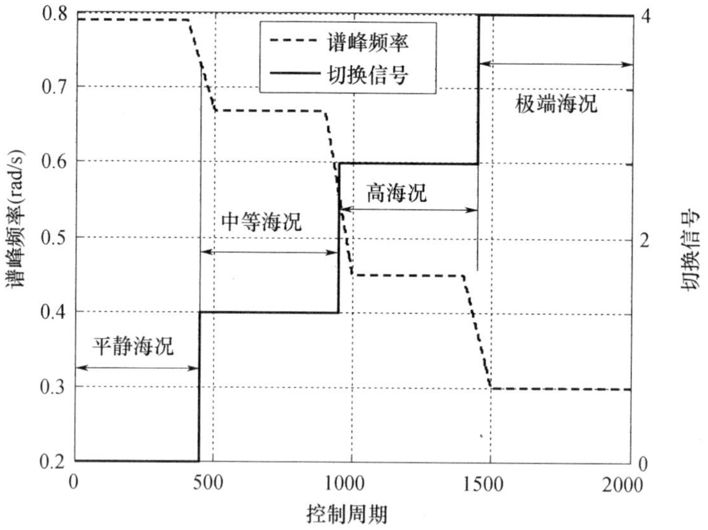

图 4 – 27　滞后切换逻辑切换过程

2. 变海况下单一控制器仿真分析

1）PID 控制器仿真分析

基于前面的仿真环境的设置，PID 控制器在四种典型海况下的定点定位控制结果如图 4 – 28 ~ 图 4 – 29 所示。由图 4 – 28 可以看出，在平静海况、中等海况和高海况时，单独的 PID 控制器都能够很好地达到定位效果；在极端海况时，船舶开始出现位置偏离，从艏摇角的变化曲线能够明确地反映出这种趋势。从图 4 – 29 可知，当 PID 控制器参数设置合理时，既能够减少船舶能耗，也能够使船舶保持在期望的位置；但当海况变恶劣时，为了抵抗外界更大的干扰，必须发出足够大的力，从推力在极端海况时变化的趋势可以看出，此时 PID 控制器推力及力矩频繁达到饱和状态，并且变化速度很快。

从图中的仿真结果可以看到，PID 控制器在前两种海况下不仅均值稳定在定位点(0m,0m,0°)附近，并且船舶在定位点附近做小振幅振荡，都能达到较好的定位效果，滤波器也能达到较理想的滤波效果；在高海况时，由于环境变得恶劣开始出现波动较大的情况，但也能达到预定的位置；在极端海况时控制器的均值已出现较大偏差。

2）反步积分控制器仿真分析

同样依照前述的仿真环境，对反步积分控制器在四种不同海况下进行仿真分析，其仿真结果如图 4 – 30 和图 4 – 31 所示。

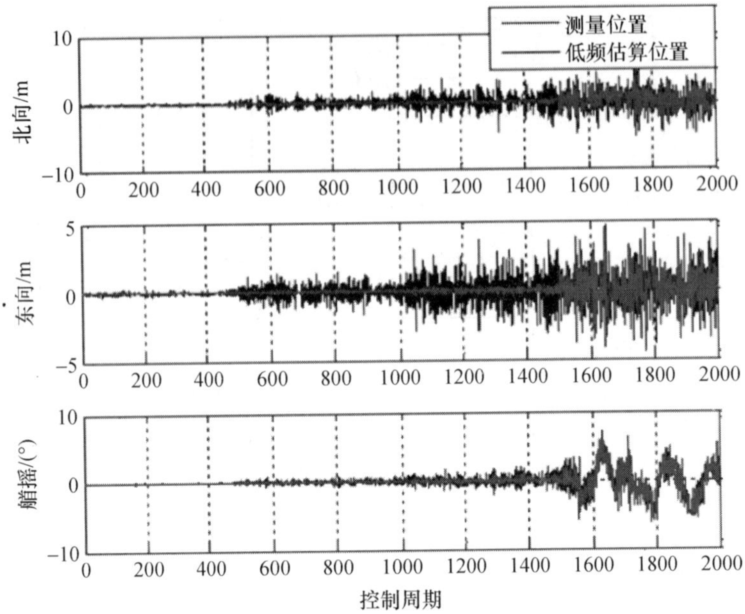

图 4－28　PID 控制器在变海况下的仿真实验结果

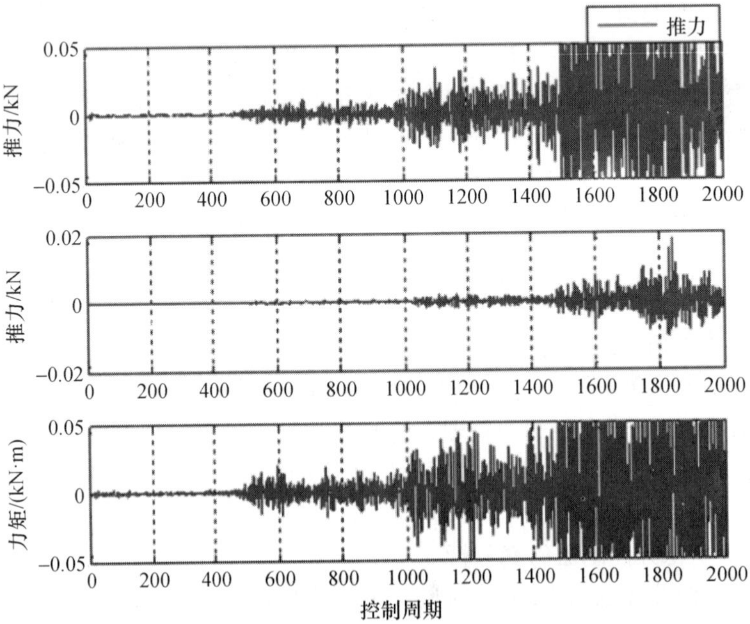

图 4－29　PID 控制器在变海况下的推力变化

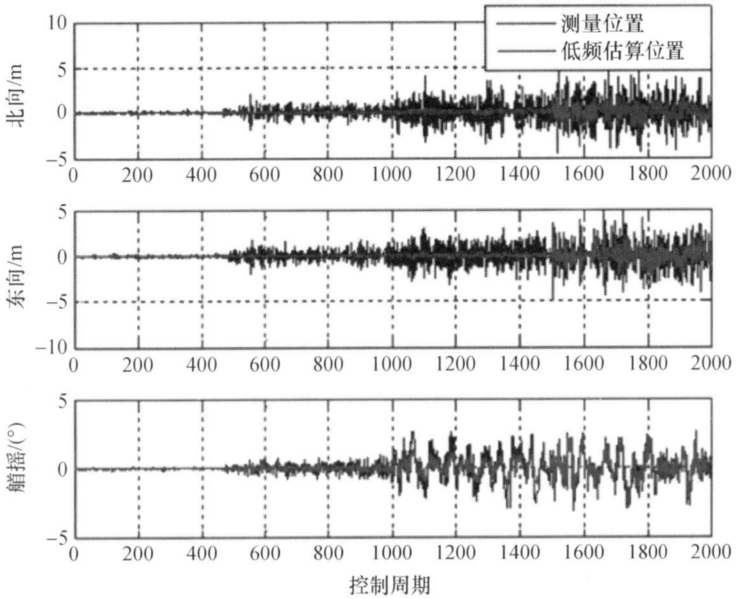

图 4-30　反步积分控制器在变海况下的仿真实验结果

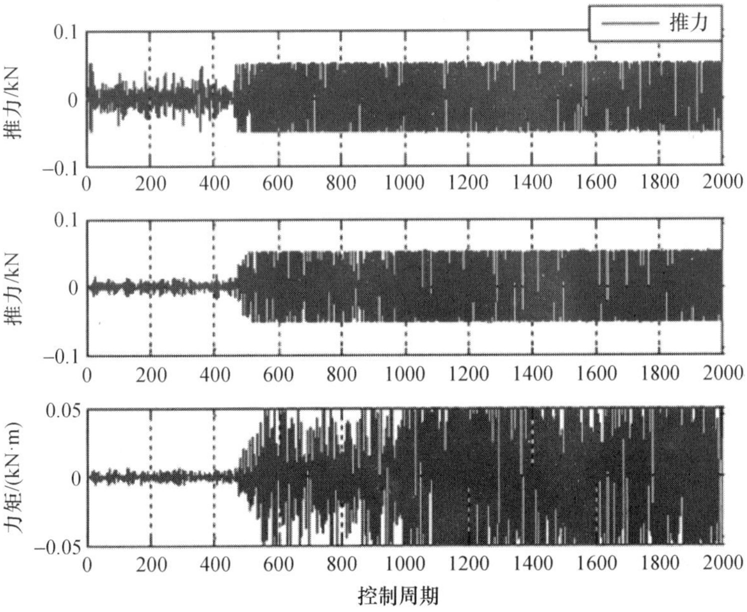

图 4-31　反步积分控制器在变海况下的推力变化

从图中可以看出，反步积分控制器具有很好的镇定效果，它在平静海况和中等海况时都能较好地使船舶快速稳定在预设期望位置附近，具有很强的抗干扰能力。随着海况等级的提高，艏摇角出现大范围波动的情况，但总的来说艏摇角的均值并未大幅度改变，仍然稳定在预设位置(0m,0m,0°)附近。另外，反步积分控制器作用下的推力变化也比较剧烈，且很快就达到了饱和状态，对于推进系统冗余度不大的动力定位船舶可能会达不到期望的效果。需要注意的是，反步积分控制器严格依赖于船舶的模型参数，当实船模型参数与设计时使用的船舶模型参数相差较大时，可能同样会无法达到预期控制效果。

3）模糊控制器仿真分析

模糊控制器由于其设计方法依赖于设计者的实际经验，而不完全取决于被控对象数学模型的优点，在各个领域应用广泛。然而在实际控制系统中，由于执行机构的限制，使得被控系统不能及时动作，因此需要在设计控制器时根据实际情况进行约束处理。另外，由于控制器输出的是增量，误动作产生时对系统影响较小，必要时可用逻辑判断的方法去除。这里采用了增量式的模糊控制算法，对执行机构的推力变化率进行了限制。依照同样的仿真环境设置对其进行仿真，结果如图 4－32 和图 4－33 所示。

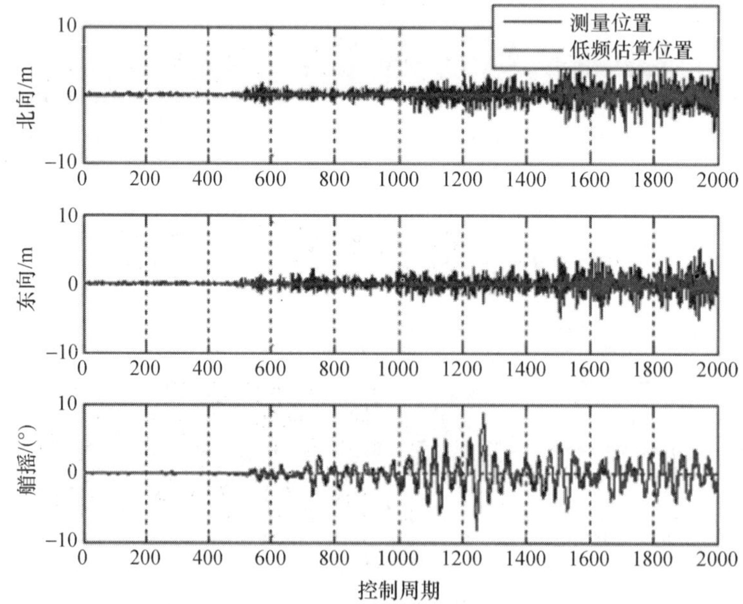

图 4－32　增量式模糊控制器在变海况下的仿真实验结果

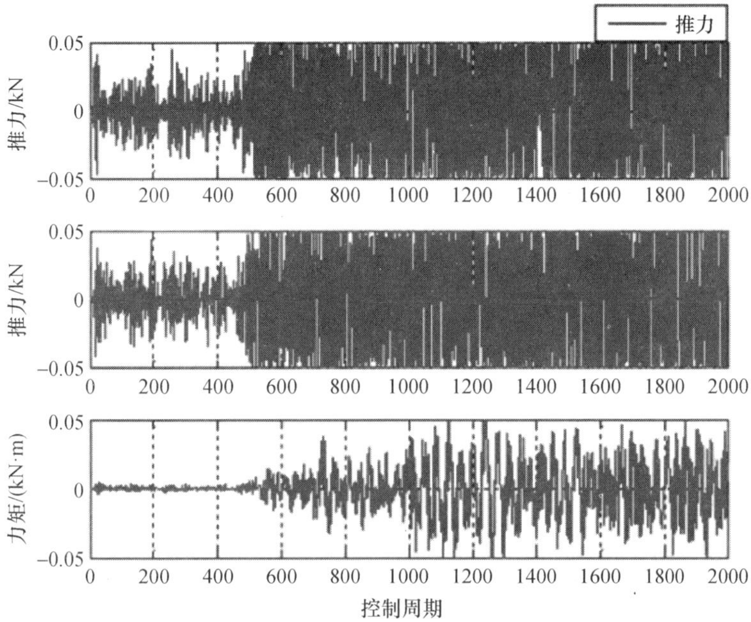

图 4－33 增量式模糊控制器在变海况下的推力变化

从图 4－32 中可以直观地看出，尽管增量式模糊控制器在四种海况下都能使船舶稳定在预设期望位置附近，但船舶位置在其控制下在预设位置(0m,0m,0°)附近缓慢波动。从图 4－33 还能看到，其推力变化较 PID 控制器和反步积分控制器更加缓慢，这也就意味着船舶回复到期望位置速度会较慢。在前三种海况时，增量式模糊控制器的控制效果不如 PID 控制器和反步积分控制器。但在极端海况时，由于增量式模糊控制器较好的鲁棒性，动力定位船舶一直在预设期望位置附近来回振荡，能够较好地实现船位保持的功能。总的来说，增量式模糊控制器在对定位精度要求不高，船舶模型参数估计不精确的条件下使用会有较好的效果。

3. 混合切换控制器仿真分析

为了定量比较上述三种控制器在四种典型海况下各自的定位效果，确定混合切换控制器在各种海况下的最优控制器，特引入船舶低频估算位置和参考位置的均方根误差作为评价标准，具体评价结果见表 4－10。

以船舶纵向运动位置为例，进行比较分析。平静海况下，在 PID 控制器作用下，船舶低频估算位置与参考位置的均方根误差明显小于反步积分控制器和增量式模糊控制器，说明 PID 控制器在低海况时能够保证船舶运动位置更加贴近预设期望位置，而反步积分控制器和增量式模糊控制器控制效果相接近；中等海况下 PID 控制器控制效果开始变差，从均方根误差指标可以看出反步积分控制器和增量式模糊控制器要优于 PID 控制器；在高海况下三种控制器控制效果相近；在极端海况下 PID 控制器均方根误差最大，反步积分控制器次之，增量式模糊控制器最小，即控制效果最优。实际上，在考虑控制器的选取时除了均方根误差和推力变化这类评价标准，还要综合考虑程序实现的困难程度，参数选取的复杂度，以及动力定位船舶模型的精确度等因素。

表 4-10　四种典型海况下三种控制器均方根误差

比较参数	控制器类型	平静海况	中等海况	高海况	极端海况
船舶北向位置/m	PID	4.8×10^{-4}	7.6×10^{-3}	0.14	2.23
	反步积分	7.1×10^{-4}	5.8×10^{-3}	0.15	2.14
	增量式模糊	7.1×10^{-4}	6.0×10^{-3}	0.14	1.86
船舶东向位置/m	PID	2.6×10^{-4}	7.0×10^{-3}	0.16	2.81
	反步积分	5.4×10^{-4}	4.4×10^{-3}	0.18	2.17
	增量式模糊	6.1×10^{-4}	4.9×10^{-3}	0.18	2.45
船舶艏摇角度/(°)	PID	1.9×10^{-3}	2.9×10^{-2}	0.43	1.68
	反步积分	2.9×10^{-3}	2.7×10^{-2}	0.91	1.63
	增量式模糊	3.2×10^{-3}	2.4×10^{-2}	0.94	1.19

从仿真模拟时程序运行时间而言，PID 控制器大约需要 0.475s，反步积分控制器为 0.488s，增量式模糊控制器为 0.836s。以上结果表明，在其他条件相同时，PID 控制器算法实现较简单，而且也具有一定的鲁棒性。所以，在三种控制器都可以满足定位目标的情况下，前三种海况（平静海况、中等海况及高海况）下选择 PID 控制器。在极端海况时，外界干扰变大，会增加船舶模型的不准确性。从仿真结果来看，PID 控制器在极端海况时出现了静态误差，而反步积分控制器对模型精确度要求较高，需要干扰有界才能保证闭环系统稳定。如果二者都能满足，则采用反步积分控制器会带来更好的镇定效果，但这两个前提若不能同时满足，不建议使用。这里结合实际情况，在极端海况时选择不依赖于模型且推力变化较小的增量式模糊控制器。

根据上述分析，确定的混合切换控制器控制策略见表 4-11。需要指出的是，考虑到极端海况下峰值频率相对较低，接近控制系统本身的带宽，此时若仍然对测量信号进行滤波则会无法真实反映船舶的低频运动，因此在该海况下没有加入滤波器进行仿真。

表 4 - 11　混合控制器控制策略

海况类型	峰值频率 PFW/(rad/s)	切换信号 σ	滤波器和控制器
平静海况	>0.79	1	Kalman + PID 控制器
中等海况	0.79 ~0.67	2	Kalman + PID 控制器
高海况	0.67 ~0.45	3	Kalman + PID 控制器
极端海况	<0.45	4	模糊控制器

依据表 4 - 11 设计的混合切换控制器在海况变化时的仿真结果如图 4 - 34 和图 4 - 35 所示。从图 4 - 34 中可以看到，在海况变化时，混合切换控制器能够将船舶控制在原点附近，即使在极端海况下也能保证船舶在预设期望位置附近来回振荡。从图 4 - 35 可知，在前三种海况下，与 PID 控制器单独控制时推力、力矩变化趋势相同，进一步证明了混合控制器的模块化结构不会改变单一控制器的控制效果。由于极端海况时采用增量式模糊控制器，推力不能迅速变化，因此与前三种海况推力大小有较大区别，但是其变化趋势并未受到影响。由于在极端海况时使用的是增量式模糊控制器，推力会达到饱和，但仍能保证较小的变化率。

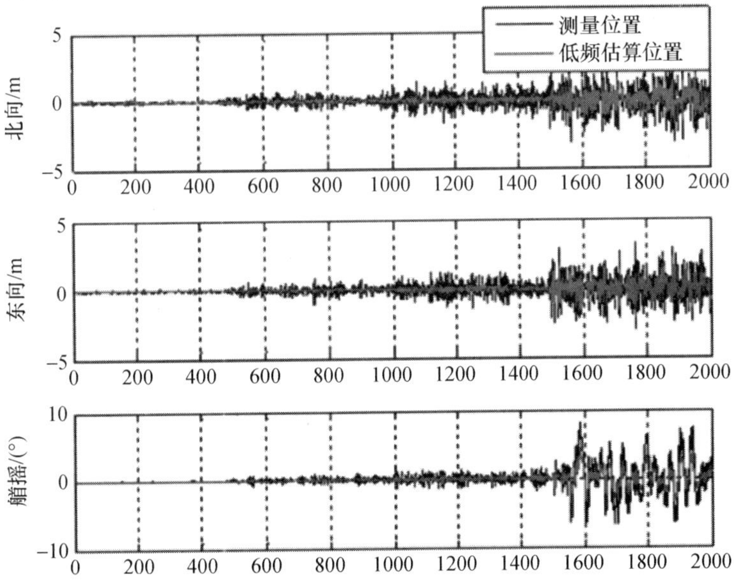

图 4 - 34　混合控制器在变海况下的仿真实验结果

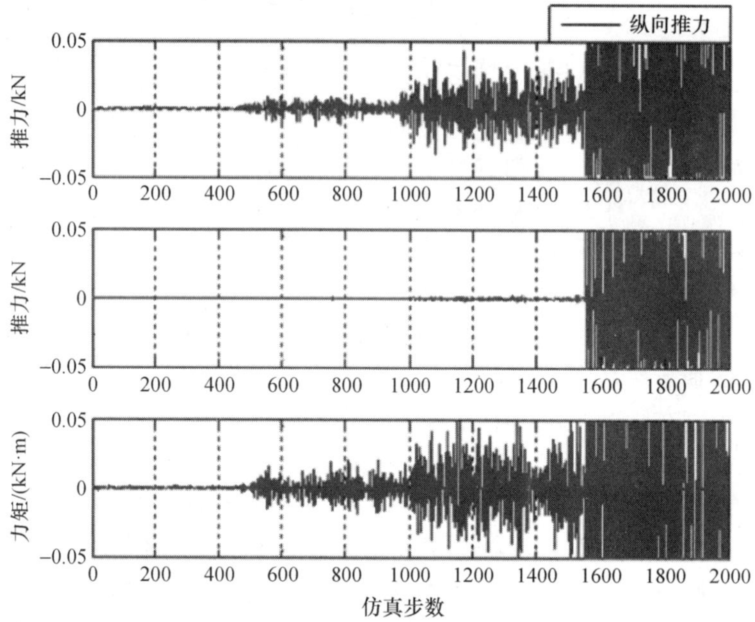

图 4 - 35　混合控制器在变海况下的推力变化

参考文献

[1] 边信黔,付明玉,王元慧. 船舶动力定位[M]. 北京:科学出版社,2011.

[2] Fossen T I. Handbook of marine craft hydrodynamics and motion control[M]. New York:John Wiley & Sons,2011.

[3] Fossen T I. Guidance and control of ocean vehicles[M]. New York:John Wiley & Sons,1994.

[4] Nguyen T D. Design of hybrid marine control systems for dynamic positioning[D]. Singapore:National University of Singapore (NUS),2006.

[5] Meng W,Guo C,Chen R. Adaptive output feedback control for path following of underactuated ships with uncertain dynamics[C]. The 27th Chinese Control and Decision Conference, Qingdao, China, 2015: 5383 - 5386.

[6] 徐海祥,瞿洋,余文曌等. 基于动态执行机构的欠驱船舶循迹控制[J]. 武汉理工大学学报(交通科学与工程版),2016(01):6 - 10.

[7] Borhaug E,Pavlov A,Pettersen K Y. Integral LOS control for path following of underactuated marine surface vessels in the presence of constant ocean currents[C]. 47th IEEE Conference on Decision and Control,Cancun,Mexico,2008:4984 - 4991.

[8] Caharija W. Integral Line - of - Sightguidance and control of underactuated marine vehicles[D]. Trondheim:Norwegian University of Science and Technology,2014.

[9] 瞿洋,徐海祥,余文曌. 基于ILOS的欠驱船舶循迹控制[J]. 武汉理工大学学报(交通科学与工程版),2016(05):834-838.
[10] Phillips D F. The dynamic positioning of ships: the problems solved? [C]. International Conference on UKACC,1996:1214-1219.
[11] 赵志高,杨建民,王磊等. 动力定位系统发展状况及研究方法[J]. 海洋工程,2002(01):91-97.
[12] 瞿洋,徐海祥,余文曌. 基于非线性分离式原理的动力定位环境最优控制[J]. 大连海事大学学报,2016(04):13-18.
[13] Bertsekas D P. Dynamic programming and optimal control[M]. Belmont,MA: Athena Scientific,1995.
[14] Kristic B M, Kanella kopoulos I, KoRotovic P. Non linear and adaptive control design[M]. New York: John Wiley & Sons,1995.
[15] 谢文博,付明玉,张健等. 动力定位船舶自适应反步逆最优循迹控制[J]. 中国造船,2013(03):58-69.
[16] 瞿洋,徐海祥,余文曌. 船舶动力定位反步逆最优控制[J]. 大连理工大学学报,2015.
[17] Qu Y, Xu H X, Yu W Z. Modified backstepping controller for path following of a marine crafts with actuator dynamics[J]. Journal of Information and Computational Science,2015.
[18] Qu Y, Xu H X, Yu W Z. Locally optimal and globally inverse optimal controller for speed-varying path following of overactuated marine crafts with actuator dynamics[J]. International Journal of Advanced Robotic Systems,2016.
[19] Qu Y, Xu H X, Yu W Z. Modified locally optimal and globally inverse optimal controller for dynamic positioning with actuator dynamics[C]. 26th International Ocean and Polar Engineering Conference (ISOPE), 2016.
[20] 徐阳. 船舶动力定位系统模糊PID控制算法研究[J]. 舰船电子工程,2008(07):72-74.
[21] Savran A, Kahraman G. A fuzzy model based adaptive PID controller design for nonlinear and uncertain processes[J]. ISA Transactions,2014,53(2):280-288.
[22] Chang W J, Chen G J, Yeh Y L. Fuzzy control of dynamic positioning systems for ships[J]. Journal of Marine Science and Technology,2002,10(1):47-53.
[23] Jantzen J. Design of fuzzy controllers[J]. IEEE Transactions on Systems, Man and Cybernetics,1998,29(3):389-397.
[24] 何黎明. 船舶动力定位系统的控制方法研究[D]. 上海:上海交通大学,2004.
[25] 梁梦瑶. 变海况下船舶动力定位系统混合控制器设计[D]. 武汉:武汉理工大学,2015.
[26] 胡寿松. 自动控制原理[M]. 北京:科学出版社,2007.
[27] 刘金琨. 先进PID控制MATLAB仿真(第3版)[M]. 北京:电子工业出版社,2011.
[28] Conte G, Moog C H, Perdon A M. Algebraic methods for nonlinear control systems[M]. Berlin: Springer Science & Business Media,2007.
[29] 杜佳璐,汪思源,张显库等. 船舶动力定位系统非线性观测器设计[J]. 船舶工程,2012(03):58-61.
[30] 蔡自兴. 智能控制原理与应用[M]. 北京:清华大学出版社,2007.
[31] Nguyen T D, Sorensen A J, Quek S T. Design of hybrid controller for dynamic positioning from calm to extreme sea conditions[J]. Automatica,2007,43(5):768-785.
[32] 李和贵,翁正新,施颂椒. 基于模糊控制的船舶动力定位系统设计与仿真[J]. 系统工程与电子技

术,2002(11):42 - 44.
[33] 谢业海. 海况变化时的船舶定点定位切换自适应控制研究[D]. 哈尔滨:哈尔滨工程大学,2013.
[34] 郭娟. 不同海况条件下船舶动力定位混合控制系统设计[D]. 上海:上海交通大学,2012.
[35] 王元慧. 模型预测控制在动力定位系统中的应用[D]. 哈尔滨:哈尔滨工程大学,2006.
[36] Fossen T I, Skjetne R, Lindegaard K P. Inertia shaping techniques for marine vessels using acceleration feedback[C]. 15th IFAC World Congress Automatic Control, Barcelona, Spain, 2002:1280 - 1286.
[37] Sørensen A J. A survey of dynamic positioning control systems[J]. Annual Reviews in Control, 2011, 35(1):123 - 136.
[38] Lindegaard K P. Acceleration feedback in dynamic Positioning[D]. Trondheim: Norwegian University of Science and Technology, 2003.
[39] 徐金龙. 适应于变化海况的动力定位混合控制器的研究[D]. 哈尔滨:哈尔滨工程大学,2011.
[40] Hespanha J P, Liberzon D, Morse A S. Hysteresis - based switching algorithms for supervisory control of uncertain systems[J]. Automatica, 2003, 39(2):263 - 272.
[41] Hespanha J P, Liberzon D, Morse A S. Overcoming the limitations of adaptive control by means of logic - based switching[J]. Systems & Control Letters, 2003, 49(1):49 - 65.
[42] Persis C D, Santis R D, Morse A S. Supervisory control with state - dependent dwell - time logic and constraints[J]. Automatica, 2004, 40(2):269 - 275.

第5章　推力优化分配

对于作业在深海中的动力定位船舶和海洋平台来说，只能依靠自身装备的推进系统来抵御风、浪、流等外界环境载荷。因此，推进系统的工作性能将直接影响船舶和海洋平台的定位精度以及安全性。为了保证动力定位船舶或海洋平台全天候作业的安全与可靠，避免由于个别推进器的故障而导致船舶或平台偏离预定位置，造成某些设备的损坏、作业失败、环境污染，甚至危及海上工作人员的生命安全，动力定位船舶和海洋平台一般会装备比常规船舶更多种类与数量的推进器，使得整个推进系统为全驱动或过驱动系统。此外，全驱动与过驱动配置在化学品船、液化气船、滚装船等对船上特殊货物运输的安全性以及船舶离、靠岸时的船体稳定性等要求较高的特殊船舶中越来越常见。随着油气资源开采不断向深海区域拓展，过驱动配置将成为各类深海作业类与辅助作业类船舶和海洋结构物推进器系统的主要选择。

对于过驱动船舶，推进器数量的增多与新型推进设备的应用无疑增加了船舶的可操纵性，提高了船舶控制系统的可靠性，但同时控制输入的数量冗余、功能耦合也成为船舶推力分配研究的新课题。船舶的过驱动推进系统意味着对于一组给定的控制力，系统存在多种不同推力和方向的组合，此时的推力分配实际上就是求解一个最优化问题，其输入是较高层的控制器所产生的控制力和力矩命令，输出是各个推进器的推力与方向指令，映射关系为以功率最小化为目标，同时满足力的平衡、推进器推力变化率、角度变化率以及推进器之间的水动力干扰等约束条件的优化过程。

本章首先介绍了动力定位船舶常用的几种推进器类型；其次介绍了推力损失产生的机理和估算方法；然后以此为基础建立推力优化分配数学模型，并利用三种经典优化算法进行推力优化问题的求解；最后对偏值模式及快速转向推进器的推力分配问题进行了研究。

5.1　推进器模型

推进系统作为动力定位系统的执行机构，它的功能是接受控制系统发出的推力和力矩指令，产生推力和力矩来抵抗作用在船舶上的外载荷，实现船舶的定位。推进系统所要具备的能力主要包括:①抵抗风、浪、流等环境作用力;②抵抗为达到某些特定的作业要求时产生的作用力;③整个推进系统要有足够快的响应速度。动力定位船舶的推进系统一般是由不同类型的推进器组成的,推进器的类型主要包括主推进器、槽道推进器、全回转推进器及吊舱推进器等形式。

5.1.1 主推进器

动力定位船舶的主推进器(Main Propeller)装置一般采用敞式螺旋桨推进器。敞式螺旋桨推进器在船体上的安装形式与传统推进器相同,并且是不加推力增幅装置(如导管)的推进器。该推进器可以分为定距调速型和定速调距型两种,均由若干个叶片等距固定在桨毂上,并且通常布置在船舶的艉部,一般配合舵使用,其主要作用是抵抗船舶所受的纵向外载荷。当在船艉运行时,该推进器会受到船体伴流的作用,影响推进器的水动力性能。敞式螺旋桨推进器的结构简单、造价低廉、使用方便、效率较高,是目前应用最广的推进器,其一般形式如图 5 - 1 所示。

图 5 - 1 敞式螺旋桨推进器

将敞式螺旋桨置于被称为导管的特殊罩壳中就构成了导管螺旋桨。敞式螺旋桨外加导管的主要目的是为了提高推进效率。实验表明,当动力定位船舶运行于低速状态时,效率可以提高 20%。一般导管螺旋桨推进器正方向的效率显著高于反方向,效率不仅与导管的形状有关,还取决于桨叶的形状。为了使正反方向的推力输出对称,不得不降低导管螺旋桨的最高效率,此时的螺旋桨与按单一推力方向设计的螺旋桨最高效率相比将降低 10% ~20%。当螺旋桨按单一方向最高效率设计时,这一螺旋桨反方向的最高效率只是其正方向最高效率的 50% 多一些。

5.1.2 槽道推进器

槽道推进器(Tunnel Propeller)是 20 世纪 50 年代作为转艏推进器推出的,可用于船舶在零航速或低速时转艏,也可供船舶离靠码头和动力定位使用。槽道推进器一般安装在船体隧道中,隧道贯穿于船体的两侧,且一般垂直于船体的中纵剖面,因此槽道推进器只能提供横向推力。为获得更大的回转力矩,槽道推进器一般安装在靠近船舶的艏艉两端。槽道推进器的有效推力不但受来流速度的影响,而且来流的方向和水深都会对其产生影响。此外,槽道推进器的水动力性能在很大程度上还会受隧道的长度和布置位置的影响。

槽道推进器一般是由电动机经斜齿轮驱动。在双向发力的槽道推进器中,通常将螺旋桨的桨叶做成对称翼剖面,以螺旋桨的正反转来获得正向推力和反向推力。但是,由于槽道推进器无法做成完全对称的结构,因此槽道推进器的正向推力和反向推力一般是不相等的。槽道推进器的一般形式如图 5-2 所示。

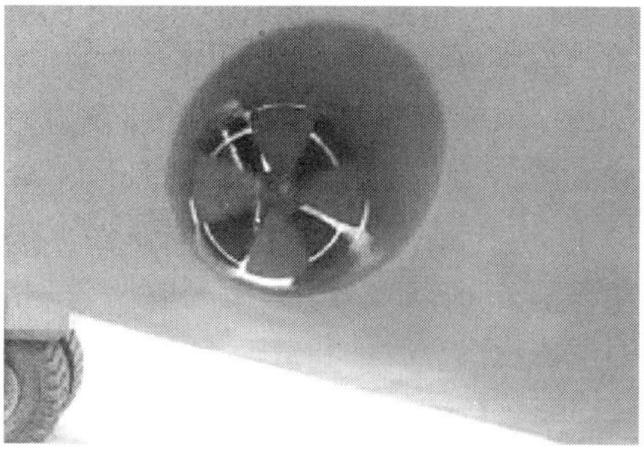

图 5-2　槽道推进器

5.1.3　全回转推进器

全回转推进器(Azimuth Propeller)又称为 Z 形推进器、全向推进器等,它能够绕竖直轴 360°旋转,即可以在水平面内产生任意方向的推力,对于需要经常调节推力方向和大小的动力定位系统来说是非常适用的,已成为动力定位船舶中应用最普遍的推进装置。全回转推进器又可以分为可伸缩全回转推进器和不可伸缩全回转推进器。可伸缩全回转推进器可收缩到船体中,以减小航行阻力,而且当全回转推进器损坏时,船舶不需要进坞修理。典型的全回转推进器如图 5-3所示。

图 5-3　全回转推进器

5.1.4　吊舱推进器

吊舱推进器(Podded Propeller)利用发电机(一般为柴油机发电机组、燃气轮机发电机组或涡轮发电机组)将其他形式的能量转换成电能,再通过电动机将电能转化成机械能,实现了能量的非机械方式传递。吊舱推进器是 20 世纪 80 年代发展起来的一种新型船用推进器,经过 30 多年的发展和应用,技术已经比较成熟,在各种船舶上得到了广泛应用。吊舱推进器集推进和转舵的功能,可以替代中速柴油机、减速器和变螺距螺旋桨等组合的传统机械推进方式。

吊舱推进器由吊舱和螺旋桨构成,其中吊舱又可以分为回转体形状的舱体和流线型的支架,舱体或支架上还可能安装鳍。舱体内置电动机直接驱动舱体前端和后端的螺旋桨,根据桨的数目以及位置可将其分为牵引式(拖式)、推式、串列式等。吊舱一般由船用钢或铸铁制造而成,通过法兰盘与船体相连。电动机由位于船舱内的发电机供电,发电机的电力和相关的控制数据经电缆和滑环装置送给电动机。滑环装置由电动或液压马达来带动,能使吊舱360°回转。由于推进系统本身安置在吊舱内,因此船体省去了一些附属部分,如轴支架、常用的艉肋骨和舵,而且船内也没有艉轴和减速齿轮装置。

与传统的推进方式相比,吊舱推进器具有如下优点:它将推进系统置于船外,可以节省船舶内部大量的空间,提高船舶的经济效益和实用性;螺旋桨工作在稳流场中,可以提高螺旋桨的效率;省去了长轴系,提高了传动效率;此外还有布置方便、降低噪声和振动等优点。吊舱推进器如图5-4所示。

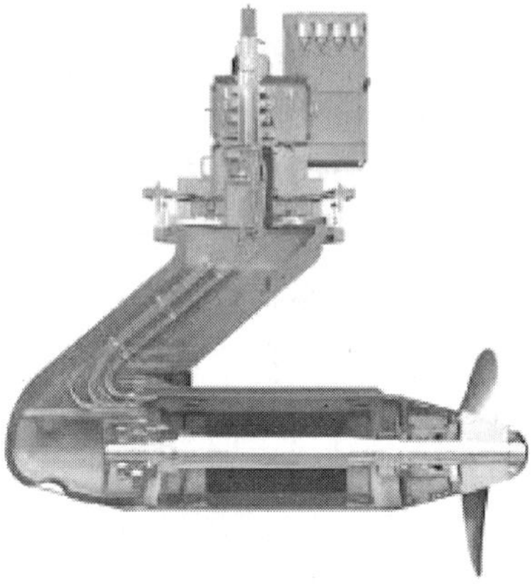
图5-4 吊舱推进器

5.2 推力损失

推进器在水下工作时,会产生复杂流场,这些流场同海流和波浪等产生相互作用,导致推进器水动力性能降低。这些相互作用主要包括推进器与船体、推进器与推进器之间产生相互干扰、海流引起的推力损失、波浪引起的推力损失等[1]。在极限海况下,推进器的推力损失可高达最大推力的40%~50%[2],所以如何正确地计算推力损失,对动力定位系统来说具有十分重要的意义。目前还没有比较完善的理论来精确计算这些损失,大多数的估算还是基于模型实验的半经验方法。本节将主要介绍推进器推力损失的形成机理、估算方法及减小推力损失的措施。

5.2.1 轴向流引起的推力损失

根据机翼理论,螺旋桨产生的推力与各叶元体的攻角成比例。分析叶元体速度多角形可知,攻角大小主要取决于螺距、螺旋桨旋转速度和进速。对于固定转速的螺旋桨,随着来流速度的增大,攻角减少,而推力也相应地减少[2,3]。

根据Lehn的试验结果[2],轴向流引起的损失可表达为:

$$\frac{dT}{T} = K_a V_a \tag{5-1}$$

式中：T 为推进器推力；dT 为推力损失；V_a 为平行于螺旋桨的流速；K_a 通常是个常数，取决于敞水特征曲线 K_T 和 K_Q 的斜率以及螺旋桨的转速及螺距的变化。

5.2.2 主推和全回转推进器横向流引起的推力损失

当来流方向垂直于推进器的轴线时，由于受到海流的影响，螺旋桨的尾流将向来流方向偏移，从而产生一个与来流方向一致的附加阻力，因此必须加大螺旋桨的推力来平衡此阻力，间接造成了推进器的推力损失[2,3]。

根据 Lehn 的试验结果[2]，横向流引起的损失可表示为

$$dT = K_{cc}D\sqrt{\rho T}V_t \tag{5-2}$$

式中：K_{cc}通常是个常数，取决于螺旋桨本身，其近似值可以通过模型试验得到；D 为螺旋桨直径；ρ 为流体密度；T 为螺旋桨推力；V_t为垂直于螺旋桨轴的流速。

5.2.3 侧推横向流引起的推力损失

对于侧推来说，横向流引起的损失是十分明显的。横向流的存在会使螺旋桨尾流发生偏移，并附着于船体表面，增加其边界层厚度，从而形成一个水动力翼型。根据机翼理论，翼型会产生一个与推力方向相反的升力，减小推进器的有效推力。

侧推横向流损失主要取决于螺旋桨的流速与喷水速度的比值。侧推在船艏和船艉的损失各不相同，当侧推安装在船艉时，最大损失率约为 10%；当侧推安装在船艏时，最大损失率可高达 70%。

根据 Lehn 的试验结果[2]，侧推在横向流作用下的推力利用率如图 5－5 所示。其中，横坐标 V_c/V_j表示螺旋桨的流速与喷水速度的比值，纵坐标 T/T_B表示推力利用率。

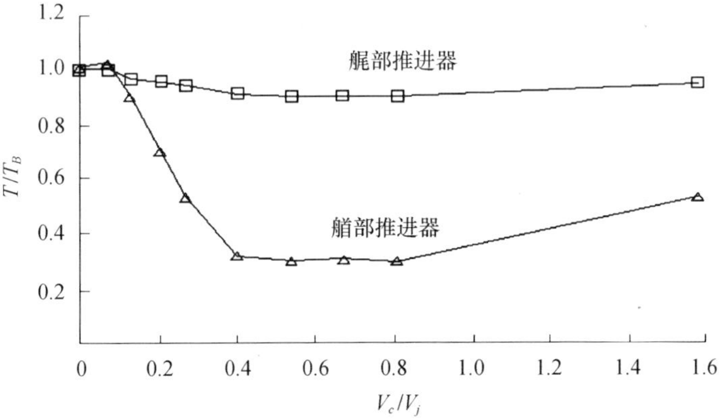

图 5－5 横向流中侧推的推力利用率

5.2.4 波浪引起的推力损失

1. 波浪质点速度引起的损失

根据 Lehn 的研究[3,4],波浪质点速度引起的损失可表达为:

$$\frac{dT}{T_B}=K_w\frac{H_m}{T_z} \tag{5-3}$$

式中:T_B 为敞水中的系柱推力;dT/T_B为推力利用率;K_w 为常数,$K_w=0.1s/m$;H_m 为有义波高;T_z 为跨零周期。

2. 螺旋桨出水引起的推力损失

根据 Lehn 的研究[3,4],螺旋桨出水引起的平均波浪损失可表达为:

$$\frac{dT}{T_B}=1.0-\Phi\left(\frac{h_0-1.5R}{\sigma_r}\right) \tag{5-4}$$

式中:Φ 为高斯分布函数;h_0为平均出水高度;R 为螺旋桨半径;σ_r 为推进器相对垂向运动的方差。

5.2.5 推进器-船体干扰引起的推力损失

推进器与船体的相互干扰取决于船体的形状、推进器的安装位置以及推进器的发力方向。它主要包含两个方面的损失:摩擦损失和尾流偏移损失(柯安达效应)。摩擦损失的影响因素主要包括船舶吃水、螺旋桨轴线离船底的距离等;尾流偏移则导致压力差,从而引起附加阻力,其影响因素主要包括舭部半径、船舶吃水、螺旋桨轴线离船底距离、螺旋桨距舭部的距离等[5]。

推进器方向沿船舶纵向时,推力损失主要由尾流与船底的摩擦阻力引起;当推进器方向沿船舶横向时,推力损失主要由尾流偏移引起。根据 Lehn 的试验结果[3,4],若推进器安装在船艉,当尾流纵向流过整个船体底部时,推进器的推力损失约为最大推力的 15% ~25%;若推进器安装在船体中纵剖面线,当尾流横向穿过船体时,推进器的推力损失约为 5%;若将横向和纵向结合起来,当推进器安装在船体中部并且位于中纵剖线上时,推力损失如图 5-6 所示。其

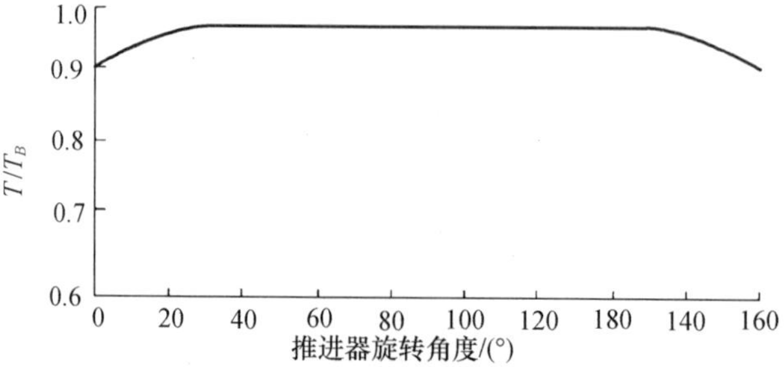

图 5-6 柯安达效应引起的推力损失

中，横坐标表示推进器旋转角度，纵坐标 T/T_B 表示推力利用率。

5.2.6 侧推进口形状、格栅及槽道引起的推力损失

1. 侧推进口形状引起的推力损失

如果侧推进口形状设置合理，则推进效率可能会增加10%。

2. 侧推格栅引起的推力损失

侧推格栅引起的推力损失主要取决于格栅本身，根据 Marintronics 的研究结果[6]，格栅引起的推力损失如图5-7所示。其中，横坐标表示格栅数，纵坐标 T/T_B 表示推力利用率。

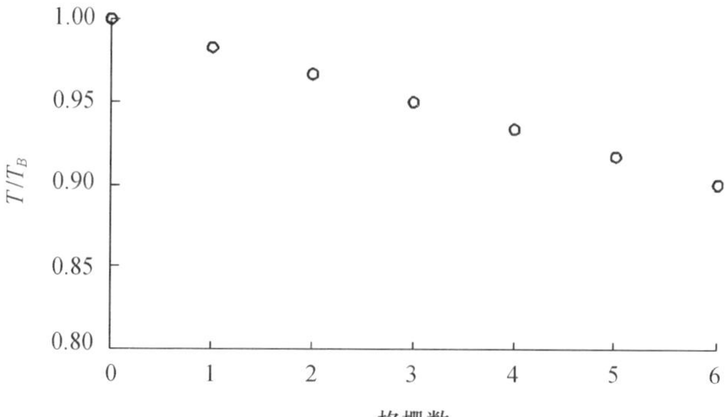

图5-7 侧推格栅数引起的推力损失

3. 侧推槽道长度引起的推力损失

根据 Svensen 的研究结果[7]，侧推槽道长度引起的损失率取决于侧推槽道长度与螺旋桨直径的比值，具体结果如图5-8所示。其中，横坐标 L/D 表示侧推槽道长度与螺旋桨直径的比值，纵坐标 T/T_B 表示推力利用率。

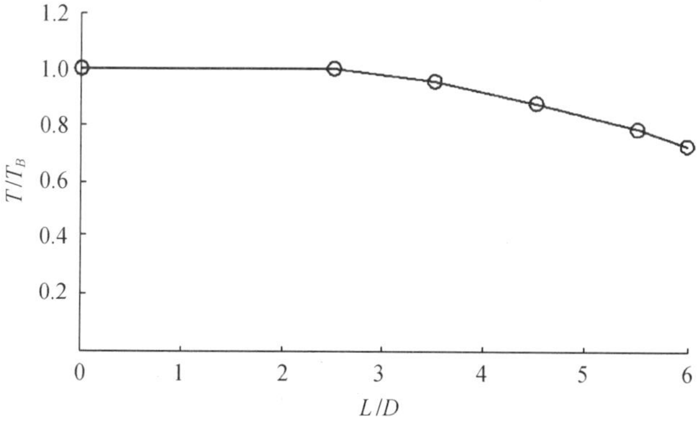

图5-8 侧推槽道长度引起的推力损失

5.2.7 推进器-推进器之间的干扰引起的推力损失

推进器-推进器之间的干扰本质上是由于前置推进器的尾流冲击后置推进器,使后置推进器的来流速度增大,进速系数增大,从而使得推力和转矩以及推进效率下降,造成推进器的推力损失,影响后置推进器的水动力性能[8]。推进器-推进器之间的干扰主要取决于推进器之间的距离、方位角等。

Lehn 和 Moberg 分别对两个螺旋桨呈前后布置的形式进行了试验[9],试验结果如图 5-9 所示。从图中可见两个结果吻合得很好,两螺旋桨距离越靠近,干扰问题越严重。在实际工程应用中,对下游螺旋桨推力减额进行估算,Dang 等人总结出如下公式[9]:

$$T/T_B = 1 - 0.8^{(x/D)^{2/3}} \tag{5-5}$$

式中:T/T_B表示推力利用率;x 为两螺旋桨间的距离;D 为推进器直径。

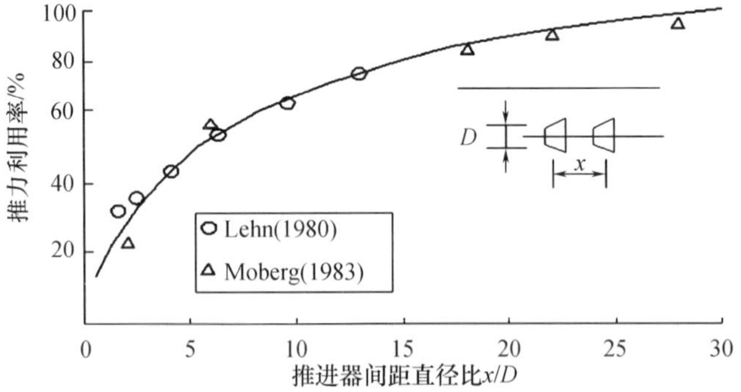

图 5-9 敞水中两个推进器呈前后布置时下游推进器的推力利用率

当螺旋桨置于平板下时,螺旋桨尾流最大速度的中心将偏离,并附着在平板表面,导致推进器的平均入流速度减小,使得平板下的推力损失较敞水时稍小。平板下的推力利用率如图 5-10 所示。在实际工程应用中,Dang 等人总结

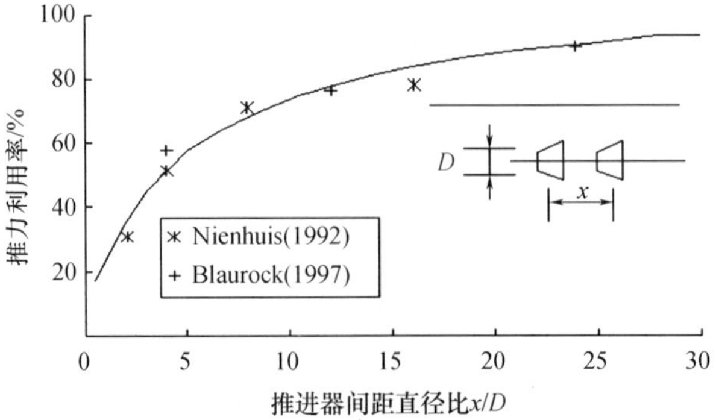

图 5-10 在平板下的两个推进器呈前后布置时下游推进器的推力利用率

出如下经验公式[9]：

$$T/T_B = 1 - 0.75^{(x/D)^{2/3}} \tag{5-6}$$

5.2.8 降低推力损失的措施

在动力定位系统中，推进器的推力损失会降低其定位能力，因此采取适当的方法有效地降低推进器的水动力干扰是十分必要的。常见的减小推力损失的措施包括[2]：

（1）从推进器的布置方面来讲，要合理错位布置推进器，增大推进器之间的距离，以减小推进器之间的水动力干扰；

（2）从推进器的安装方面来讲，将螺旋桨的轴系或喷嘴向下倾斜，以减小推进器和船体的水动力干扰；

（3）从推力的分配角度来讲，通过设置禁区角来控制推进器的方位角，可以有效地减小推进器之间的水动力干扰。

当前置螺旋桨改变角度或距离以避免其尾流对后置螺旋桨的影响时，螺旋桨之间的相互干扰可以得到改善。为此 Nienhuis[10] 和 Lehn[2] 等人都做了相关的实验研究，对不同的螺旋桨距离与角度进行了实验，实验结果如图 5-11 所示。从实验数据可以看出：增大上游推进器的偏转角度能够很大程度上降低螺旋桨的推力损失，尤其是在两桨之间的距离较小时。在实际工程应用中，为了避免螺旋桨之间的相互干扰造成的大幅推力损失，可以对全回转推进器设置某个禁止工作角度范围，即禁区角（Forbidden angle）。Dang 等人[9] 总结了经验公式(5-7)来估算螺旋桨之间相互干扰造成的推力损失：

$$t_\phi = t + (t-1)\frac{\phi^3}{130/t^3 + \phi^3} \tag{5-7}$$

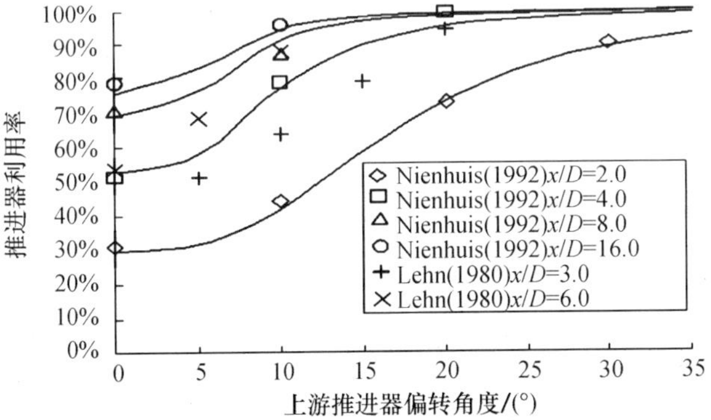

图 5-11　上游螺旋桨推进器偏转角度对推进器利用率的影响

式中：ϕ 为两桨轴线的夹角；t_ϕ 为当两推进器夹角为 ϕ 时的推力利用率；t 为 $\phi=0$ 时的推力利用率，可以通过式(5-5)和式(5-6)计算得出。

5.3 推力优化分配模型

对于过驱动船舶，其推力分配系统的任务是在所要求的控制周期内迅速找到一个最优的推进器推力和角度组合以满足控制算法所要求的力和力矩，同时还要考虑推进器的推力极限、推力变化率、角度变化率、磨损以及推进器之间的水动力干扰等诸多物理与机械因素。本节从整体上介绍推力优化分配模型中等式约束、不等式约束以及目标函数建立的原理。

为方便下文的统一描述，在此定义推进器的推力向量为 $\boldsymbol{u}$，推力的大小为 T、方向为 α。各个推进器的扩展推力形式为 $u_x=T\cos\alpha$，$u_y=T\sin\alpha$，其中推力分量 u_x 正向指向船艏，u_y 正向指向右舷。推进器上一时刻推力为 T_o，方向为 α_o，推力变化率为 ΔT，角度变化率为 $\Delta\alpha$。推进器的正反向最大推力分别为 T_{MAX} 和 T_{MIN}。静态分配时各个推进器推力限制上下限分别为 $T_{\max,s}$ 和 $T_{\min,s}$，动态分配时各个推进器推力限制上下限分别为 $T_{\max}$ 和 $T_{\min}$。

5.3.1 等式约束

推力分配的首要任务是使推力优化分配结果能尽量满足上层控制器所给出的控制指令，本小节将建立各类型推进系统推力与控制力之间的关系，以此构建推力优化分配模型的等式约束。

设动力定位船舶推进系统有 p 个推进器，其中全回转推进器个数为 p_r，定轴推进器个数为 p_f。全回转推进器含有两个控制变量——推力大小和方向；定轴推进器只含有一个控制变量——推力大小。整个推进系统的总控制变量个数为 $K=p_f+2p_r$。引入参数 $i=1,2,\cdots,p$ 来表示某一特定推进器，T_i 表示其推力，α_i 为其方向（定轴推进器方向为常数，全回转推进器方向为变量）。

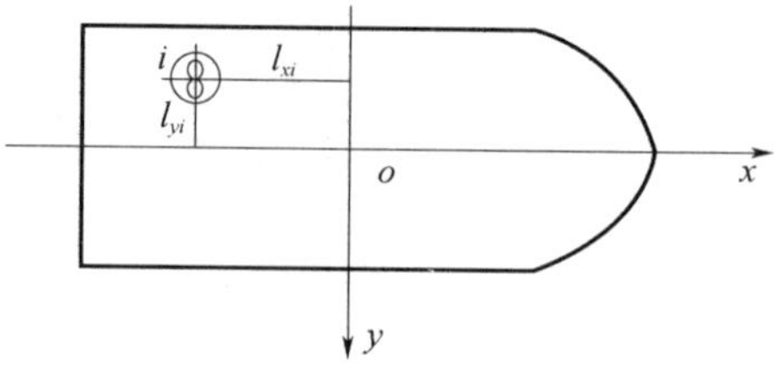

图 5-12　推进器布置图

设随船坐标系为 $O-xyz$，其原点通过船舶旋转中心，推进器 i 的安装位置为 (l_{x_i},l_{y_i})，如图 5-12 所示。

推进器 i 作用于船舶三个自由度上的力和力矩可分别表示为

$$\begin{cases} u_{x,i} = T_i\cos\alpha_i \\ u_{y,i} = T_i\sin\alpha_i \\ u_{n,i} = T_i(l_{y_i}\cos\alpha_i - l_{x_i}\sin\alpha_i) \end{cases} \tag{5-8}$$

整个推进系统作用在船舶三个自由度上的合力可以表示为：

$$\begin{cases} F_x = \sum_{i=1}^{p} u_{x,i} = \sum_{i=1}^{p} T_i\cos\alpha_i \\ F_y = \sum_{i=1}^{p} u_{y,i} = \sum_{i=1}^{p} T_i\sin\alpha_i \\ F_n = \sum_{i=1}^{p} u_{n,i} = \sum_{i=1}^{p} T_i(l_{y_i}\cos\alpha_i - l_{x_i}\sin\alpha_i) \end{cases} \tag{5-9}$$

推力分配的首要任务是使得推进系统执行机构在船舶三个自由度上的合力等于控制器给出的控制力，故可得如下等式约束：

$$\boldsymbol{\tau} = \boldsymbol{B}(\alpha)\boldsymbol{T} \tag{5-10}$$

式中：$\boldsymbol{\tau} \in \boldsymbol{R}^3$ 为控制器给出的控制力；$\boldsymbol{T} = [T_1, T_2, \cdots, T_p]$ 为各个推进器的推力；$\boldsymbol{B}(\alpha)$ 为推进器配置矩阵，具体形式如下：

$$\boldsymbol{B}(\alpha) = \begin{bmatrix} \cos(\alpha_1) & \cos(\alpha_2) & \cdots\cdots & \cos(\alpha_p) \\ \sin(\alpha_1) & \sin(\alpha_2) & \cdots & \sin(\alpha_p) \\ -l_{x_1}\sin(\alpha_1) + l_{y_1}\cos(\alpha_1) & -l_{x_2}\sin(\alpha_2) + l_{y_2}\cos(\alpha_2) & \cdots & -l_{x_p}\sin(\alpha_p) + l_{y_p}\cos(\alpha_p) \end{bmatrix} \in \boldsymbol{R}^{3\times p}$$

若引入扩展推力 $u_{x,i}$ 和 $u_{y,i}$，则全回转推进器的推力向量可表示为 $\boldsymbol{u}_i = [u_{x,i}, u_{y,i}]^{\mathrm{T}} \in \boldsymbol{R}^2, 1 \leqslant i \leqslant p_r$；对于定轴推进器其推力向量为 $\boldsymbol{u}_i \in \boldsymbol{R}, p_r + 1 \leqslant i \leqslant p$。故以上等式约束的扩展形式可表示为：

$$\boldsymbol{\tau} = \boldsymbol{B}_{\mathrm{mix}}\boldsymbol{U} \tag{5-11}$$

式中：

$\boldsymbol{U} = [u_{x,1}, u_{y,1}, \cdots, u_{x,p_r}, u_{y,p_r}, u_{p_r+1}, \cdots, u_{p_r+p_f}]^{\mathrm{T}} \in \boldsymbol{R}^K$；

$\boldsymbol{B}_{\mathrm{mix}} = [\boldsymbol{B}_r, \boldsymbol{B}_f] \in \boldsymbol{R}^{3\times K}$；

$\boldsymbol{B}_r = \begin{bmatrix} 1 & 0 & \cdots & 1 & 0 \\ 0 & 1 & \cdots & 0 & 1 \\ -l_{y_1} & l_{x_1} & \cdots & -l_{y_{p_r}} & l_{x_{p_r}} \end{bmatrix} \in \boldsymbol{R}^{3\times 2p_r}$ 为全回转推进器的扩展型配置矩阵；

$$\boldsymbol{B}_f = \begin{bmatrix} \cos(\alpha_{p_r+1}) & \cdots & \cos(\alpha_{p_r+p_f}) \\ \sin(\alpha_{p_r+1}) & \cdots & \sin(\alpha_{p_r+p_f}) \\ -\boldsymbol{l}_{p_r+1}\sin(\alpha_{p_r+1}) + l_{p_r+1}\cos(\alpha_{p_r+1}) & \cdots & -l_{p_r+p_f}\sin(\alpha_{p_r+p_f}) + l_p\cos(\alpha_{p_r+p_f}) \end{bmatrix} \in$$

$\boldsymbol{R}^{3\times p_f}$ 为定轴推进器的配置矩阵。

5.3.2 不等式约束

每个推进器在执行推力分配指令时，都受其自身机械性能的约束，同时还需考虑各个推进器之间的水动力干扰。本小节将介绍船舶动力定位中几种典型推进器的推力分配可行域形式，以此构建推力优化分配模型中的不等式约束[11]。

1. 定轴推进器

定轴推进器只能在固定角度 α 的正反方向上产生推力，其可行域可表示为一条通过原点且斜率为 $k=\tan\alpha$ 的线段，正反向推力限制分别为 $T_{max,s}=T_{MAX}$，$T_{min,s}=T_{MIN}$，其推力示意图如图 5－13 所示。对于只提供横向力的槽道推进器，其推力角度为 $\alpha=\pm 90°$，推力可行域如图 5－14 所示。

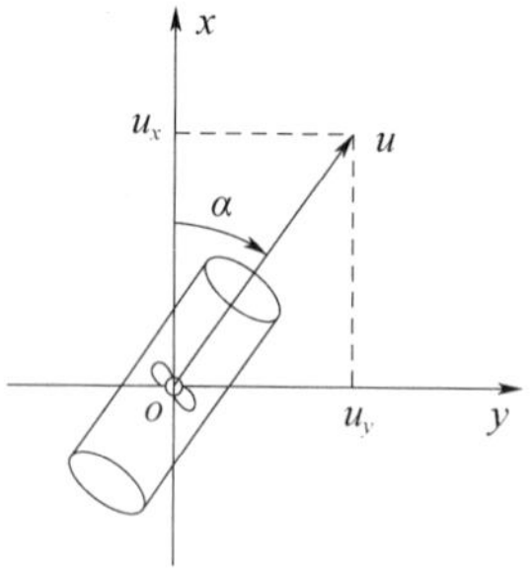

图 5－13　定轴推进器推力示意图

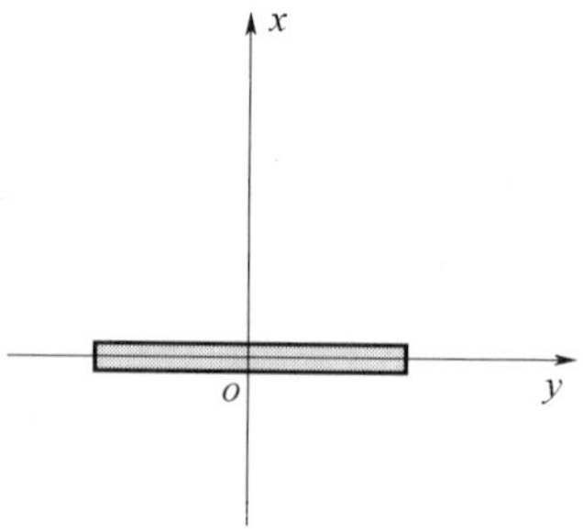

图 5－14　槽道推进器推力可行域

在进行动态推力分配时，每一个控制周期内推进器的状态变化幅度有限。对于定轴推进器，其推力角度不变，但推力大小需考虑推力变化率 ΔT 的限制，以避免造成船舶供电系统负载骤变、推进器过度磨损等。定轴推进器的动态可行域可表示为：$T_{max}=\min(T_{MAX}, T_o+\Delta T)$，$T_{min}=\max(T_{MIN}, T_o-\Delta T)$。

2. 全回转推进器

全回转推进器能够在 0°～360°任意方向产生推力，但一般只能发正向力，故其正反向最大推力限制分别为 $T_{max}=T_{MAX}$，$T_{min}=T_{MIN}=0$。其可行域可表示为一个以原点为圆心，T_{MAX}为半径的圆。全回转推进器推力示意图如图 5－15 所示，其推力静态可行域如图 5－16 所示。

同样，在进行动态推力分配时，全回转推进器的动态可行域还需考虑推力变化率 ΔT 和角度变化率 $\Delta\alpha$ 两个因素，其动态可行域可表示为：

$$\begin{cases} T_{min} \leqslant T \leqslant T_{max} \\ \alpha_{min} \leqslant \alpha \leqslant \alpha_{max} \end{cases} \tag{5-12}$$

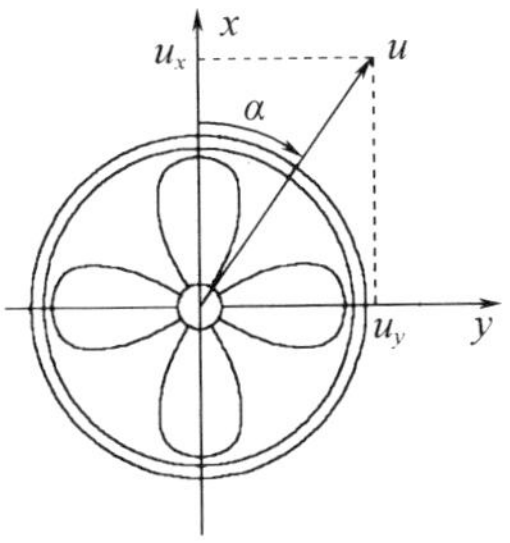

图 5－15　全回转推进器推力示意图

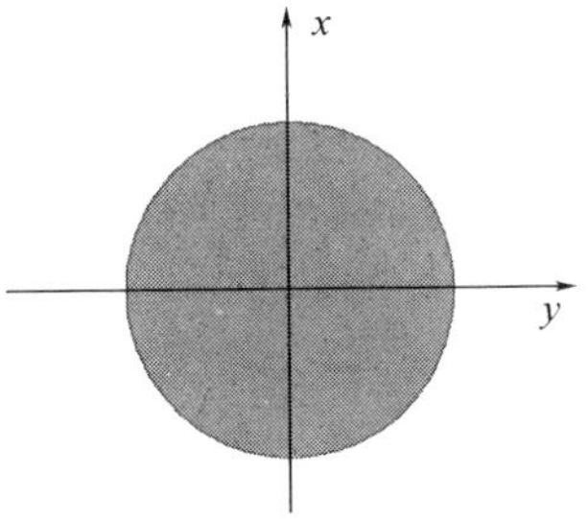

图 5－16　全回转推进器静态可行域

式中：$T_{\max} = \min(T_{\mathrm{MAX}}, T_o + \Delta T)$；$T_{\min} = \max(T_{\mathrm{MIN}}, T_o - \Delta T)$；$\alpha_{\max} = \alpha_o + \Delta\alpha$；$\alpha_{\min} = \alpha_o - \Delta\alpha$。其动态可行域如图 5－17 所示。

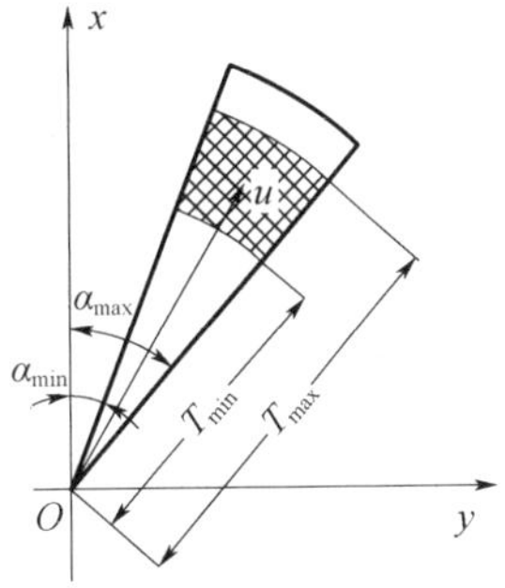

图 5－17　全回转推进器动态可行域

3. 主推进器

该类型推进器一般与舵配合产生推力，如图 5－18 所示。只有在主推进器发出正向力时，舵才产生升力；当主推发出反向力时，舵不起作用。故当 $u_x \leqslant 0$ 时，可行域为一条直线；当 $u_x > 0$ 时，可行域为弧形区域，如图 5－19 所示。

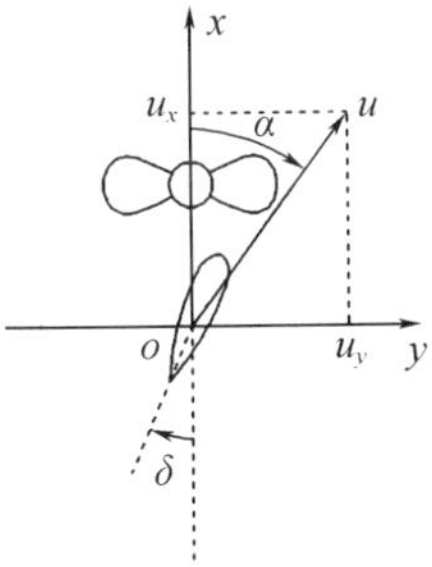

图 5－18　主推进器带舵示意图

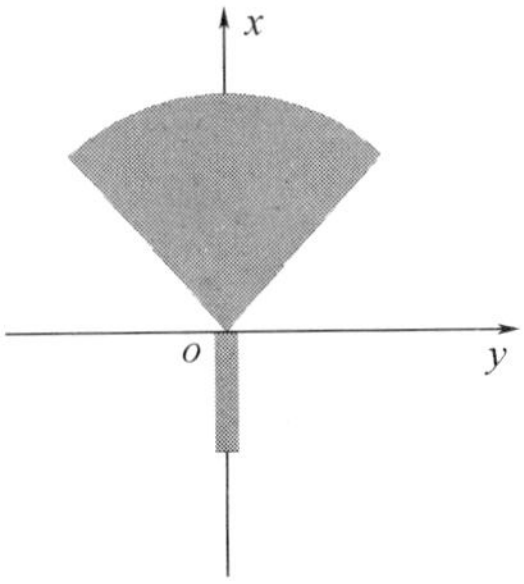

图 5－19　主推进器带舵静态可行域

4. 推力禁区

工程应用中，推进器之间的水动力干扰会降低船舶的定位能力，一般可以从推进器布置、安装以及设置禁区角来有效地提高推进器推力利用率。对于既定的船舶，其推进器布置和安装均已确定，为避免由于推进器之间的相互干扰造成大幅推力损失，特别在两推进器之间距离较小时，需要在推力优化分配数学模型中对全回转推进器设置禁区角，避免推力分配最优解进入推力禁区。全

回转推进器禁区 $\psi_{禁区}$ 可表示为：

$$
\begin{aligned}
|\psi_{禁区} - \theta_i| &\geqslant \delta_i \\
|\psi_{禁区} - \theta_i| &\leqslant 360^\circ - \delta_i
\end{aligned}
\tag{5-13}
$$

式中：θ_i 为两相邻推进器连线与 x 轴夹角；δ_i 为推进器的禁区角。

图 5－20 为两个相邻全回转推进器之间的禁区设置图。

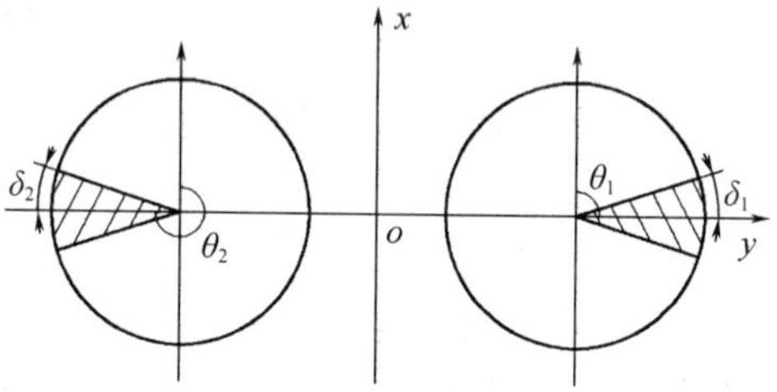

图 5－20　全回转推进器禁区角设置

5.3.3　目标函数

对于一个优化问题，目标函数的选取必不可少。在动力定位系统应用中，推力优化分配数学模型的目标函数选取体现了操作者对船舶当前的控制要求。目前，文献中对目标函数的选取不尽相同，主要从功率消耗、操纵性、推进器磨损、奇异性、动力系统稳定性等方面考虑[12－16]。本小节分别从功率消耗、推进器磨损、奇异性等方面介绍目标函数的建模过程。

1. 功率消耗

从 5.3.1 节中推力分配数学模型的等式约束可以看出，推力优化分配的输出量为推进器的推力和角度，故需要建立功率与推进器推力之间的转换关系。

功率 P 与推进器转矩 T_q 之间的关系可表示为：

$$P = 2\pi n T_q \tag{5-14}$$

根据如图 5－21 所示螺旋桨敞水特性曲线中推力系数 K_T 和扭矩系数 K_Q 之间的关系，可知：

$$T_q = \rho n^2 D^5 K_Q \tag{5-15}$$

$$T = \rho n^2 D^4 K_T \tag{5-16}$$

式中：ρ 为流体密度；n 为推进器转速。

则可得：

$$\frac{T_q}{T} = \frac{K_Q}{K_T} D$$

$$T_q = \frac{K_Q}{K_T} DT$$

$$P = 2\pi n \frac{K_Q}{K_T} DT \tag{5-17}$$

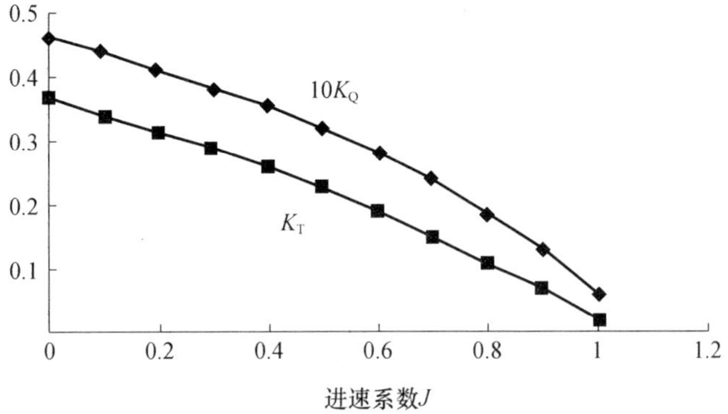

图 5 - 21　螺旋桨敞水性征曲线

令 $a=(\rho D^4 K_T)^{-0.5}$，可得：

$$P = 2a\pi \frac{K_Q}{K_T} DT^{1.5} \tag{5-18}$$

令 $c=2\pi aD\frac{K_Q}{K_T}$，可得：

$$P = cT^{1.5} \tag{5-19}$$

由于 $c=2\pi aD\frac{K_Q}{K_T}>0$，因此可令：

$$\overline{P} = T^{1.5} \tag{5-20}$$

在优化问题中，$\overline{P}$ 与 P 作为目标函数的作用等价，故功率与推力之间的关系可由式（5 - 20）表示，其曲线关系如图 5 - 22 所示。为了适应不同优化算法的特性，相关文献中也对式（5 - 20）进行了适当的转化，Jeyasenthila 将其转化为线性形式[13]，Ruth 和 Liang 等人将其用二次形式替代[12,17]。

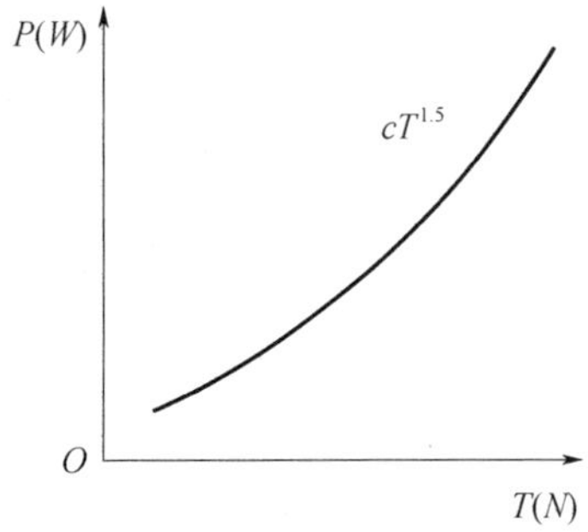

图 5 - 22　功率与推力关系图

2. 目标函数惩罚项

1）避免奇异性

当推进器系统配置矩阵的秩 $r(\boldsymbol{B}(\alpha))<3$ 时，就认为推进系统处于奇异结构。这时可能

出现推进器系统不能够在横向、纵向和艏向三个自由度上的一个或者多个方向上产生力或力矩的情况;或在有全回转推进器参与分配时,出现推进器方向角都相同的情况。从功率优化的角度来看,奇异结构所产生的结果可能是最优的,然而在角度变化率受限的情况下,奇异结构的出现很可能导致操纵性能的丧失。若考虑式(5 - 10)中的等式约束,奇异结构的出现也有可能导致推进系统在不可控的方向上被要求产生极大的推力,从而导致分配失败。

Johansen 提出在目标函数中加入奇异结构惩罚项以避免奇异性的产生[18],该惩罚项可以表示为:

$$S_1 = \frac{\eta}{\varepsilon + \det(\boldsymbol{B}(\alpha)\,\boldsymbol{B}^{\mathrm{T}}(\alpha))} \tag{5-21}$$

式中:$\varepsilon > 0$ 是个小量,用于避免分母等于零;$\eta > 0$ 作为一个权衡因子,如果系统奇异,即 $\det(\boldsymbol{B}(\alpha)\boldsymbol{B}^{\mathrm{T}}(\alpha)) = 0$ 时,则 S_1 将会很大。

2)其他惩罚项

$$S_2 = \boldsymbol{s}^{\mathrm{T}}\boldsymbol{W}\boldsymbol{s} + (\boldsymbol{\alpha} - \boldsymbol{\alpha}_o)^{\mathrm{T}}\boldsymbol{\Omega}(\boldsymbol{\alpha} - \boldsymbol{\alpha}_o) \tag{5-22}$$

为了保证可行解的存在,可在目标函数中加入 S_2 中的首项惩罚项 $\boldsymbol{s}^{\mathrm{T}}\boldsymbol{W}\boldsymbol{s}$,其中 $\boldsymbol{s} = \boldsymbol{\tau} - \boldsymbol{B}(\alpha)\boldsymbol{T} \in \boldsymbol{R}^3$ 为松弛变量,权值矩阵 $\boldsymbol{W}$ 为正定对角矩阵,其选值要足够大,以保证推力误差 $\boldsymbol{s} \approx \boldsymbol{0}$。第二项惩罚项 $(\boldsymbol{\alpha} - \boldsymbol{\alpha}_o)^{\mathrm{T}}\boldsymbol{\Omega}(\boldsymbol{\alpha} - \boldsymbol{\alpha}_o)$ 是为了保证分配角度变化尽量小,减少推进器不必要的磨损,其中权值矩阵 $\boldsymbol{\Omega}$ 为正定对角矩阵,其取值一般小于 $\boldsymbol{W}$。

5.4 推力优化分配问题求解

船舶动力定位系统的推力分配问题可以分为线性无约束分配、线性约束分配和非线性约束分配三大类[19]。针对以上不同优化问题,本节将介绍广泛应用于推力分配系统中的三种典型优化算法。首先对广义逆法在定轴、全回转以及混合推进器分配中的应用作了详细介绍,然后引入了解决非线性约束优化问题的增广拉格朗日乘子法与解决线性约束问题的二次规划法。

5.4.1 广义逆法

1. 定轴推进器推力分配

定轴推进器的控制变量只有推力 $\boldsymbol{T}$,其角度 α 为常量。则式(5 - 10)可以转化为线性映射关系:

$$\boldsymbol{\tau} = \boldsymbol{B}\boldsymbol{T} \tag{5-23}$$

式中：$\boldsymbol{B}=\boldsymbol{B}_f$ 为常量。

以各推进器推力的最小二乘为优化目标，且只考虑三个自由度上的等式约束，则上述推力分配问题可以归纳为

$$\begin{aligned}\min f &= \boldsymbol{T}^{\mathrm{T}}\boldsymbol{W}\boldsymbol{T}\\ \text{s.t. } \boldsymbol{\tau}-\boldsymbol{B}\boldsymbol{T} &= 0\end{aligned} \tag{5-24}$$

式中：$\boldsymbol{W}$ 为一个正定对角矩阵，表示各推进器推力的权重系数。

可以运用拉格朗日乘子法对式(5－24)求解，定义拉格朗日函数为

$$L(\boldsymbol{T},\boldsymbol{\lambda}) = \boldsymbol{T}^{\mathrm{T}}\boldsymbol{W}\boldsymbol{T}+\boldsymbol{\lambda}^{\mathrm{T}}(\boldsymbol{\tau}-\boldsymbol{B}\boldsymbol{T}) \tag{5-25}$$

式中：$\boldsymbol{\lambda}$ 为拉格朗日乘子。

将 L 对 $\boldsymbol{T}$ 求偏导可得到使拉格朗日函数最小的推力 $\boldsymbol{T}$：

$$\frac{\partial L}{\partial \boldsymbol{T}} = 2\boldsymbol{W}\boldsymbol{T}-\boldsymbol{B}^{\mathrm{T}}\boldsymbol{\lambda} = 0 \Rightarrow \boldsymbol{T} = \frac{1}{2}\boldsymbol{W}^{-1}\boldsymbol{B}^{\mathrm{T}}\boldsymbol{\lambda} \tag{5-26}$$

假设 $\boldsymbol{B}\boldsymbol{W}^{-1}\boldsymbol{B}^{\mathrm{T}}$ 为非奇异矩阵，则：

$$\boldsymbol{\tau} = \boldsymbol{B}\boldsymbol{T} = \frac{1}{2}\boldsymbol{B}\boldsymbol{W}^{-1}\boldsymbol{B}^{\mathrm{T}}\boldsymbol{\lambda} \Rightarrow \boldsymbol{\lambda} = 2\left(\boldsymbol{B}\boldsymbol{W}^{-1}\boldsymbol{B}^{\mathrm{T}}\right)^{-1}\boldsymbol{\tau} \tag{5-27}$$

将 $\boldsymbol{\lambda}$ 代入式(5－26)可得：

$$\boldsymbol{T} = \boldsymbol{B}_w^{+}\boldsymbol{\tau} \tag{5-28}$$

式中：$\boldsymbol{B}_w^{+}=\boldsymbol{W}^{-1}\boldsymbol{B}^{\mathrm{T}}\left(\boldsymbol{B}\boldsymbol{W}^{-1}\boldsymbol{B}^{\mathrm{T}}\right)^{-1}$ 为广义逆矩阵。

若矩阵 $\boldsymbol{W}$ 的对角权值都相等，即 $\boldsymbol{W}=\boldsymbol{I}$ 时，则 $\boldsymbol{B}_w^{+}$ 可化成 Moore－Penrose 广义逆矩阵，即 $\boldsymbol{B}^{+}=\boldsymbol{B}^{\mathrm{T}}\left(\boldsymbol{B}\boldsymbol{B}^{\mathrm{T}}\right)^{-1}$，最终推力 $\boldsymbol{T}$ 可以通过下式计算：

$$\boldsymbol{T} = \boldsymbol{B}^{+}\boldsymbol{\tau} \tag{5-29}$$

2. 全回转推进器推力分配

为了适应全回转推进器在过驱动推进系统中的应用，Sørdalen 引入了扩展推力概念[20]，在前文式(5－8)中已有具体定义。

若考虑全回转推进器分配，则式(5－10)可化为：

$$\boldsymbol{\tau} = \boldsymbol{B}_r\boldsymbol{U}_e$$

式中：$\boldsymbol{U}_e=\left[u_{x,1},u_{y,1},\cdots,u_{x,p_r},u_{x,p_r}\right]\in\boldsymbol{R}^{2\times p_r}$，可以通过广义逆矩阵求解 $\boldsymbol{U}_e$，即 $\boldsymbol{U}_e=\boldsymbol{B}_r^{+}\boldsymbol{\tau}$。

最优角度以及推力大小可表示为：

$$\alpha_i = \arctan\left(\frac{u_{y,i}}{u_{x,i}}\right) \tag{5-30}$$

$$T_i = \sqrt{u_{x,i}^2+u_{y,i}^2} \tag{5-31}$$

式中：$i=1,2,\cdots,p_r$。该扩展型方法得到的角度解 α_i 可能出现突变，需要进行

适当的过饱和处理。

3. 混合类型推进器推力分配

一般动力定位船舶的推进系统不仅仅只含有定轴推进器或者全回转推进器,大多数是两种相互配合使用。综合前面两种分配模型,广义逆法关于混合推进器分配数学模型中的等式约束可以表达为式(5-11)。

该模型同样可用基于拉格朗日乘子法对矩阵$\boldsymbol{B}_{\mathrm{mix}}$求解广义逆:

$$\boldsymbol{U} = \boldsymbol{B}_{\mathrm{mix}}^{+}\boldsymbol{\tau} \tag{5-32}$$

相应的各推进器推力为:

$$T_i = \begin{cases} \sqrt{u_{x,i}^2 + u_{y,i}^2}, & i = 1,2,\cdots,p_r \\ u_i, & i = p_r + 1,\cdots,p_r + p_f \end{cases} \tag{5-33}$$

对应的推力方向为:

$$\alpha_i = \begin{cases} \arctan\left(\dfrac{u_{y,i}}{u_{x,i}}\right), & i = 1,2,\cdots,p_r \\ \alpha_i, & i = p_r + 1,\cdots,p_r + p_f \end{cases} \tag{5-34}$$

广义逆法的计算复杂度小,对系统内存要求低,但其缺点也同样突出:没有考虑推进器的物理与机械约束,即模型中的不等式约束,故该方法得到的解可能会出现突变,或者超出系统能力而导致分配失败。由此引起了学者们对该显式解的后续处理方法的研究,包括过饱和处理、奇异值分解和滤波等[21,22]。但以上处理方法并不能完全解决广义逆法在优化分配应用中的弊端,随着计算机能力的发展,求解非线性有约束优化问题的数学规划方法也开始广泛应用于动力定位系统中。

5.4.2 增广拉格朗日乘子法

动力定位系统中的推力分配实质是一个非线性的优化问题,是在一组等式和不等式约束条件下,求一个函数极值的问题。该类型问题的求解一般是利用基于优化的数学规划方法,如增广拉格朗日乘子法[22,23]、二次规划法[24,25]等。此类方法的最大优点是可以同时考虑操纵者的控制要求以及推进系统的物理与机械约束,但这些约束构成的求解域通常为非凸集合,使得求解难度变大,算法的计算量也随之增大。随着计算机技术的发展,该类求解方法的实时性得到了提高,故其在现代动力定位系统中的应用逐渐广泛。

1. 优化模型建立

基于前文所述的推力优化分配数学模型建立原理,以满足三个自由度控制力为前提,以推进器推力变化率、角度变化率、禁区角为约束,以船舶能耗最少和推力误差尽量小为目标，构造如下优化分配模型：

$$
\begin{aligned}
\min \quad & f = \sum_{i=1}^{n} T_i^2 + \boldsymbol{s}^{\mathrm{T}} \boldsymbol{W} \boldsymbol{s} \\
\text{s.t.} \quad & \boldsymbol{\tau} - \boldsymbol{B}(\boldsymbol{\alpha}) \boldsymbol{T} = \boldsymbol{s} \\
& T_{\min} \leqslant T_i \leqslant T_{\max} \\
& \boldsymbol{\alpha}_0 - \Delta\boldsymbol{\alpha} \leqslant \boldsymbol{\alpha} \leqslant \boldsymbol{\alpha}_0 + \Delta\boldsymbol{\alpha} \\
& | \alpha_i - \theta_i | \geqslant \delta_i \\
& | \alpha_i - \theta_i | \leqslant 360^\circ - \delta_i
\end{aligned}
\tag{5-35}
$$

2. 增广拉格朗日乘子法原理

增广拉格朗日乘子法克服了惩罚函数“病态”的缺点，把惩罚函数和拉格朗日函数结合起来，构造出增广目标函数，借助于拉格朗日乘子的迭代进行求解。增广拉格朗日乘子法的基本步骤如图5－23所示。

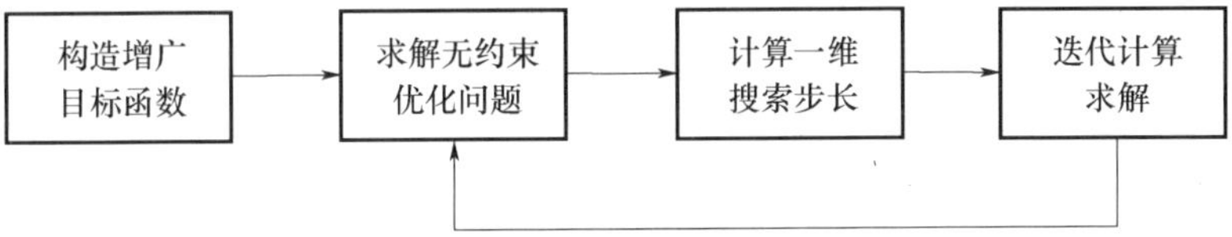

图5－23 增广拉格朗日乘子法基本步骤

假设用向量 $\boldsymbol{x}$ 表示各个推进器推力和角度，目标函数 $f(\boldsymbol{x})$ 为关于能耗的函数；将 m 个不等式约束条件规范为 $g_i(\boldsymbol{x})\,(i=1,2,\cdots,m)$，$l$ 个等式约束条件规范为 $h_j(\boldsymbol{x})\,(j=1,2,\cdots,l)$，则推力分配优化问题便可表示为在 m 个不等式和 l 个等式约束的情况下求函数 $f(\boldsymbol{x})$ 的极值问题。

推力分配问题可归结为如下形式：

$$
\begin{aligned}
\min \quad & f(\boldsymbol{x}) \\
\text{s.t.} \quad & g_i(\boldsymbol{x}) \geqslant 0 \\
& h_j(\boldsymbol{x}) = 0
\end{aligned}
\tag{5-36}
$$

通过拉格朗日乘子法把式(5－36)中的带有约束的优化问题转化为无约束优化问题：

$$
\begin{aligned}
& \min L(\boldsymbol{x}, \sigma_k, w_k, v_k) \\
& = f(\boldsymbol{x}) + \frac{1}{2\sigma_k} \sum_{i=1}^{m} \left\{ \left[\max(0, w_i^{(k)} - \sigma_k g_i(\boldsymbol{x})) \right]^2 - (w_i^{(k)})^2 \right\} \\
& + \frac{\sigma_k}{2} \sum_{j=1}^{l} h_j^2(\boldsymbol{x}) - \sum_{j=1}^{l} v_j^{(k)} h_j(\boldsymbol{x})
\end{aligned}
\tag{5-37}
$$

$$w_i^{(k+1)} = \max\{0, w_i^{(k)} - \sigma_k g_i(x_k)\} \tag{5-38}$$

$$v_i^{(k+1)} = v_j^k - \sigma_k h_j(x_k) \tag{5-39}$$

$$\beta_k = \left(\sum_{i=1}^{l} h_i^2(x_k) + \sum_{i=1}^{m} \left[\min\left\{ g_i(x_k), \frac{w_i^{(k)}}{\sigma_k} \right\} \right]^2 \right)^{\frac{1}{2}} \tag{5-40}$$

式中:k 为迭代次数;σ 为惩罚参数;w_k 和 v_k 称为拉格朗日乘子;β_k 为迭代结束准则函数。

将有约束优化问题转为无约束优化问题之后,再利用无约束最优化方法对其求解。无约束优化问题求解方法已比较成熟,其中变尺度方法(如 DFP、BFGS)是现有求解方法中效率比较高的一类算法。

5.4.3 线性二次规划法

为了避免推力分配中复杂的非线性约束问题,可以利用一些数学手段将优化问题中的非线性约束转化成为线性约束,继而形成一个线性约束二次规划优化问题,最终可以利用二次规划法进行求解[24,25]。

1. 边界条件的线性化处理

在 5.3.2 节介绍了全回转推进器的推力区域是一个弧形区域。在考虑推进器的推力区域时,根据其物理特性形成的非线性约束区域进行近似的线性处理后可形成如图 5-24 所示的推力区域[26]:

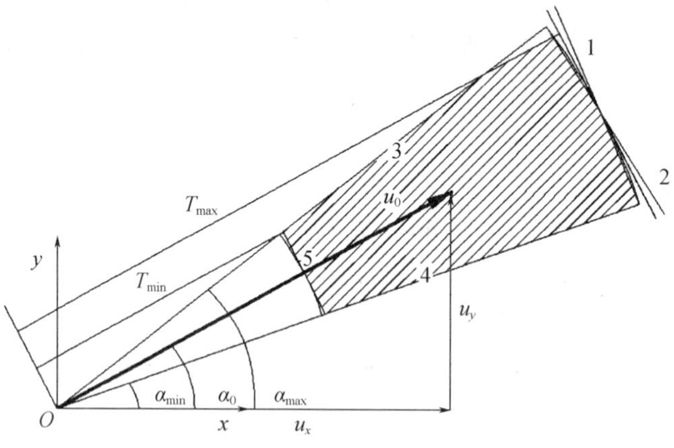

图 5-24 全回转推进器线性化可行域

由角度变化率限制形成的线性约束可由式(5-41)和式(5-42)表示,如图 5-24 中直线 3 和 4:

$$\sin(\alpha_{\max})u_x - \cos(\alpha_{\max})u_y \geq 0 \tag{5-41}$$

$$-\sin(\alpha_{\min})u_x+\cos(\alpha_{\min})u_y\geqslant 0 \quad (5-42)$$

当推进器推力 T 等于 0 时不能确定推进器角度，此时无法形成凸的推力区域，故分别在以上两式中加入 $0.001|\cos(\alpha_{\max})|(T_{\max}-T_{\min})$ 与 $0.001|\cos(\alpha_{\min})|(T_{\max}-T_{\min})$ 解决该问题。加入后形成式(5-43)和式(5-44)两个线性约束：

$$\sin(\alpha_{\max})u_x-\cos(\alpha_{\max})u_y+0.001|\cos(\alpha_{\max})|(T_{\max}-T_{\min})\geqslant 0 \quad (5-43)$$

$$-\sin(\alpha_{\min})u_x+\cos(\alpha_{\min})u_y+0.001|\cos(\alpha_{\min})|(T_{\max}-T_{\min})\geqslant 0 \quad (5-44)$$

$$\cos(\alpha_0)u_x+\sin(\alpha_0)u_y-T_{\min}\geqslant 0 \quad (5-45)$$

$$-\cos(\alpha_{\max})u_x-\sin(\alpha_{\max})u_y+\cos(\alpha_{\max}-\alpha_0)T_{\max}\geqslant 0 \quad (5-46)$$

$$-\cos(\alpha_{\min})u_x-\sin(\alpha_{\min})u_y+\cos(\alpha_{\min}-\alpha_0)T_{\max}\geqslant 0 \quad (5-47)$$

式(5-45)为推力下限的线性化限制条件，如图 5-24 中直线 5；式(5-46)与式(5-47)代表推力上限的线性限制条件，如图 5-24 中的直线 1 和 2。

固定推进器类似于全回转推进器，约束条件可做进一步的简化：

(1) 将式(5-43)与式(5-44)转换成：

$$-\sin(\alpha_i)u_{x,i}+\cos(\alpha_i)u_{y,i}=0 \quad (5-48)$$

(2) 将式(5-46)与式(5-47)转换成：

$$-\cos(\alpha_i)u_{x,i}-\sin(\alpha_i)u_{y,i}+T_{\max,i}\geqslant 0 \quad (5-49)$$

式中：α_i 为固定推进器的角度；$i\in(p_r+1,\cdots,p_r+p_f)$。

2. 优化模型的建立

经过约束条件线性化之后，可形成如下推力分配问题数学模型：

$$\begin{aligned}\min\quad & J=\boldsymbol{x}^{\mathrm{T}}\boldsymbol{G}\boldsymbol{x}\quad(\boldsymbol{x}\in\boldsymbol{R}^{2p+3})\\ \text{s. t}\quad & \boldsymbol{A}_{\mathrm{eq}}\boldsymbol{x}-\boldsymbol{b}_{\mathrm{eq}}=0\\ & \boldsymbol{A}_{\mathrm{ineq}}\boldsymbol{x}-\boldsymbol{b}_{\mathrm{ineq}}\leqslant 0\end{aligned} \quad (5-50)$$

式中：$\boldsymbol{x}=\begin{pmatrix}\boldsymbol{U}'\\ \boldsymbol{s}\end{pmatrix}$；$\boldsymbol{G}=\begin{pmatrix}\boldsymbol{W} & 0\\ 0 & \boldsymbol{Q}\end{pmatrix}$；$\boldsymbol{A}_{\mathrm{eq}}=(\boldsymbol{B}\quad\boldsymbol{I})$；$\boldsymbol{b}_{\mathrm{eq}}=\boldsymbol{\tau}$。

其中：$\boldsymbol{s}\in\boldsymbol{R}^3$ 为三自由度上的等式松弛因子；$\boldsymbol{I}\in\boldsymbol{R}^3$ 为单位矩阵；

$$\boldsymbol{B}=\begin{bmatrix}1 & 0 & 1 & 0\cdots & 1 & 0\\ 0 & 1 & 0 & 1\cdots & 0 & 1\\ -l_{y_1} & l_{x_1} & -l_{y_2} & l_{x_2}\cdots & -l_{y_p} & l_{x_p}\end{bmatrix}\in\boldsymbol{R}^{3\times 2p}$$ 为配置矩阵；

$\boldsymbol{U}'=[u_{x,1},u_{y,1},u_{x,2},u_{y,2},\cdots,u_{x,p},u_{y,p}]^{\mathrm{T}}\in\boldsymbol{R}^{2p}$ 为扩展推力。

通过上述线性化的不等式约束式(5-43)~式(5-47)可以建立不等式约束系数矩阵 $\boldsymbol{A}_{\mathrm{ineq}}$ 与自由列向量 $\boldsymbol{b}_{\mathrm{ineq}}$。

5.5 推力分配策略

装备有动力定位系统的海上作业船舶与平台的精确定位需要准确的推力分配,复杂的作业工况、多变的海洋环境以及不同的航速等对推进系统的性能与动态响应均有着不同的要求和影响。为了让推进系统适应作业类船舶、海洋钻井平台等海洋结构物在海上全天候工作的要求,一方面可建立多种推力分配模式,如固定角度分配模式、可变角度分配模式、偏值模式等[27,28],有效利用推进系统能力,适应多变海况和工况;另一方面可提高推进系统硬件水平,装备拥有响应快、效率高等优点的推进器,更好地响应系统控制命令[22,29]。本节介绍了快速转向推进器在动力定位船舶中的应用以及偏值模式的基本原理。

5.5.1 快速转向推进器的应用

推进系统的硬件性能对整个控制系统起着关键性的作用,故提高推进系统的响应能力可以有效地提高船舶的定位能力。快速转向推进器是指每个控制周期的可旋角度较大或超过禁区角的推进器。随着船舶推进技术的不断发展,动力定位船舶中将更多地使用该类型推进器以提高其定位性能。但是,快速转向推进器的使用将引入大角度变化率,这会造成优化分配求解域明显的非凸性,给优化问题的求解带来了新的挑战。

本小节以装备有快速转向推进器的动力定位船舶为实例,运用区域外切近似法对其推力优化分配数学模型进行凸化处理。

1. 推力变化率和角度变化率约束及其凸化

在推力分配过程中要充分考虑推进器的物理限制,包括最大推力、推力变化率、角度变化率等约束。另外,快速转向推进器的使用还需对由其大角度变化率造成的分配求解域非凸问题进行凸化处理。

考虑全回转推进器推力变化率以及角度变化率约束后的推力和角度变化范围如下:

$$\begin{cases} T_{\min} \leqslant T \leqslant T_{\max} \\ \alpha_{\min} \leqslant \alpha \leqslant \alpha_{\max} \end{cases} \tag{5-51}$$

在进行动态推力优化分配时,由于考虑了推力和角度变化率的约束,推力和角度组成的求解域具有了非凸性。当全回转推进器角度变化率较小时,由此引起的非凸问题对分配结果影响不是很明显,但快速转向推进器引入了大角度变化率,会造成优化分配求解域明显的非凸性,将显著影响推力分配的结果。

针对上述问题,本小节将运用外切近似法对分配求解域进行凸化处理,如图 5 - 25 所示。推进器角度在一个控制周期的变化范围为[$\alpha_{\min}$,$\alpha_{\max}$],其中变化下限 $\alpha_{\min}=\alpha_0-\Delta\alpha_{\min}$,上限 $\alpha_{\max}=\alpha_0+\Delta\alpha_{\max}$,则推进器周期变化区域角 $\Phi=\alpha_{\max}-\alpha_{\min}=\Delta\alpha_{\max}+\Delta\alpha_{\min}$,$\Delta\alpha_{\min}$ 和 $\Delta\alpha_{\max}$ 分别为角度变化率下限与上限。为保证由式(5 - 52)所确定的凸化误差 ε,可由式(5 - 53)设置分割角 α_s,则推进器角度变化范围可分割为 $N=\Phi/\alpha_s$ 个子区域,如图 5 - 25 所示。凸化后每个角度的动态推力下限 $T_{\Delta\min}$ 可由式(5 - 54)确定,如图 5 - 26 所示。

$$\varepsilon=\frac{\max(T_{\Delta\min})-T_{\min}}{T_{\min}}=\frac{T_{\min}/\cos(0.5\alpha_s)-T_{\min}}{T_{\min}}=\frac{1}{\cos(0.5\alpha_s)}-1 \tag{5-52}$$

$$\alpha_s=2\arccos\left(\frac{1}{\varepsilon+1}\right) \tag{5-53}$$

$$T_{\Delta\min}=\max(T_{\min}/\cos(\Delta\alpha_s),T_{\min}) \tag{5-54}$$

式(5 - 54)中:$\Delta\alpha_s$ 为优化计算角度 α 与分割区域中心角 α_{mid} 之间的差值。

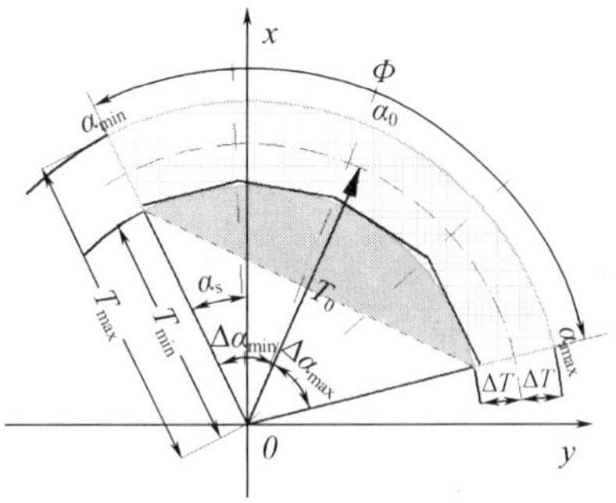

图 5 - 25　外切近似

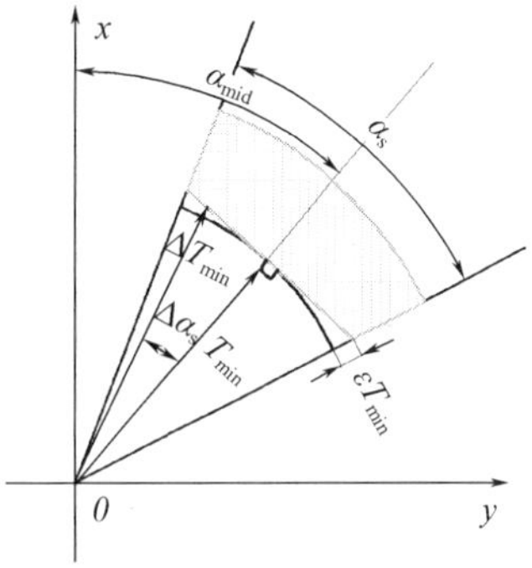

图 5 - 26　角度变化区域分割

设有 p_r 个全回转推进器,第 $i(i=1,2,\cdots,p_r)$ 个推进器要求的凸化误差为 ε_i,区域 Φ_i 可按 $\alpha_{s,i}$ 分割为 N_i 个子区域,则 p_r 个全回转推进器的优化分配组合数为 $N_{\text{comb}}=\prod_{i=1}^{p_r}N_i$;若令凸化误差为 $\eta_i\varepsilon_i$,区域 Φ_i 可按 $\lambda_i\alpha_{s,i}$ 分割为 $(1/\lambda_i)N_i$ 个子区域,则其优化分配组合数为 $\left(\prod_{i=0}^{m}1/\lambda_i\right)N_{\text{comb}}$,其中 $\eta_i>0$,$\lambda_i=\arccos(1/(\eta_i\varepsilon_i+1))/\arccos(1/(\varepsilon_i+1))$。由上述分析可知,在满足工程精度要求的前提下应选取尽量大的分割角度以减少优化组合数,提高算法实时性。分割角度 α_s 与凸化误差 ε 之间的关系如图 5 - 27 所示。

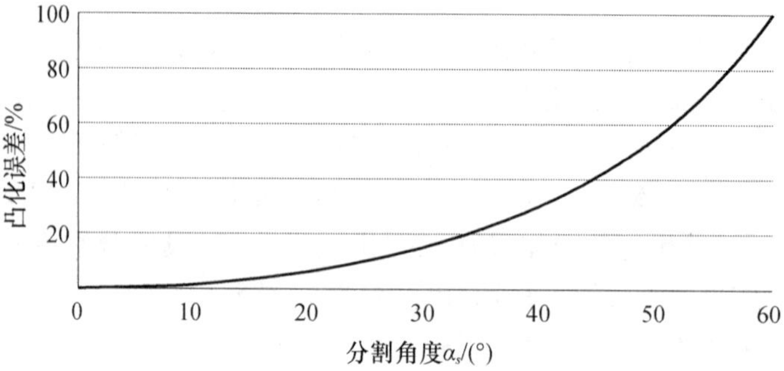

图 5-27　分割角度 α_s 与凸化误差 ε 关系

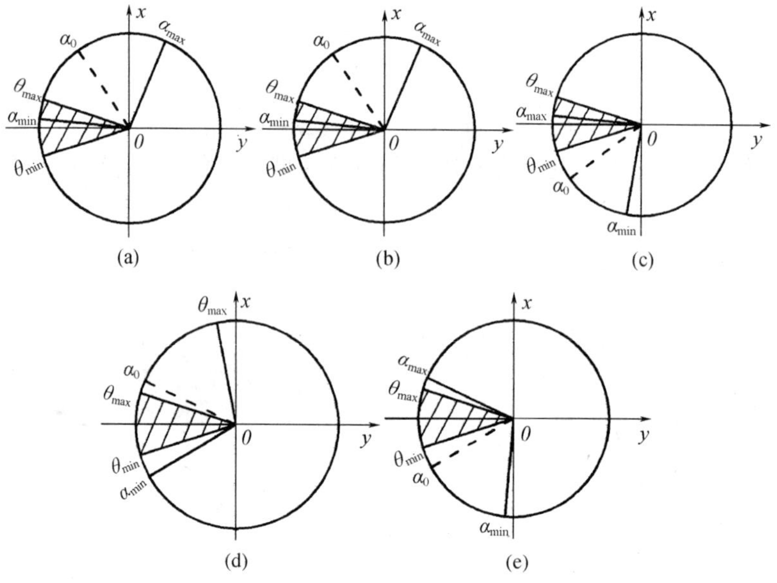

图 5-28　第 j 个全回转推进器周期角度变化范围与禁区关系

2. 禁区角约束及其凸化

禁区角约束的加入可能会引起动态分配求解域的非凸性,特别在引入快速转向推进器时,非凸现象尤为明显。为了解决该问题,提出了以下策略[22]:

(1) 当推进器角度变化率小于禁区角时,禁区的存在不会引起求解域的非凸性,但当本控制周期的推进器角度变化范围和禁区有交集时,会减小推进器角度的允许转动范围;

(2) 当推进器角度变化率大于禁区角时,禁区的存在可能会引起求解域的非凸问题。假设$[\theta_{\min,i},\theta_{\max,i}]$为禁区角范围,下限 $\theta_{\min,i}=\theta_i-\delta_i$,上限 $\theta_{\max,i}=\theta_i$

$+\delta_i$，$[\alpha_{\min,i},\alpha_{\max,i}]$为推进器控制周期转角范围，下限 $\alpha_{\min,i}=\alpha_{0,i}-\Delta\alpha_{\min,i}$，上限 $\alpha_{\max,i}=\alpha_{0,i}+\Delta\alpha_{\max,i}$。具体分类如下：

第一类，推进器角度变化范围与禁区没有交集，如图 5－28(a)所示，推力角度搜索范围可表示为$[\alpha_{\min,i},\alpha_{\max,i}]$。

第二类，推进器角度变化范围与禁区有交集，如图 5－28(b)～(c)所示，推力角度搜索范围可分别缩小为$(\theta_{\max,i},\alpha_{\max,i}]$和$[\alpha_{\min,i},\theta_{\min,i})$。

以上两类情况在推进器角度变化率小于或大于禁区角时都可能出现。

第三类，推进器角度变化范围包含整个禁区，如图 5－28(d)～(e)所示，只有在推进器角度变化率大于禁区角时才可能发生，推力角度搜索范围被禁区截断为$(\theta_{\max,i},\alpha_{\max,i}]\cup[\alpha_{\min,i},\theta_{\min,i})$。

通过以上分类可以确定推进器在当前控制周期内允许的转角范围为$[\alpha_{\min,i},\alpha_{\max,i}]$，由于该范围已经考虑了角度变化率和禁区角约束，故角度变化率约束与禁区约束可用该转角范围替代。

凸化后的推力优化分配数学模型可表达为：

$$\begin{aligned}
\min f(\boldsymbol{u}) &= \sum_{i=1}^{n} u_i^2 + \boldsymbol{s}^{\mathrm{T}}\boldsymbol{W}\boldsymbol{s} \\
\text{s.t.}\quad & \boldsymbol{\tau} - \boldsymbol{T}(\alpha)\boldsymbol{u} = 0 \\
& u_i - T_{\max,i} \leqslant 0 \\
& T_{\min,i} - u_i \leqslant 0 \\
& \alpha_i - \alpha_{\max,i} \leqslant 0 \\
& \alpha_{\min,i} - \alpha_i \leqslant 0
\end{aligned} \tag{5-55}$$

5.5.2 偏值

船舶在定位点附近或进行定点控制等作业时，可能出现控制力较小，但方向频繁变化的情况，若不采取相适应的分配模式，会引起推进器角度频繁转动或响应滞后的现象，由此引出偏值模式在动力定位系统中的应用[15,28]。

1. 偏值的原理

偏值的概念早期由 Kongsberg 公司提出，并在动力定位系统的推力分配中进行了应用[27]。其基本思路是对全回转推进器进行分组（各组包含两个或三个推进器），然后使组内或组间推进器的推力相互抵消。其中，抵消的推力称为偏值量，各推进器组称为偏值组，参加偏值的推进器称为偏值推进器，扩展到推进器组之间的偏值称为偏值组合。

根据偏值的对象不同，可把偏值分为组内偏值和组间偏值。组内偏值顾名思义是指在偏值组内进行偏值,也即只允许组内推进器之间的推力相互抵消;而组间偏值是指偏值组间进行偏值,即先把偏值组整体等效成一个推进器,然后允许等效后的推进器之间推力相互抵消。

根据偏值的方向不同,可把偏值分为向外偏值和向内偏值。以两个全回转桨组合的偏值组为例进行说明:向外偏值是指两桨抵消力的方向背离两桨连线的中点;向内偏值是指两桨抵消力的方向指向两桨连线的中点。偏值原理如图 5-29 所示。

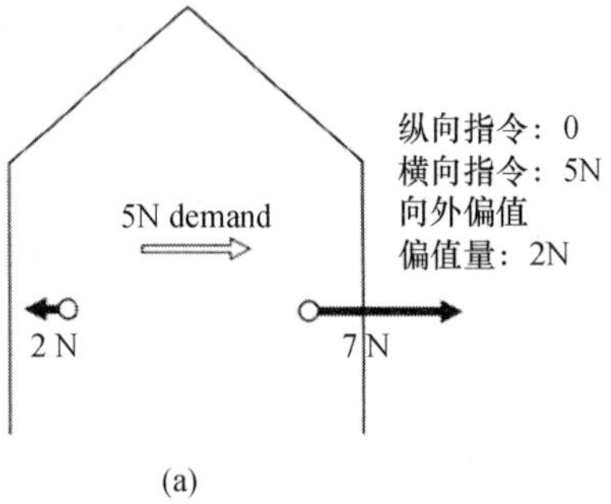

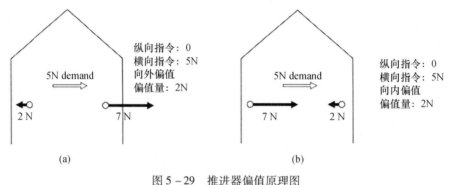

图 5-29 推进器偏值原理图

(a) 向外偏值;(b) 向内偏值。

2. 偏值的功能

偏值的主要功能主要包括以下三个方面。

(1) 使全回转推进器发出零推力。安装于船底的推进器会受海浪和海流的作用,使得推进器在没有接收到任何指令的情况下也会发出一个较小的推力,即推进器有一个非零最小推力。若某时刻推力分配需要推进器发出零推力,则需要把推进器分组,然后使分组的推进器之间的推力相互抵消,从而达到发出零推力的效果,其原理如图 5-30 所示。

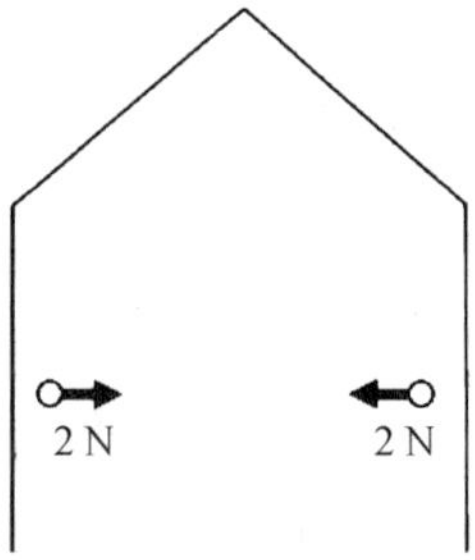

图 5-30 推进器发出零推力示意图

(2) 减小全回转推进器在推力设定值发生变化时产生的转动,从而改善推进器的有效响应。在船舶定位过程中,当某推进器所需发出的推力较小时,若此时出现方向变化频繁的合力指令,则推进器的方位角也需要频繁的变动。但是,由于推进器本身的物理限制,单位时间转动的角度有限,且推进器转动较为缓慢,很可能出现响应滞后现象,这就会影响船舶定位的精度以及定位过程中船舶的操纵性能,同时也会增加推进器的磨损。

采用偏值模式时,当推力分配算法把定位所需的控制力分配给每一个推进器后，对发出推力较小的推进器执行组内偏值或组间偏值，进而实现在不改变推进系统发出总推力的条件下，使偏值推进器达到发出较大推力的效果。此时，偏值后的推进器对角度频繁改变的合力指令的敏感度降低，推进器的方位角就不需要频繁变动，也不会出现滞后现象，从而提高定位的精度，减小推进器的磨损。

（3）提高船舶运动阻尼。通过增加各偏值推进器产生的推力大小，以损失能耗为代价换取船舶运动的稳定性。

3. 偏值算法的设计

以船舶上任意三个推进器构成的组合为研究对象，推进器的布置如图 5－31 所示。NO. 1、NO. 2 和 NO. 3 推进器的位置坐标记为(x_i, y_i)，最大推力记为$T_{\max,i}$，$i=1,2,3$。

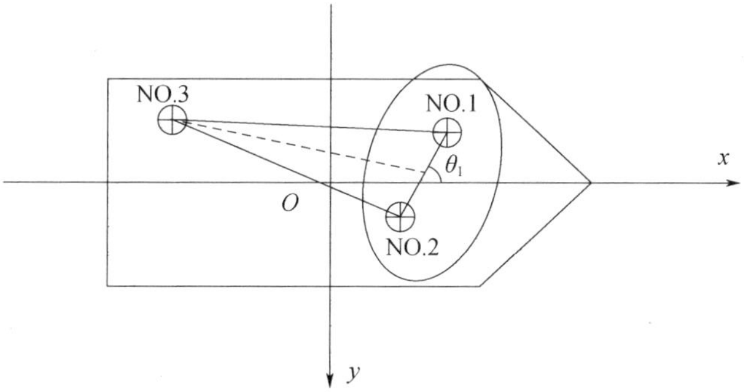

图 5－31　推进器布置示意图

偏值算法的步骤为：

（1）由推力优化分配算法解得某控制周期各个推进器所需发出推力的大小及方向，记为 T_i 和 $\alpha_i(i=1,2,3)$。

（2）对 NO. 1 和 NO. 2 推进器进行组内偏值。计算两桨夹角 $\theta_1=\arctan\left(\dfrac{y_2-y_1}{x_2-x_1}\right)$；设置总偏值量 Δ_1，则 x 方向与 y 方向的偏值量分别为 $\Delta_{x1}=|\Delta_1\cos\theta_1|$，$\Delta_{y1}=|\Delta_1\sin\theta_1|$。

（3）按式（5－56）～式（5－58）计算偏值后的推进器推力的大小与方向，分别记为 T'_i 和 $\alpha'_i(i=1,2)$：

$$\begin{cases}T'_{1x}=T_1\cos\alpha_1+\sigma_1\Delta_{x1}\\T'_{2x}=T_2\cos\alpha_2-\sigma_1\Delta_{x1}\end{cases}\tag{5-56}$$

$$\begin{cases} T'_{1y} = T_1\sin\alpha_1 + \sigma_2\Delta_{y1} \\ T'_{2y} = T_2\sin\alpha_2 - \sigma_2\Delta_{y1} \end{cases} \tag{5-57}$$

$$\begin{cases} T'^2_i = T'^2_{ix} + T'^2_{iy} \\ \alpha'_i = \arctan\dfrac{T'_{iy}}{T'_{ix}} \end{cases} \tag{5-58}$$

式中:σ_1 与 σ_2 为偏值因子,用于调整每一控制周期的偏值量。

4. 基于二次推力分配的偏值方法

根据上述偏值原理可知,应用偏值策略后的推力分配算法使得推进器角度变化相对比较平稳,但推进器推力大小相对于偏值前会大幅度增加,从而导致推进系统能量浪费过多。针对引入偏值之后推进系统能量消耗过大问题,提出基于二次推力分配的偏值方法[28]。其主要思想是在应用偏值方法得到各推进器角度的基础上,以能量最优为目标,重新计算当前角度下的最优推力。这样不仅可以保证推进器的角度变化平稳,减小推进器的磨损,而且还能避免过多的能量消耗。

基于二次推力分配的偏值方法的计算流程描述如下:①通过 5.4 节介绍的推力分配求解方法求解基于能量最优的推力分配问题,得到各推进器的推力和角度;②应用偏值算法将推进器分成不同等级的组,计算偏值量从而得到偏值后的推力和角度;③通过二次推力分配方法计算当前角度的最优推力,得到推进器最终所需发出的推力以及偏转的角度。

5.6 仿真实例与结果分析

本节将推力优化分配算法融入到动力定位系统中,结合信号处理、状态估计、控制算法、推力损失计算等组成完整的闭环控制系统,对推力分配算法的性能进行仿真与分析。

5.6.1 常规推进器仿真与分析

1. 仿真对象

本小节对某平台供应船模型进行动力定位仿真,该船模的主要参数见第三章表 3-2,其推进器相关技术参数见表 5-1,推进器布置如图 5-32 所示。

表 5-1 推进器技术参数

推进器类型	技术参数				
	安装坐标 /m	最大推力 /N	推力变化率 /(N · s^{-1})	角度变化率 /(° · s^{-1})	禁区角度范围 /(°)
全回转推进器 1	(-1.68,0.18)	49.05	10	8	(72.60 ~ 107.40)
全回转推进器 2	(-1.68, -0.18)	49.05	10	8	(252.60 ~ 287.40)
侧推 3	(1.37,0)	14.72	3	—	—
侧推 4	(1.25,0)	14.72	3	—	—

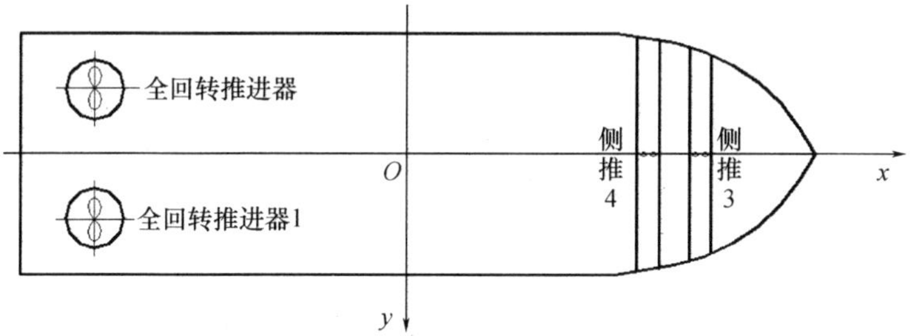

图 5-32 推进器布置

2. 仿真参数及结果分析

本仿真为一个定点控制过程,北东坐标系下该船舶初始位置为(0m,0m,0°),期望位置为(5m,5m,60°)。仿真中采用5.4节中介绍的广义逆法和增广拉格朗日乘子法进行推力分配。假设船舶所处海况为:风速5.0kn,流速0.2kn。仿真结果如图5-33~图5-42所示。其中,图5-33为船舶水平面定位轨迹;图5-34为船舶艏向仿真结果;图5-35~图5-37分别对船舶纵向、横向和艏摇方向待分配的控制力或力矩与实际分配的控制力或力矩进行了比较;图5-38和图5-39为四个推进器的推力损失率变化曲线;图5-40~图5-42为四个推进器的推力变化曲线以及两个全回转推进器的角度变化曲线。

由图5-33和图5-34可知,船舶最终可以稳定在设定点(5m,5m,60°)附近。由图5-35~图5-37可以看出,即使定位过程中控制力由于受到较大的外界扰动而产生突变,推力分配结果仍然可以较好地满足控制力分配的精度要求。考虑图5-38和图5-39所示的各推进器在每个控制周期的推力损失率之后，可得到如图 5-40～图 5-42 所示的各推进器的最终分配结果。从分配结果可以看出，在整个定位过程中全回转推进器的推力和角度变化率、侧推的推力变化率均在机械容许的范围之内。需要说明的是，全回转推进器 1 和 2 的初始角度采取错位设置，也即两者角度相差 180°左右（如图 5-41 所示），这样

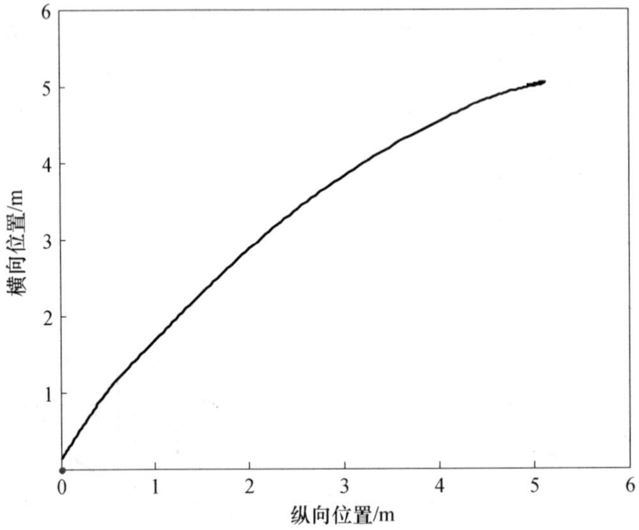

图 5-33 船舶水平面定位轨迹

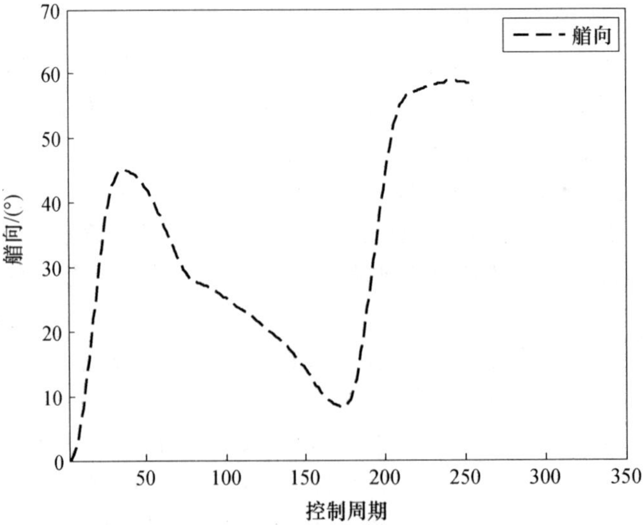

图 5-34 船舶艏向

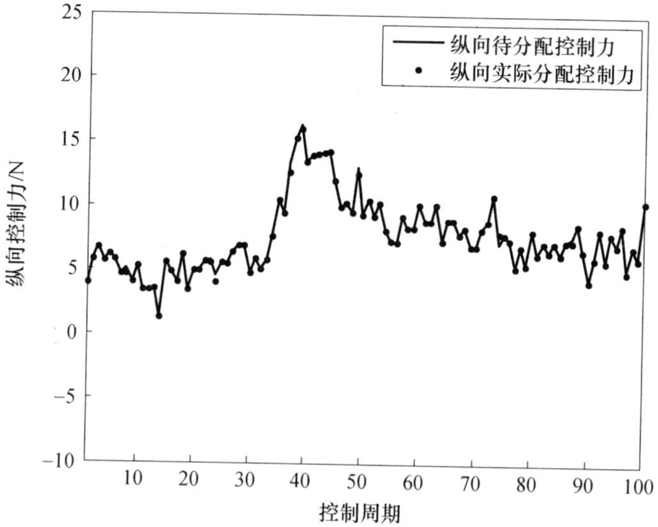

图 5-35　纵向待分配控制力与实际分配控制力的对比结果

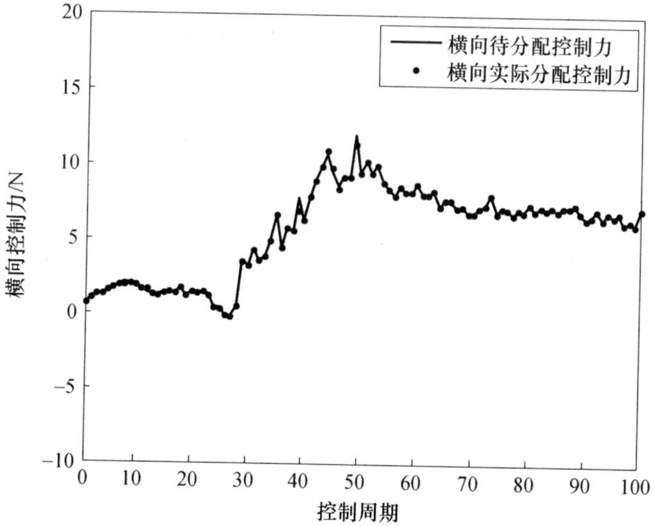

图 5-36　横向待分配控制力与实际分配控制力的对比结果

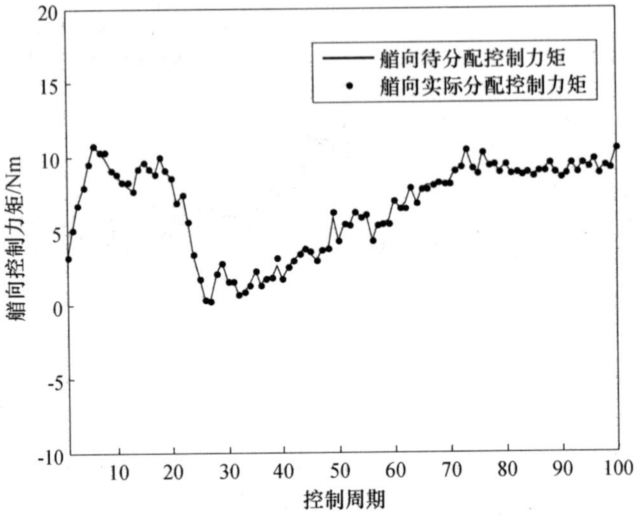

图 5-37 艏向待分配控制力矩与实际分配控制力矩的对比结果

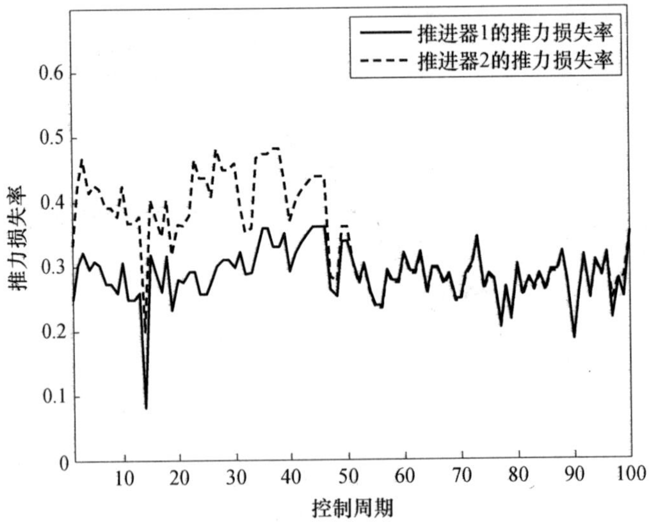

图 5-38 全回转推进器 1 和 2 的推力损失率

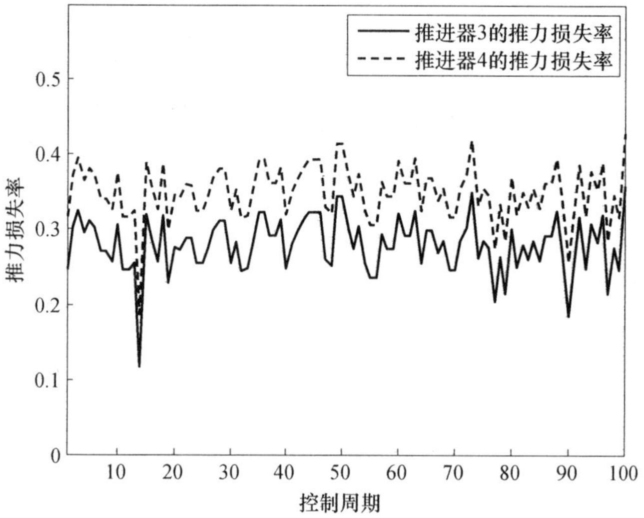

图 5-39　侧推进器 3 和 4 推力损失率

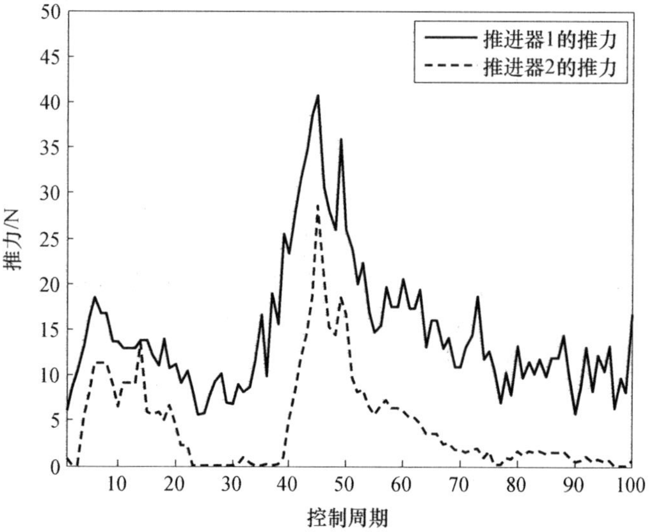

图 5-40　全回转推进器 1 和 2 的推力

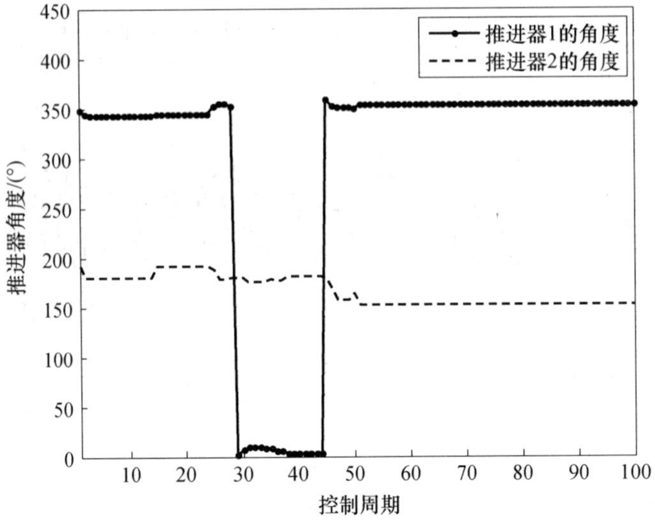

图 5－41　全回转推进器 1 和 2 的角度

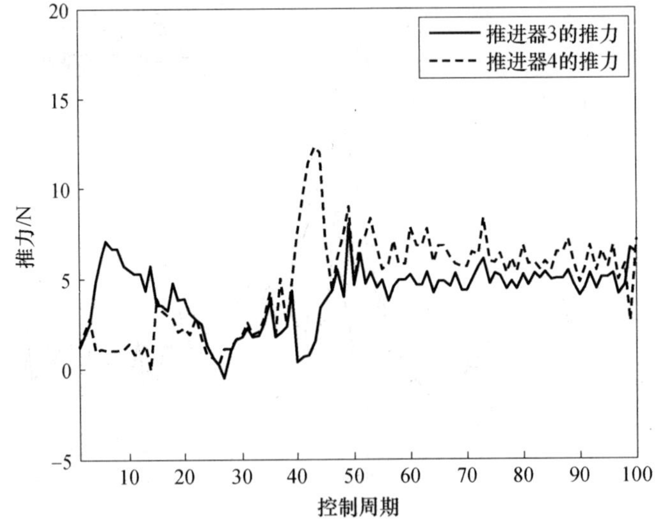

图 5－42　侧推进器 3 和 4 的推力

做的目的主要是应对纵向环境力出现正负交替的场合。因为在通常情况下，船舶到达定位点之前全回转推进器作为主推进器推动船舶朝纵向正方向发力为主，但是当船舶到达定位点之后，纵向环境力可能出现正负交替，由于全回转推进器角度变化率的限制使其无法快速转到相反方向以抵抗反方向的环境力，从而导致推力分配失败。通过错位设置两个全回转推进器的角度可以解决该问题，但是错位设置也带来了一个新的问题，即作为纵向正方向发力为主的全回转推进器，其推力总是大于另一个全回转推进器(图5-40)，从而导致该推进器磨损较快。从图5-42可以看出，侧推进器3和4经过若干个控制周期之后其推力大小逐渐接近并趋于平稳。

综上所述，本小节中使用的推力优化分配算法可以在给定的一系列硬性约束中寻找到满足控制精度的最优分配结果，在控制模块与过驱动推进系统之间起到较好的承上启下作用。

5.6.2 快速转向推进器仿真与分析

1. 仿真对象

本小节分别对装备普通全回转推进器和装备快速转向推进器的动力定位船舶进行推力优化分配仿真。仿真中使用的船模参数参见3.7节表3-2。本小节采用的快速转向推进器的布置与普通推进器布置相同，如图5-32所示，其相关技术参数见表5-2。

表5-2 推进器技术参数

推进器类型	技术参数				
	安装坐标/m	最大推力/N	推力变化率/(N·s^{-1})	角度变化率/(°·s^{-1})	禁区角度范围/(°)
全回转推进器1	(-1.68,0.18)	49.05	10	60	(72.60~107.40)
全回转推进器2	(-1.68,-0.18)	49.05	10	60	(252.60~287.40)
侧推3	(1.37,0)	14.72	3	—	—
侧推4	(1.25,0)	14.72	3	—	—

2. 仿真参数及结果分析

仿真中采用5.4节中介绍的线性二次规划法进行推力分配。为体现快速转向推进器的优势，仿真中给定的控制力和力矩在三个自由度上均有较大的突变，以模拟工程实际中多变的海洋环境，如图 5－43 所示。仿真结果如图 5－44～图 5－50所示。其中(a)表示装备普通全回转推进器的仿真结果，(b)表示装备有快速转向推进器的仿真结果。图 5－44～图 5－46 分别对两种船舶纵向、横向和艏摇方向待分配的控制力和力矩与实际分配的控制力和力矩进行了比较；图 5－47～图 5－49 所示为四个推进器的推力变化曲线以及两个全回转推进器的角度变化曲线；图 5－50 所示为两种船舶推进器消耗的功率曲线。

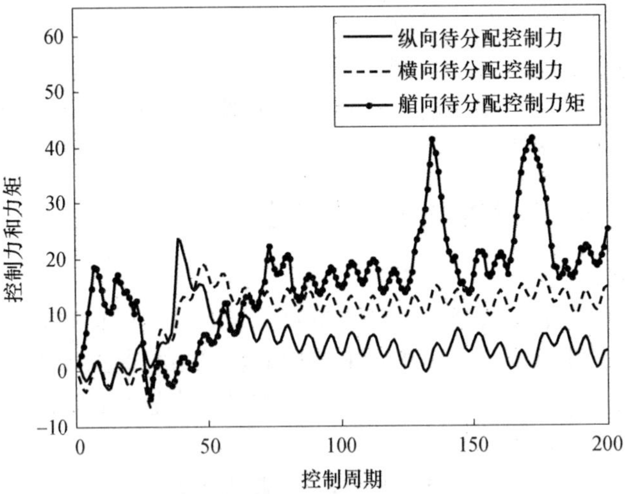

图 5－43　三自由度待分配控制力和力矩

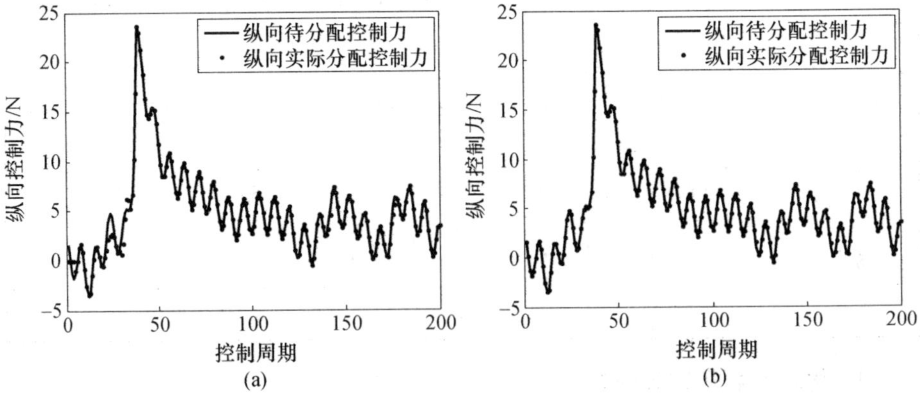

图 5－44　纵向控制力分配结果

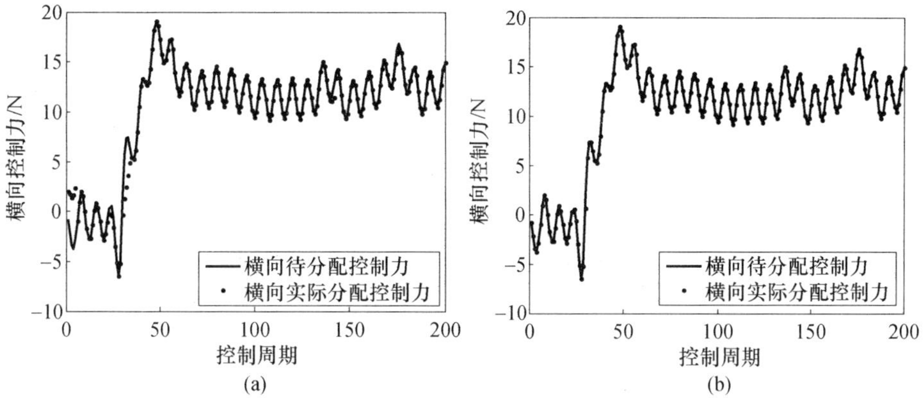

图 5－45　横向控制力分配结果

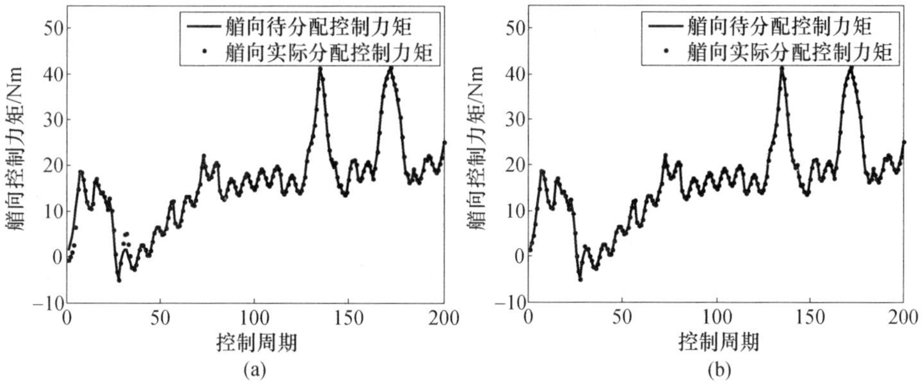

图 5－46　艏向控制力矩分配结果

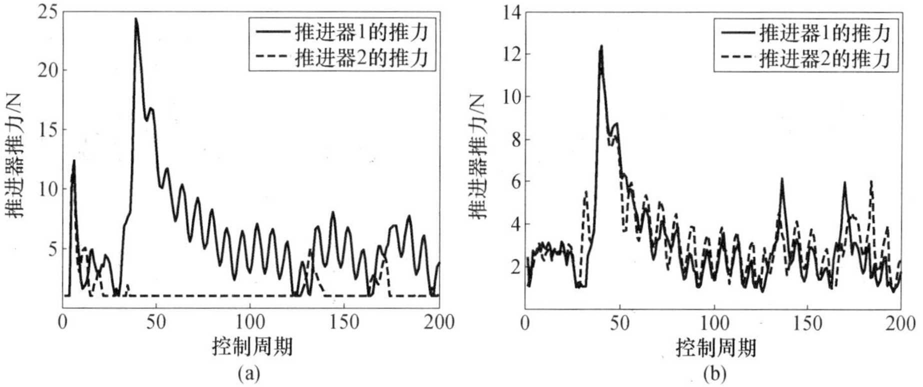

图 5－47　全回转推进器 1 和 2 的推力

从图 5-44 ~ 图 5-46 中控制力和力矩的分配结果可知，两种情况下实际分配的控制力和力矩与待分配的控制力和力矩基本吻合。相较于(a)中的分配结果，(b)在考察的 200 个控制周期内控制力和力矩的分配误差为 0，从而验证了应用快速转向推进器的有效性。在(a)的分配结果中，初始的 40 个控制周期内，三个方向上的控制力和力矩的分配产生了微小的偏差。根据推进器的布置情况及控制力的方向变化情况可知，当控制力的方向发生改变后，全回转推进器需要快速转到某个方向以满足控制力的要求，由于普通推进器角度变化率小于其禁区角，导致推进器的转动范围受到限制，出现推进器反应滞后的情况，从而导致分配结果出现偏差；而快速转向推进器的角度变化率大于禁区的范围，可在单个分配周期内直接跨过禁区，从而能快速响应控制力在方向上的变化。

从图 5-48(a)中看出 2 号推进器的角度变化率较小，在进行推力分配时不能在单个周期内跨过推力禁区。同时，由于禁区的存在导致推力可行域减少，因此大部分时间处在禁区的边界上；在(b)中则看到推进器 2 极少落在禁区的边界上，一般都能快速跨过推力禁区。

由图 5-49(a)可以看出，在 25 ~ 35 控制周期内，艏部的两个侧推发生了严重的反冲现象，甚至在 35 周期达到了侧推的推力上限。出现这种情况是因为在满足推进器各类限制条件的同时，需保证控制力矩的要求。全回转推进器的转向速度决定了其响应能力，此时需要依靠侧推产生满足横向的控制力和力矩。而在(b)中由于快速转向器的响应速度快，能够寻求到更优的推力和方向，从而减轻对于侧推的推力要求，使得推进器推力变化平缓。

此外，从图 5-50 可以看出，(b)中快速推进器的整体功率消耗总是小于(a)中的结果，这也表明了快速转向推进器相对普通推进器具有更快的响应速度，从而也验证了应用快速转向推进器可以有效地降低功耗。

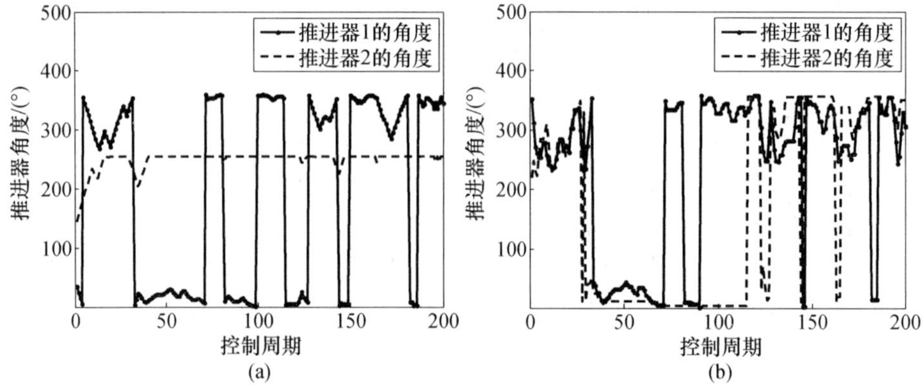

图 5-48 全回转推进器 1 和 2 的角度

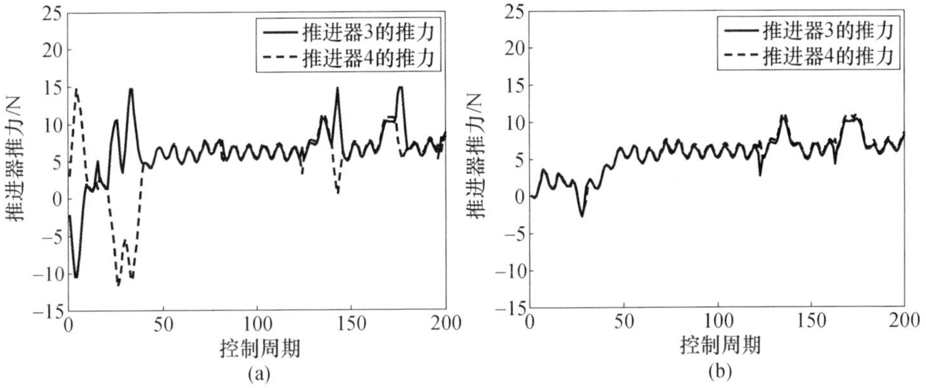

图 5－49　侧推进器 3 和 4 的推力

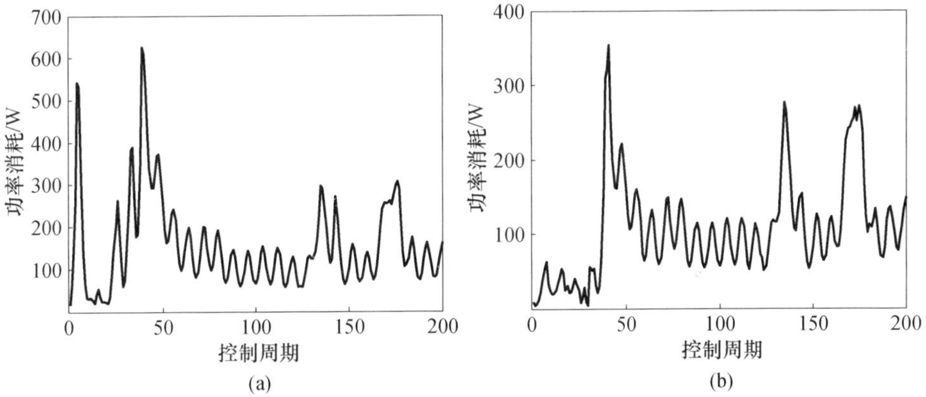

图 5－50　推进器总功率消耗

5.6.3　基于二次推力分配的偏值方法仿真与分析

1. 仿真参数

为了验证 5.5.2 节提出的基于二次推力分配的偏值方法的有效性，本小节以 3.7 节所述的动力定位船舶为对象进行计算机仿真。仿真中假定船舶处于环境力较小而方向频繁变化的海洋环境中作业，待分配的控制力和力矩在三个自由度上均有一定的突变，如图 5－51 所示。为验证偏值方法在推力分配中的效果，本节对推进器的个数进行了扩展，其布置如图 5－52 所示，相关技术参数见表 5－3。

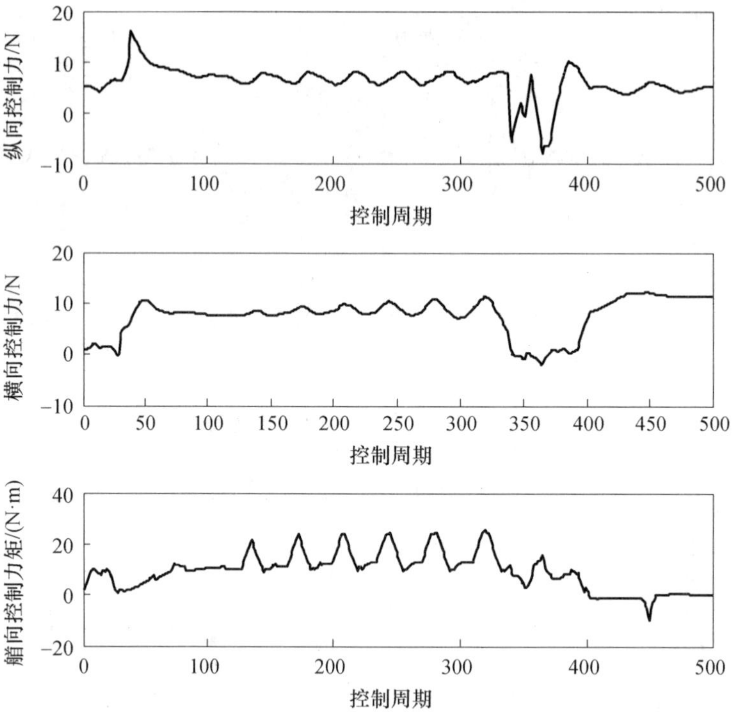

图 5－51　待分配的控制力和力矩

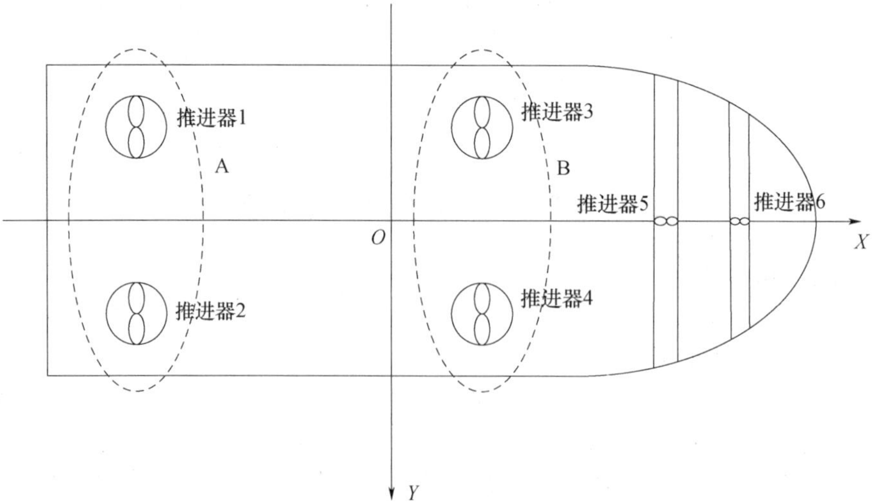

图 5－52　推进器布置图

表 5-3　推进器技术参数

推进器类型	技术参数		
	安装坐标/m	最大推力/N	推力变化率/(N·s^{-1})
全回转推进器 1	(-1.68,0.18)	49.05	10
全回转推进器 2	(-1.68,-0.18)	49.05	10
全回转推进器 3	(0.50,0.18)	49.05	10
全回转推进器 4	(0.50,-0.18)	49.05	10
侧推 5	(1.37,0)	14.72	5
侧推 6	(1.25,0)	14.72	5

首先,为了研究不同偏值量对偏值效果的影响,将推进器 1 和推进器 2 组成推进器组 A,推进器 3 和推进器 4 组成推进器组 B,分别对其进行组内偏值,再将 A 组和 B 组进行组间偏值。仿真实验中,偏值量系数分别取为 $\varepsilon=0$,$\varepsilon=0.1$,$\varepsilon=0.2$,$\varepsilon=0.3$。

以推进器 1 为例,图 5-53 和图 5-54 所示为该推进器进行偏值后取不同偏值量时推力和方位角的变化曲线。图 5-55 所示为推进系统进行偏值后取不同偏值量时推进器 1 功耗的变化曲线。从图 5-53 和图 5-54 可以看出,随着偏值量的增大,推进器发出的推力也增大,而推进器方位角的变化越平稳,推进器的磨损也越小。当 $\varepsilon=0.2$ 和 $\varepsilon=0.3$ 时,推进器的角度变化相近,此时推

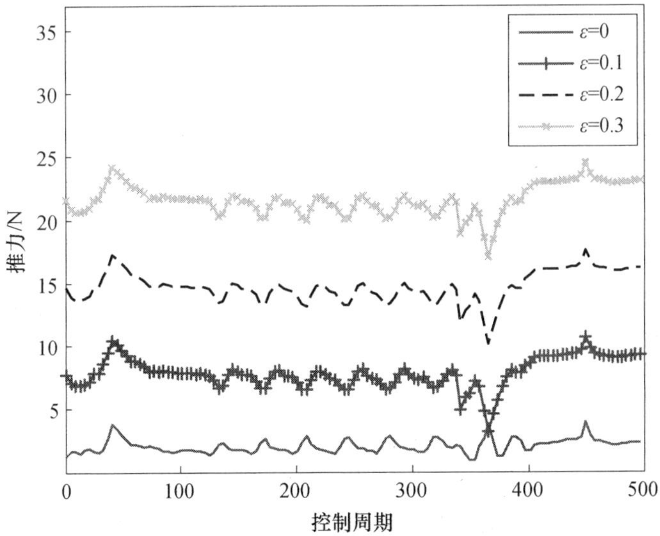

图 5-53　不同偏值量下推进器 1 的推力变化

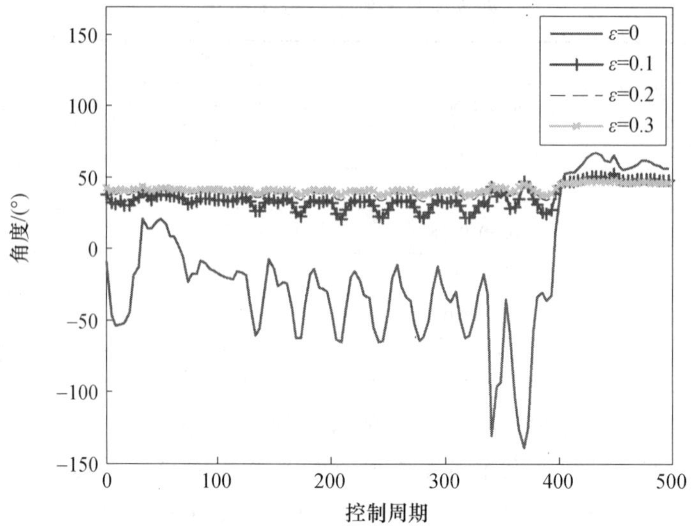

图 5-54 不同偏值量下推进器 1 的方位角变化

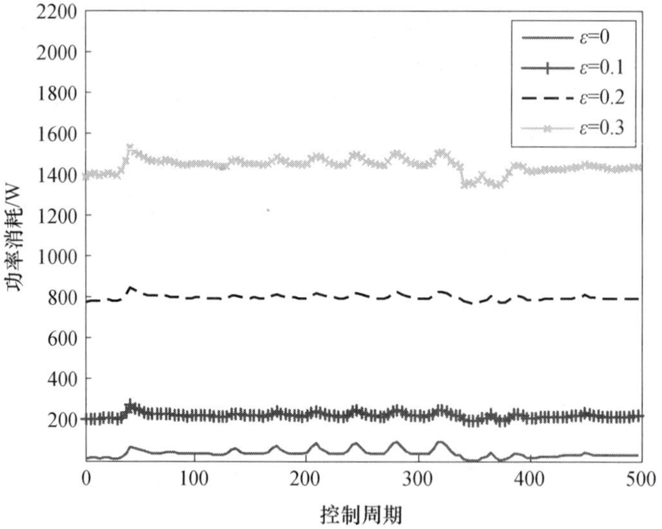

图 5-55 不同偏值量下推进器 1 的能耗变化

进器 1 和推进器 2 的角度分别保持在 40°和 −40°附近，这样可以有效地减小两个推进器之间的水动力干扰，降低推进器的推力损失。但 $\varepsilon=0.3$ 时推进器发出的推力比 $\varepsilon=0.2$ 时发出的推力有较大幅度的增加，表明当偏值量处于某一临界值时继续增加偏值量对推力分配效果的改善很小，而推进系统的能量消耗因推进器抵消的推力增大而大幅度增加，从而造成不必要的能量浪费，如图 5－55 所示。因此，偏值量的设定并非越大越好，应结合实际工况合理选取。

其次，为了检验偏值后进行二次推力分配的效果，本书首先取偏值量系数 $\varepsilon=0.2$ 计算得到偏值后各推进器的方位角，然后采用二次推力分配方法计算当前方位角下各推进器的最优推力。以推进器 1 为例，分别比较直接分配、偏值分配和偏值后二次分配三种分配策略下的仿真结果。图 5－56 和图 5－57 分

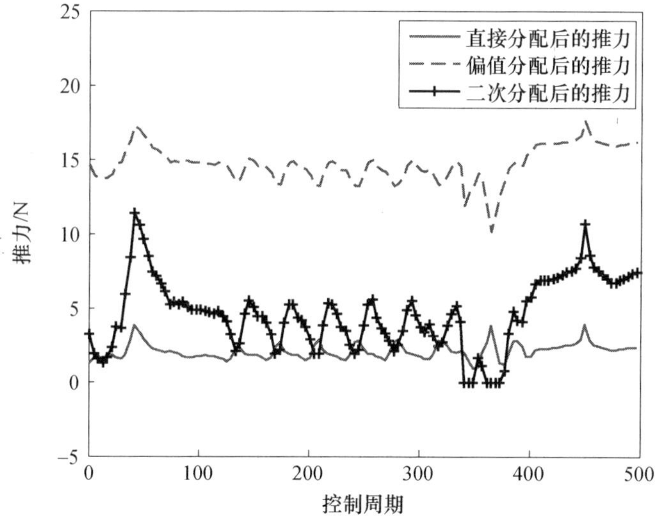

图 5－56　在不同分配策略下推进器 1 的推力变化

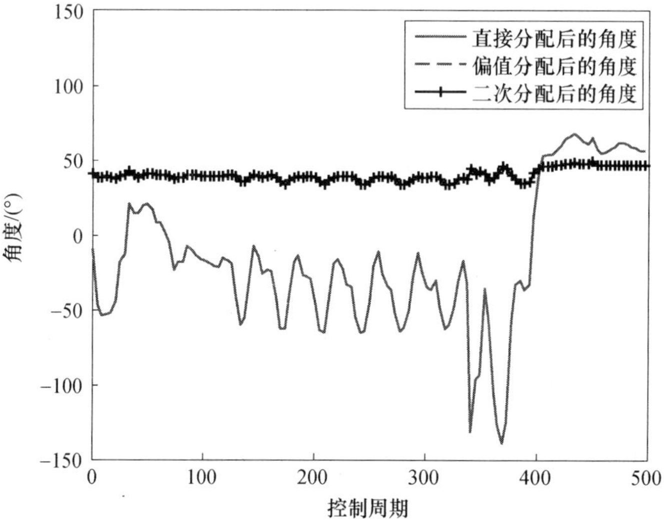

图 5－57　在不同分配策略下推进器 1 的角度变化

别为推进器1在不同分配策略下推力和角度的变化曲线，图5－58所示为推进系统在不同分配策略下能量消耗的变化曲线。从图5－56可以看出，二次推力分配后的推力比仅使用偏值分配策略下的推力有较大幅度的减小。从图5－58可以看出，二次推力分配后推进系统的能量消耗也有大幅度的降低。因此，在偏值后采用二次推力分配方法不仅可以保留偏值的优点，使推进器方位角的变化趋于平稳，减小推进器之间的水动力干扰，而且可以有效地降低偏值后推进器的能量消耗，避免了不必要的能量浪费。

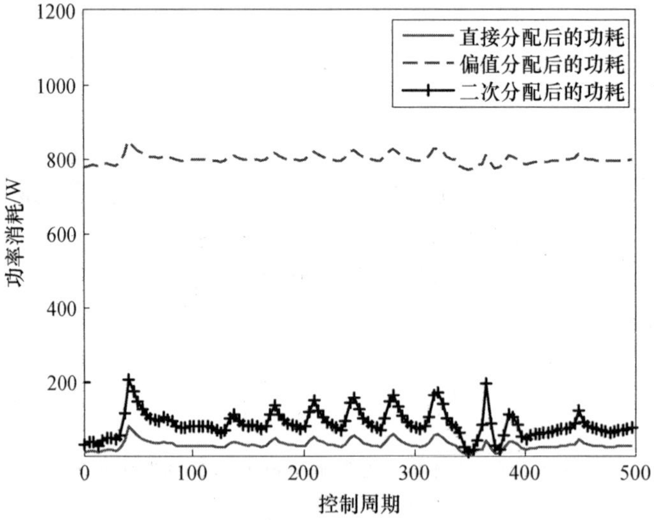

图5－58　在不同分配策略下推进器1的功耗变化

参考文献

[1] Radboud R T, Van D, Albert B A. What happens in water, the use of hydrodynamics to improve DP[C]. Dynamic Position Conference. 2001:1－11.

[2] Lehn. Practical methods for estimation of thrust losses[R], Marintek Publication R－102.80, October 1990.

[3] Lehn, Larsen. Thrusters in extreme condition[R], Part I: Ventilation and out of water effects, FPS－2000 1.6B, January 1990.

[4] Lehn. On the propeller race interaction effects[R], Marintek Publication P－01.85, September 1985.

[5] Lehn. Thrusters in extrem condition[R], Part 2: Propeller/hull interaction effects, FPS－2000 1.6B, January 1990.

[6] 广超越. 船舶动力定位系统定位能力分析[D]. 武汉:武汉理工大学,2011.

[7] Svensen. Thruster considerations in the design of DP assisted vessels[R],NIF,1992.

[8] 杨世知,陆耀辉,王磊. 动力定位推进系统中桨－桨干扰研究进展[J]. 实验室研究与探索,2009,28(11):17－21.

[9] Dang J,Laheij H. Hydrodynamic aspects of steerable thrusters[C]. Dynamic Positioning Conference. 2004:1－33.

[10] Nienhuis U. Analysis of thruster effectivity for dynamic positioning and low speed manoeuvring[D]. Delft:Technical University Delft,1992.

[11] Wit C D. Wit. Optimal thrust allocation methods for dynamic positioning of Ships[D]. Delft:Technical University Delft,2009.

[12] Ruth. Propulsion control and thrust allocation on marine vessels[D]. Trondheim:Norwegian University of Science and Technology,2008.

[13] Jeyasenthila R,Dasguptaa J. Thrust allocation logic of dynamically positioned offshore vessel[J]. Ships & Offshore Structures,2010,5(3):243－251.

[14] Rindaroey M,Johansen T A. Fuel optimal thrust allocation in dynamic positioning[C]. Control Applications in Marine Systems. 2013:43－48.

[15] 施小成,魏玉石,宁继鹏等. 基于能量最优的组合偏置推力分配算法研究[J]. 中国造船,2012,53(2):96－104.

[16] 王芳. 过驱动水面航行器的控制分配技术研究[D]. 哈尔滨:哈尔滨工程大学,2012.

[17] Liang C C,Cheng W H. The optimum control of thruster system for dynamically positioned vessels[J]. Ocean Engineering,2004,31(1):97－110.

[18] Johansen T,Fossen T,S. P. Berge. Constrained nonlinear control allocation with singularity avoidance using sequential quadratic programming[J]. IEEE Transactions on Control Systems Technology,2004,12(1):211－216.

[19] Fossen T I,Johansen T A. A survey of control allocation methods for ships and underwater vehicles[C]. 14th Mediterranean Conference on Control and Automation. 2006:1－6.

[20] Sørdalen O J. Optimal thrust allocation for marine vessels[J]. Control Engineering Practice,1997,5(9):1223－1231.

[21] 徐海祥,付海军,殷进军等. 基于级联广义逆法的动力定位推力分配[J]. 武汉理工大学学报(交通科学与工程版),2016,40(02):206－209.

[22] 许林凯. 动力定位推力分配混合策略研究[D]. 武汉:武汉理工大学,2015.

[23] Li W J,Xu H X,Wu W G. Research on thrust allocation of ship dynamic positioning system under extreme sea environment[C]. Twenty－fourth International Ocean and Polar Engineering Conference (ISOPE), Busan,Korea. 2014:558－563.

[24] Zhou X,Xu H X,Xu L K. Optimal constrained thrust allocation for ship dynamic positioning system under changeable environments [C]. Twenty － fifth International Society of Offshore and Polar Engineers (ISOPE),Hawaii,USA. 2015:275－282.

[25] Ruth,Eivind. Thrust allocation with linear constrained quadratic cost function[C]. Control Applications in Marine Systems. 2007:337－342.

[26] 周兴. 动力定位系统推力分配算法及策略研究[D]. 武汉:武汉理工大学,2016.

[27] Kongsberg M A. Kongsberg K - Pos DP(OS) dynamic positioning system operator manual[M]. 2007.
[28] 文武,徐海祥,冯辉. 自适应组合偏置推力分配算法[J]. 武汉理工大学学报(交通科学与工程版),2016,40(4):569 - 573.
[29] 许林凯,徐海祥,李文娟等. 快速转向推进器推力优化分配研究[J]. 海洋工程,2015,33(2):13 - 20.

第6章　动力定位能力分析

动力定位船舶的定位能力，是指在一定环境条件和工作条件下保持位置的能力[1]。动力定位系统定位能力的评估和分析是一项具有实际意义的工作，一方面可作为动力定位系统本身的一个评估标准，另一方面还可为动力定位系统的设计提供依据。因此，合理的定位能力估评方法就显得十分关键。国内外各大船级社都研究制定了动力定位系统定位能力的评估标准，如挪威船级社的环境规则指数 ERN[2]，英国劳氏船级社的 PCR 指数等[3,4]。在众多评估标准中，动力定位能力曲线（DP Capability Plots）被认为是评估动力定位能力的一种有效工具，它能合理地对动力定位系统的定位能力作出评估，因此被广泛应用。动力定位能力曲线考量的是船舶推进系统与外载荷之间的静态平衡，它可为动力定位系统的定位能力做出初步的评估。本章简要介绍了本书示例船舶的风、浪、流三种环境载荷的计算，并依照计算结果作出动力定位能力曲线。

6.1　动力定位能力曲线的描述

动力定位能力曲线是一条在极坐标上从0°到360°的封闭包络曲线，它表达了船舶在指定的推进系统及环境条件下定位系统的定位能力。通常有极限风速曲线和推力利用率曲线两种表示方式，它们虽然有着不同的表达形式与内容，并分别有各自不同的应用范围，但都能有效地对船舶动力定位系统的定位能力作出评估，推力利用率曲线是对极限风速曲线的很好补充。

极限风速曲线是通过船舶能抵抗的最大环境条件来衡量动力定位系统的定位能力。包络曲线上任意一点的角度表示环境载荷相对船舶的来向；半径表示在确定的推进器配置下，该方向上船舶保持自身位置与艏向所能抵抗的最大环境条件。最大环境条件的获得是通过不断加大作用在船舶上的环境力与力矩，直至推进系统提供的最大有效推力不能与之平衡为止，此时的环境条件即为最大环境条件或者限制环境（Limiting Environment）。环境条件主要包括风速、流速、有义波高等环境参数。通常情况下，流速为一固定值，风速和波浪条件（有义波高和平均周期）以相同的概率增加，风速和波浪条件的变化关系取决于作业区域海况，可根据该区域的长期统计资料获得。考虑到风、浪、流条件的复杂性，一般都假定三种环境载荷从同一方向作用[4,5]。在实际中，通常采用风速来表达环境条件。

当动力定位工作的海况已知时，推力利用率曲线便可代替极限风速曲线来衡量动力定位系统的定位能力。定位包络曲线上任意一点的角度依然表示环境载荷相对船舶的来向；半径表示在确定推进器配置与确定海况下，实现定位维持船舶自身位置与艏向所需要的推力与推进系统所能提供最大有效推力的比值。在推力利用率曲线中，若利用率小于或者等于100%，表示在此固定海况下动力定位系统能实现船舶的定位；若利用率大于100%，则表示此固定海况下动力定位系统不能保持船舶的自身位置与艏向。

6.2 动力定位能力曲线的计算

6.2.1 环境载荷计算

环境载荷的计算对于动力定位系统设计以及动力定位能力的评估分析至关重要，环境载荷计算方法的合理性直接影响到动力定位系统的定位精度与定位能力预报的准确度。对于船舶动力定位系统而言，在深海作业中所受到的环境载荷主要包括风载荷、流载荷和波浪载荷。前文第二章中已经对三种环境载荷的计算模型作了详细的介绍，下面给出本书示例船舶的环境载荷计算的简要说明。示例船舶的主尺度、推进器配置参数见表6－1和表6－2，推进器布置如图6－1所示。

表6－1　示例船舶主尺度

船舶类型	供给船	船宽 B/m	17.00
总长 L_{oa}/m	71.50	吃水 T/m	5.90
垂线间长 L_{pp}/m	61.20	型深 D/m	7.60

表6－2　推进器配置参数

编号	推进器类型	坐标（船艏、右舷为正）		推力		功率/kW
		x/m	y/m	F_+/tf	F_-/tf	
1	侧推	27.00	0.00	11.40	－11.40	760
2	侧推	29.50	0.00	11.40	－11.40	760
3	全回转	－36.90	5.10	29.80	－18.30	1685
4	全回转	－36.90	－5.10	29.80	－18.30	1685

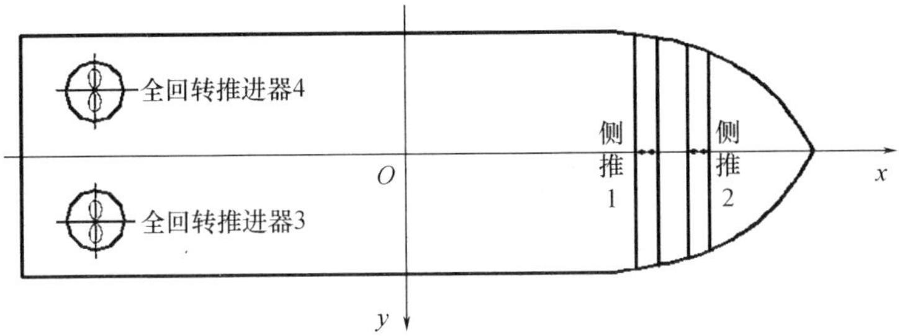

图6－1　推进器布置图

1. 风载荷计算

本书采用 Blendermann[6－8]提出的经验公式法进行风载荷的计算，其主要计算工作为三个自由度上风载荷系数的求取，其中：$C_{wix}(\alpha)$为风向角为α的纵向风力系数；$C_{wiy}(\alpha)$为风向角为α的横向风力系数；$C_{win}(\alpha)$为风向角为α的风力矩系数。图6－2所示为示例船舶风载荷系数曲线。

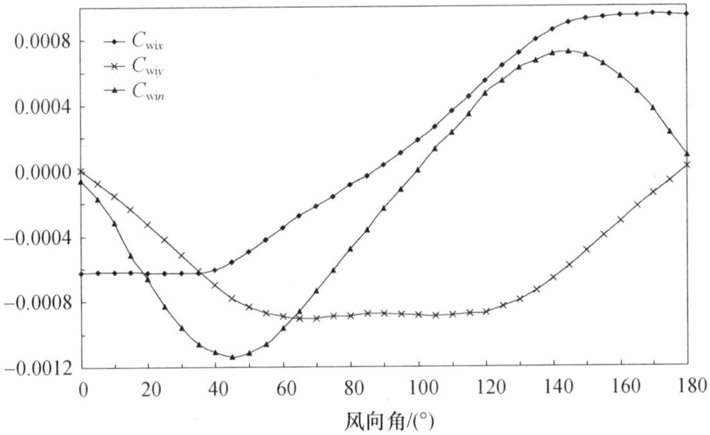

图6－2　风载荷系数

2. 流载荷计算

船舶处于流体中时，其周围的流场非常复杂，因此最可靠的确定船舶所受到流载荷的方法是模型试验法。但在实际应用中，我们可以基于一些理想假设或者实验数据，获得一些经验公式来估算作用在船舶上的流载荷。本书采用基于 Faltinsen 的切片理论[9]对流载荷进行估算。与风载荷计算类似，流载荷的主要计算工作在于三个自由度上流载荷系数的求解，其中$C_{cux}(\alpha)$为流向角为α的纵向流力系数；$C_{cuy}(\alpha)$为流向角为α的横向流力系数；$C_{cun}(\alpha)$为流向角为α的流力矩系数。图 6-3 所示为示例船舶流载荷系数曲线。

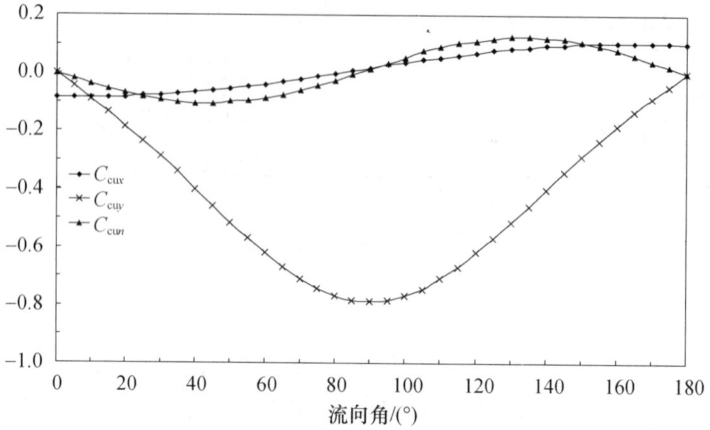

图 6-3 流载荷系数

3. 波浪载荷计算

针对波浪载荷,本书采用第二章介绍的 Pinkster 近场积分理论[10]进行求解。同样对三个自由度上波浪载荷系数进行计算,其中:$C_{wax}(\alpha)$为浪向角为 α、频率为 ω 时的纵向波浪力系数;$C_{way}(\alpha)$为浪向角为 α、频率为 ω 时的横向波浪力系数;$C_{wan}(\alpha)$为浪向角为 α、频率为 ω 时的波浪力矩系数。此外,还需对海浪谱进行选择,常用的海浪谱有 JONSWAP 谱、Pierson - Moskowitz 谱等(具体参见第二章 2.2.4 节),本书采用 JONSWAP 谱。图 6-4 所示为示例船舶波浪载荷系数曲线。

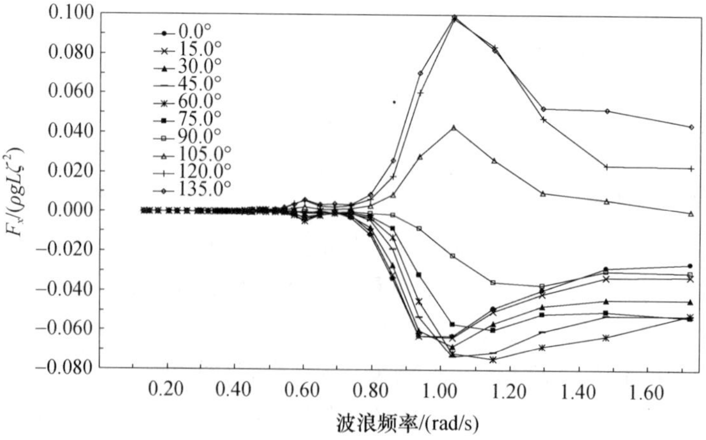

(a)

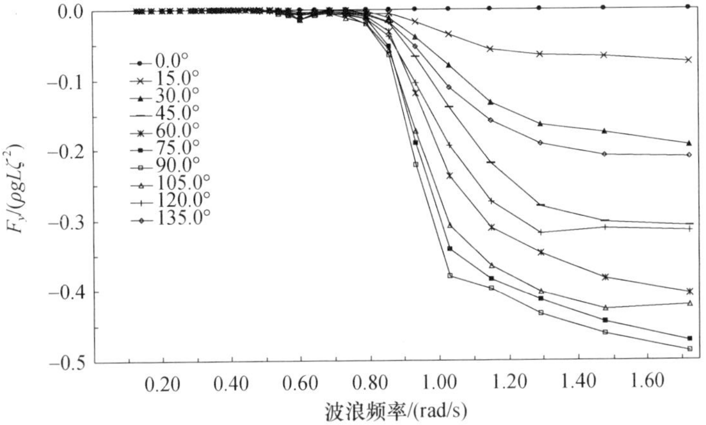

(b)

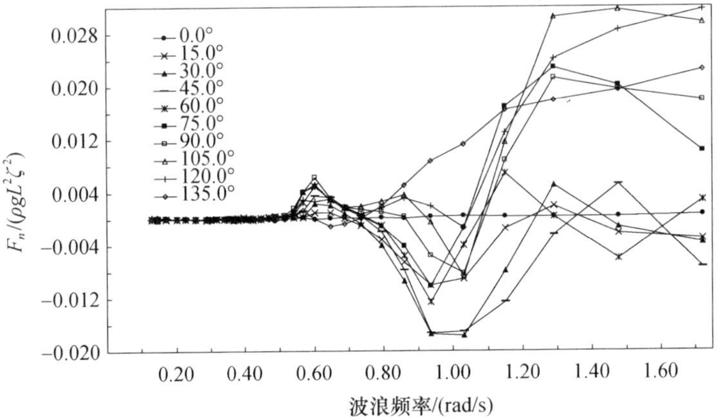

(c)

图 6-4　波浪载荷系数

(a) 纵向波浪载荷系数;(b) 横向波浪载荷系数;(c) 艏向波浪载荷系数。

6.2.2　推进器推力分配

在计算定位能力曲线时,需要按照上述的环境载荷计算模块计算得到当前状态下的外载荷,并按照前文第五章所述的推力优化分配逻辑,建立推力分配模块。推力优化分配中应充分考虑第二章所述的各种因素(海流、波浪、推进器与船体之间的相互干扰以及推进器与推进器之间的干扰等)造成的推进器推力损失,即分配模块中还应加入推力损失计算模块。由于动力定位能力曲线考虑的是船舶在水平面上环境载荷与推进器推力的静态平衡关系,因此应满足下列等式条件：

$$\sum_{i=1}^{N} T_{xi} = X_{\text{环境}} = F_{\text{wi}x} + F_{\text{cu}x} + F_{\text{wa}x} + F_{\text{op}x} \tag{6-1}$$

$$\sum_{i=1}^{N} T_{yi} = Y_{\text{环境}} = F_{\text{wi}y} + F_{\text{cu}y} + F_{\text{wa}y} + F_{\text{op}y} \tag{6-2}$$

$$\sum_{i=1}^{N} T_{ni} = N_{\text{环境}} = F_{\text{wi}n} + F_{\text{cu}n} + F_{\text{wa}n} + F_{\text{op}n} \tag{6-3}$$

式中：N 为推进器的个数；T_{xi}、T_{yi}、T_{ni} 分别为各个推力器在水平面三个自由度方向上产生的力和力矩；$F_{\text{wi}x}$、$F_{\text{wi}y}$ 和 $T_{\text{wi}n}$ 分别为作用在船体上的风力在水平面三个自由度方向上的力和力矩；$F_{\text{wa}x}$、$F_{\text{wa}y}$ 和 $T_{\text{wa}n}$ 分别为作用在船体上的波浪力在水平面三个自由度方向上的力和力矩；$F_{\text{cu}x}$、$F_{\text{cu}y}$ 和 $M_{\text{cu}n}$ 分别为作用在船体上的流力在水平面三个自由度方向上的力和力矩；$F_{\text{op}x}$、$F_{\text{op}y}$ 和 $M_{\text{op}n}$ 分别为船舶作业力在水平面三个自由度方向上的力和力矩。

6.2.3 动力定位能力曲线的计算与分析

本小节以表 6-1 所示的示例船舶为例，对其进行定位能力的计算与分析。计算中环境条件分别采用挪威船级社（DNV）规范以及 IMCA 规范，其波浪平均波高-风速、波浪周期-风速的统计变化关系如图 6-5～图 6-8 所示。

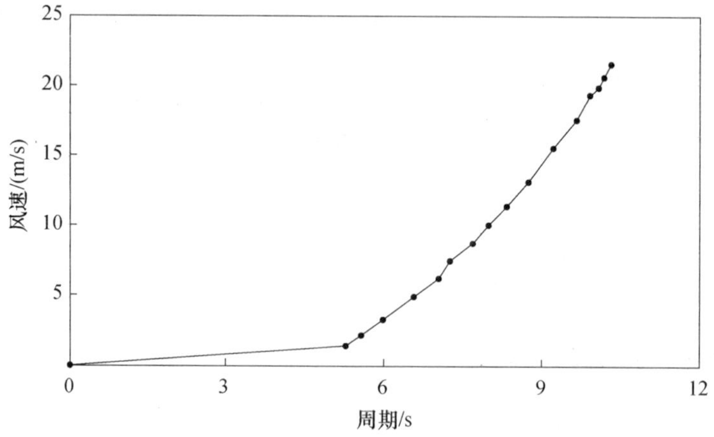

图 6-5　DNV 规范中风速与波浪周期的变化曲线

利用极限风速曲线衡量船舶动力定位系统定位能力时的计算步骤如下：

（1）风向相对船舶的来向从 0°开始，迭代寻求推进器推力所能平衡的极限风速以及推进器的推力配置。

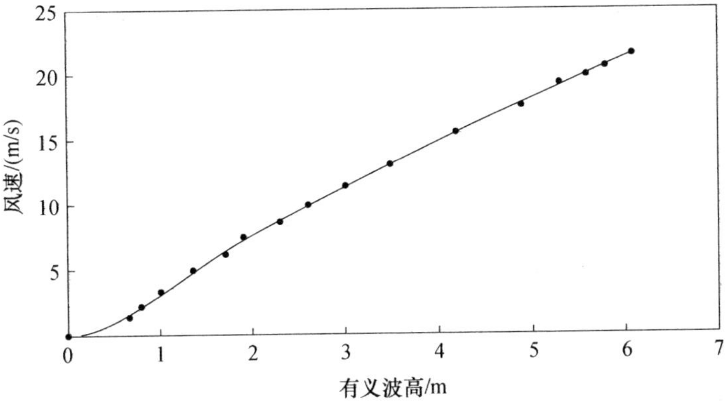

图 6-6　DNV 规范中风速与波浪有义波高的变化曲线

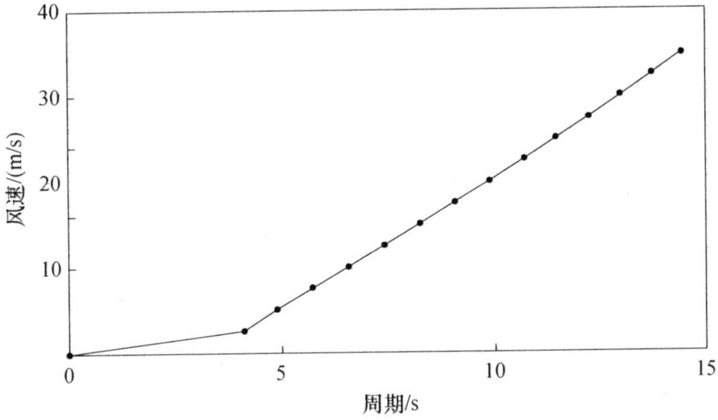

图 6-7　IMCA 规范中风速与波浪周期的变化曲线

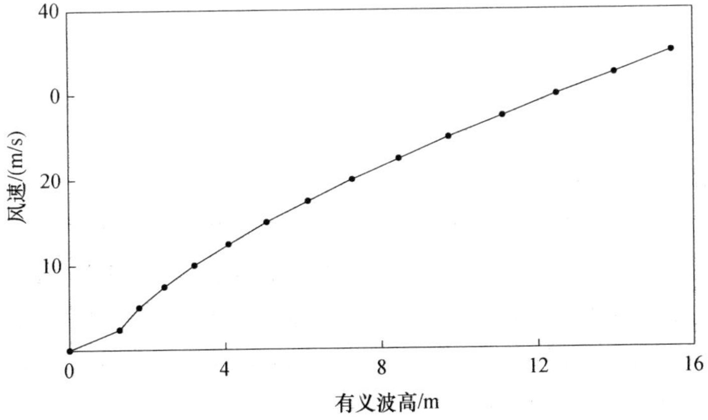

图 6-8　IMCA 规范中风速与波浪有义波高的变化曲线

(2) 将风向偏转一定角度(如10°),继续寻求此角度下的极限风速,如此循环直至完成360°风向角的极限风速计算。

本书使用二分法获得每个风向角下的极限风速,即先给定一个风速的范围,用上限风速和下限风速的中间值作为输入风速进行推力优化分配计算,判断推进系统是否能在该风速下实现船舶的定位。若能实现定位,则将此风速值赋予下限风速;若不能实现定位,则将此风速值赋予上限风速。如此循环计算,直到上限风速和下限风速差值在一定误差范围内,此时便可得到该风向角下的极限风速。最后便可根据各个风向角上计算得到的极限风速绘制出一条极限风速包络曲线,也即所谓的极限风速曲线。

由于全回转推进器3与全回转推进器4距离比较近,将在一定方位内会产生严重的水动力干扰,造成较大的推力损失,影响推进系统的定位能力。为了避免推进器之间的干扰引起的推力损失,示例中采用经验公式对推进器3和4设置了禁区角来有效地控制推进器的方位角,禁区角的上限和下限均取为20.53°,得到推进器3和4的禁区如图6-9与表6-3所示。其中,$\psi_{中心}$为全回转推进器连线与纵向正方向的夹角;$\psi_{禁区}$为全回转推进器的禁区角。

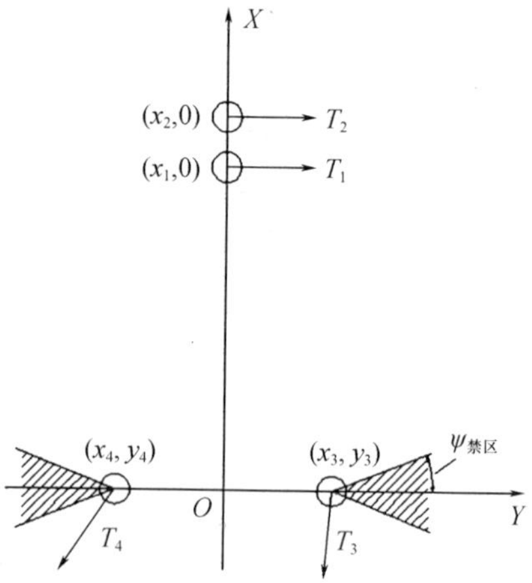

图6-9 全回转推进器禁区角

表6-3 推进器禁区

推进器编号	禁区个数	$\psi_{中心}$/(°)	$\psi_{禁区}$/(°)	干扰推进器
3	1	90.00	±20.53	4
4	1	-90.00	±20.53	3

1. 极限风速曲线

当海况未知时,用极限风速曲线来评估动力定位系统的定位能力,按照前述的计算工况与计算方法,假设流速固定为1.46kn,方向与风浪同向,风向每隔10°为间隔对其进行极限风速的计算,计算结果如图6-10和图6-11所示。由计算结果可以看出,船舶在0°~20°、140°~220°以及340°~360°方向上能抵抗较大的外载荷,具有较强的定位能力;而在30°~120°以及240°~330°方向上定位能力相对较差,在70°和290°两个方向上最为危险。究其原因,主要是由于在此方向上受到较大的外载荷,而且由于推进器的布置位置,导致其在此方向上定位能力相对较差。

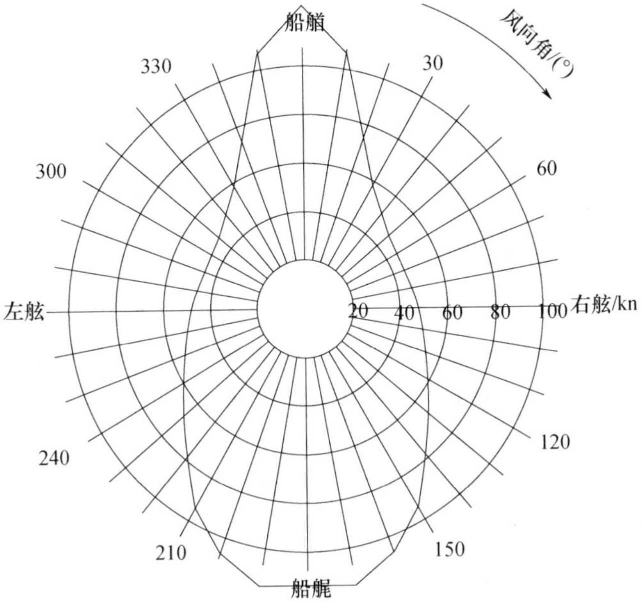

图 6-10　所有推进器正常工作时 DNV 极限风速曲线

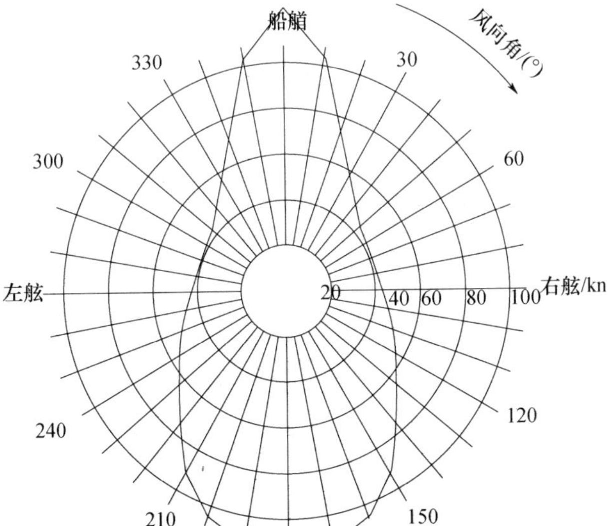

图 6-11　所有推进器正常工作时 IMCA 极限风速曲线

为全面考察动力定位系统的定位能力，常常要考虑到某些推进器因故障或者维修而停止工作时整个系统的定位能力，图 6－12 和图 6－13 分别考虑了推进系统一个推进器失效和两个推进器失效的情形下定位系统的定位能力。计算中选取 IMCA 规范，假设流速固定为 1.46kn，每隔 10°计算其极限风速。由计算结果可以看出，当推进器失效时，动力定位系统的定位能力会有大幅度的下降。在最危险的工况下，1 号推进器失效时动力定位系统的定位能力下降了 51%，当 1 号推进器与 3 号推进器同时失效时动力定位系统的定位能力下降了 77%。

2. 推力利用率曲线

当动力定位系统工作的海况已知时，其定位能力便可用推力利用率曲线来衡量。假定船舶所遭遇的海况：风速为 50kn，流速为 1.46kn，有义波高为 7.47m，周期为 11.01s，选取 IMCA 规范，其推力利用率如图 6－14 所示。由推力利用率曲线可以看出，在已知海况下，动力定位系统在 40°～100°以及 260°～320°方向上其推力利用率超过 100%，也就是说动力定位系统在此方向范围内不能有效抵抗外载荷的作用来维持船舶的位置与艏向，而在其他方向范围内系统可以通过推进器的推力来实现船舶的定位。

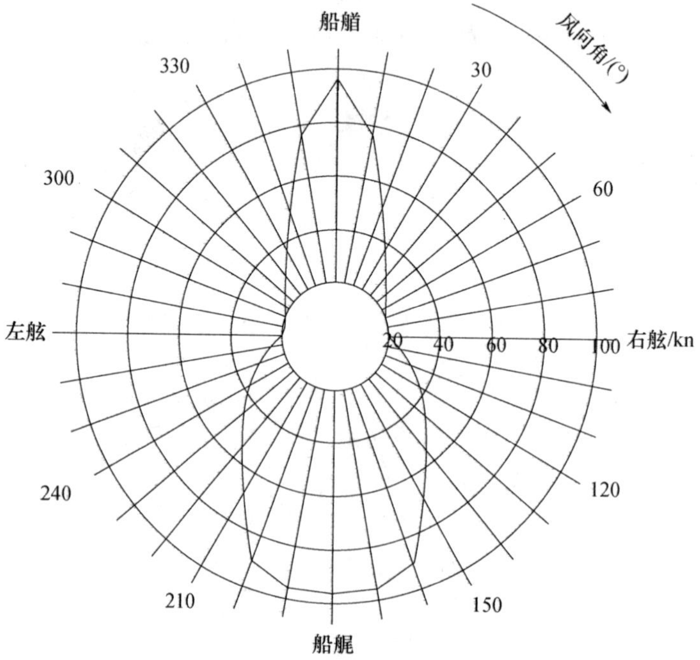

图 6－12　1 号推进器失效时的极限风速曲线

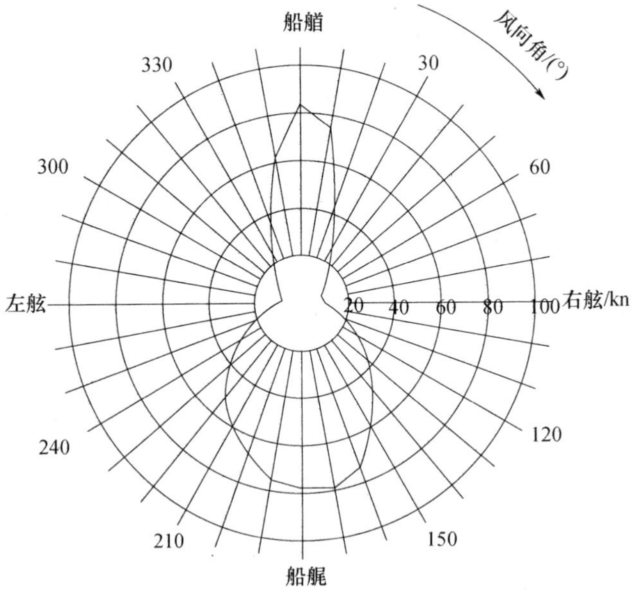

图 6－13　1 号推进器与 3 号推进器同时失效时的极限风速曲线

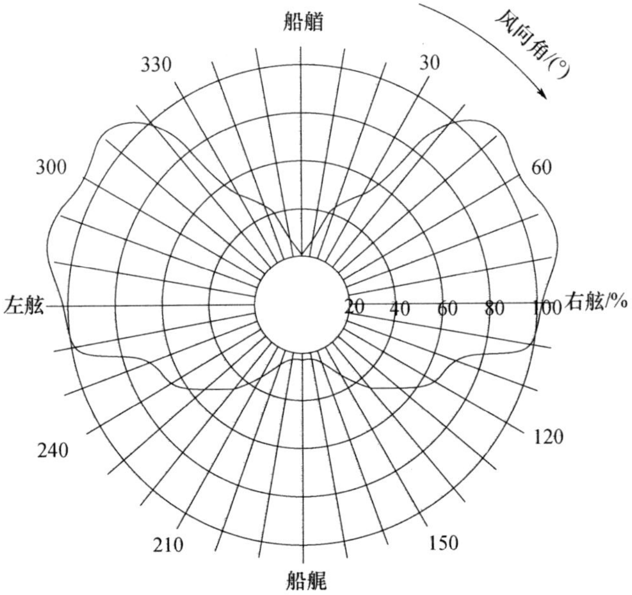

图 6－14　推力利用率曲线

参 考 文 献

[1] 孙武. 动力定位系统规范介绍[J]. 上海造船,2003(1):55-57.

[2] DNV. Dynamic Positioning Systems[M]. Rules For Classification Of Ships - Part 6 Chapter 7: Newbuildings - Special Equipment And Systems - Additional Class,2012.

[3] Ubisch B V, Hoop S D. Station Keeping Criteria for Dynamically Positioned Vessels[C]. Dynamic Positioning Conference. 2004:1-6.

[4] 王亮. 深海半潜式钻井平台动力定位能力分析[D]. 上海:上海交通大学,2010.

[5] 广超越. 船舶动力定位系统定位能力分析[D]. 武汉:武汉理工大学,2011.

[6] Blendermann W. Wind loads on moored and manoeuvring vessels[J]. Offshore Technology,1993,1:183-189.

[7] Blendermann W. Parameter identification of wind loads on ships[J]. Journal of Wind Engineering & Industrial Aerodynamics,1994,51(3):339-351.

[8] Blendermann W. Estimation of wind loads on ships in wind with a strong gradient[J]. Offshore Technology,1995,1-A:271-277.

[9] Faltinsen O M. Sea loads on ships and offshore structures[M]. Cambridge:Cambridge University Press,1990.

[10] Pinkster J A. Low frequency second order wave exciting forces on floating structures[D]. Delft:Technical University Delft,1980.